Bankerfolg und Akquisitionen

Corporate Finance and Governance

Herausgegeben von Dirk Schiereck

Band 7

PETER LANG

Frankfurt am Main · Berlin · Bern · Bruxelles · New York · Oxford · Wien

Dirk Schiereck / Martin Setzer (Hrsg.)

Bankerfolg und Akquisitionen

Aktuelle Erkenntnisse zur Konsolidierung und Restrukturierung der Finanzindustrie

PETER LANG
Internationaler Verlag der Wissenschaften

Bibliografische Information der Deutschen Nationalbibliothek
Die Deutsche Nationalbibliothek verzeichnet diese Publikation in der Deutschen Nationalbibliografie; detaillierte bibliografische Daten sind im Internet über http://dnb.d-nb.de abrufbar.

Gedruckt auf alterungsbeständigem,
säurefreiem Papier.

ISSN 1869-537X
ISBN 978-3-631-60779-4

www.peterlang.de

Vorwort

„Wir rechnen vor allem im Finanzsektor mit einem Anstieg der M&A-Aktivitäten“, stellte das ZEW bereits Anfang 2010 fest[1]. Tatsächlich stieg der sogenannte ZEW-ZEPHYR M&A Index, der die Entwicklung weltweit abgeschlossener Fusionen und Übernahmen seit Beginn des Jahres 2000 abbildet, nach dem absoluten Tiefpunkt der M&A Aktivitäten zwischen Mitte 2008 und Mitte 2009, im Dezember 2009 bereits wieder auf 128 Punkte und damit über sein langjähriges Mittel von 126 Punkten.

Auch Analysten von Morgan Stanley[2] sagten 2009 wieder deutlich ansteigende M&A- Aktivitäten im Finanzsektor voraus, nicht zuletzt auch getrieben durch eine Reprivatisierung von Anteilen, die durch Rettungsaktionen der Regierungen in der Finanzkrise verstaatlicht wurden. Eine jüngere Analyse von Credit Suisse aus Oktober 2010[3] sieht Fusionen ebenfalls im Aufwärtstrend. Neben hohen liquiden Mitteln und günstigen Finanzierungskosten verbunden mit niedrigen Bewertungen deuten die makroökonomischen Entwicklungen auf verstärkte M&A Aktivitäten hin. Im Finanzsektor kommen zudem die strengeren aufsichtsrechtlichen Bestimmungen und Eigenmittelanforderungen hinzu, die Fusionsaktivitäten verstärken.

Vor diesem Hintergrund kommt der Fragestellung nach dem Erfolg von M&A im Finanzsektor, d.h. der tatsächlichen und nachhaltigen Wertschöpfung für die Aktionäre der beteiligten Unternehmen, eine zunehmende Bedeutung zu. Dies gilt umso mehr, als die hierzu insbesondere aus den USA verfügbare wissenschaftliche Forschung, entgegen der allgemeinen Erwartung, ein sehr heterogenes Bild ergibt. Die Mehrzahl der Studien zu M&A-Transaktionen in der US-Finanzindustrie kommt zwar bereits bei Transaktionsankündigung zu positiven Ergebnissen für die gekauften Banken, jedoch zu negativen beziehungsweise nicht signifikanten Ergebnissen für den Käufer, beziehungsweise die kombinierte Kapitalmarktreaktion von Käuferbank und Target.

Genau an diesem Punkt setzen die ersten beiden Teile des vorliegenden Buches an: Während die Fragestellung der Wertschaffung im Teil A mit vier Beiträgen theoretisch und empirisch analysiert wird, nähert sich Teil B in Einzelfallanalysen von JPMorgan und der Deutschen Bank der Thematik. Die dem ehemaligen UBS CEO Wuffli zugeschriebene Aussage, dass er allein 10% Kos-

1 ZEW Pressemitteilung vom 26.01.2010 zum ZEW-ZEPHYR M&A Index

2 Morgen Stanley Bank AG, M&A Review 11/2009, Frankfurt

3 Credit Suisse, Oliver P. Müller, Equity Research Europe, 20.10.2010

tensynergien heben könnte, wenn er UBS mit einem Unternehmen der Ölindustrie fusionieren würde, steht im offensichtlichen Widerspruch zur heterogenen wissenschaftlichen Literaturlage.

Der erste Beitrag des vorliegenden Buches analysiert deshalb im Gegensatz zu bisherigen Arbeiten die langfristigen Kapitalmarktreaktionen von Bankenakquisitionen in Europa. Im Ergebnis liefern die verschiedenen Samples durchgehend positive sogenannte abnormale Renditen und damit Hinweise auf eine positive Wertschaffung durch europäische Bankentransaktionen. Zusätzlich zeigen sich Ansätze für eine geographische Differenzierung in der Analyse.

Eine über den Umfang des einleitenden Beitrags hinausgehende Analyse liefert der zweite Aufsatz, welcher die Frage des beschriebenen M&A Paradoxons spezifisch am Beispiel der Fusionsaktivitäten von Volksbanken und Sparkassen zwischen 1993 und 2006 untersucht. Im Ergebnis können Skaleneffekte nachgewiesen werden, und es zeigt sich ein klar positives Ergebnis auf die Kosteneffizienz. Der Erfolg auf die Ertrags- und Gesamteffizienz (Cost-Income-Ratio) ist jedoch weniger eindeutig und weist unterschiedliche Ergebnisse aus, u.a. auch zwischen den Sektoren.

Die Beiträge 3 und 4 widmen sich im Kontext der Ausgangsfrage dem neueren Phänomen der Beteiligung von Staatsfonds und Private Equity an Banken. Zunächst wird die Kapitalmarktreaktion auf die Beteiligung von strukturell langfristig ausgerichteten Staatsfonds – wie der Investition der Abu Dhabi ADIA an UniCredit - untersucht. Das Ergebnis ist eher ernüchternd: Die langfristige Aktienperformance bleibt tendenziell hinter der allgemeinen Marktentwicklung zurück. Das zulässige Fazit ist, dass die Fähigkeit von Staatsfonds, Agency-Kosten zu reduzieren, zumindest im Bankenbereich in Frage gestellt werden sollte. Die anschließende Analyse des Kapitalmarkterfolgs von Private Equity Übernahmen bzw. Investitionen im Finanzsektor kommt strukturell zu sehr ähnlichen Ergebnissen.

Die beiden Aufsätze in Teil B untersuchen die eingangs beschriebene Thematik der Wertschaffung von M&A im Finanzsektor nunmehr an Beispielen von JPMorgan Chase und der Deutschen Bank. Dabei werden insbesondere am Beispiel JPMorgan Chase die Phasen vor und nach der Finanzkrise analysiert, ebenso wie die Auswirkungen auf bzw. die relative Performance der Wettbewerber. Hierbei zeigt sich, dass gerade auch vor dem Hintergrund einer Krise eine leistungsfähige Bank mit nachhaltigem Geschäftsmodell hinsichtlich M&A Transaktionen den Wettbewerb outperformed und durchschnittlich positive sogenannte abnormale Renditen am Kapitalmarkt aufweist.

Teil C des vorliegenden Bandes widmet sich dem zentralen Thema der IT-Integration als strategischem Erfolgsfaktor. Nicht zuletzt durch die zunehmende Industrialisierung und Informatisierung der Bankenwelt wächst die fundamentale Bedeutung der IT-Integration für den M&A Erfolg, einerseits als Hauptkostentreiber und andererseits als die Integrationsgeschwindigkeit bestimmender zeitkritischer Faktor und Synergiehebel. Der erste Beitrag hierzu entwickelt einen Ordnungsrahmen für die IT-Integrationsstrategie und diskutiert die zentralen Punkte am Fallbeispiel der DZ Bank. Abschließend wird bestätigt, dass der langfristige Konsolidierungserfolg bei Bankentransaktionen zunehmend von der Fähigkeit abhängt, agile IT-Architekturen zu entwickeln. Dies setzt allerdings voraus, dass bei den Beteiligten auf Projekt- und Senior Management-Ebene das Verständnis für die Komplexität der IT-Integrationsaufgabe vorhanden ist. Hierzu gehört neben einer strukturierten und konzeptionellen Vorgehensweise auch die Vorgabe von realistischen Zielen.

Die nachfolgenden Beiträge in Teil C stellen ein solches strukturiertes und methodisches Vorgehen sehr praxisorientiert und konkret am Beispiel von IT-Integrationen bei der Deutschen Bank und der Konsolidierungen der Rechenzentren der Sparkassen Finanzgruppe vor.

Der abschließende Beitrag in Teil D über das „kurze unglückliche Leben der SachsenLB“ ist neben seinem anekdotischen Charakter durchaus aufschlussreich hinsichtlich der Mechanismen, Anreizeffekte und Kontrollprozesse von Landesbanken.

Vor dem Hintergrund der erwarteten Dynamik von M&A Aktivitäten im Bankensektor liefert das vorliegende Buch einen wichtigen Beitrag und spannenden Gesamtüberblick über äußerst relevante Fragestellungen, insbesondere hinsichtlich des langfristigen Unternehmenserfolgs. Auch die gelungene Kombination von empirisch-wissenschaftlicher Analyse und konkreten Praxisbeispielen machen das Buch zu einer lohnenswerten Lektüre.

Dr. Martin Setzer

Januar 2011

Die Autoren

Dr. Christoph Arlt
Deutsche Bank, Global Technology, Frankfurt

Dr. Christoph Auerbach
Managing Director bei der apeon GmbH, Frankfurt

Gero Böttcher
Nachwuchsforscher, Fachgebiet Unternehmensfinanzierung, TU Darmstadt

Fidelius Kuehn
Deutsche Bank, Global Technology, Frankfurt

Dr. Matthias Menke
Research Assistant, European Business School (EBS)

Dr. Mark Mietzner
Juniorprofessor für Alternative Investments & Corporate Governance, Zeppelin Universität Friedrichshafen

Luisa Müller
Senior Consultant bei Roland Berger Strategy Consultants GmbH, München

Dr. Jörg Mußhoff
Associate Principal bei McKinsey&Company, Inc., München

Immanuel Pahlke
Wissenschaftlicher Mitarbeiter am Fachgebiet Wirtschaftsinformatik, Goethe-Universität Frankfurt

Malte Raudszus
Wissenschaftlicher Mitarbeiter am Fachgebiet Unternehmensfinanzierung, TU Darmstadt

Prof. Dr. Dirk Schiereck
Lehrstuhlinhaber am Fachgebiet Unternehmensfinanzierung, TU Darmstadt

Dr. Martin Setzer
Managing Director, Deutsche Bank, Global Technology, Frankfurt

Thomas H. Tack
Leiter Marketing, SIZ Informatikzentrum der Sparkassenorganisation GmbH, Bonn

Inhaltsübersicht

Inhaltsverzeichnis

Teil A: Banken und der Markt für Unternehmenskontrolle

1 Zum langfristigen Kapitalmarkterfolg von Bankakquisitionen in Europa

Dr. Jörg Mußhoff und Prof. Dr. Dirk Schiereck

1.1 Einleitung

Seit Mitte der 1980er Jahre erfährt die europäische Bankindustrie eine grundlegende Konsolidierungsphase, die noch lange nicht abgeschlossen ist, sondern in der Bewältigung der aktuellen Finanzkrise eher wieder an Dynamik gewinnen kann. Treiber der Konsolidierung waren und sind vor allem die andauernde nationale und europäische Deregulierung und Harmonisierung mit dem daraus resultierenden wachsenden Wettbewerb, der steigende Druck der Anleger, die fortschreitende Globalisierung, der technologische Fortschritt sowie die aus Schieflagen resultierenden Restrukturierungsaufgaben. Bislang wurden Bankfusionen in Europa überwiegend als Mittel zur inländischen Konsolidierung genutzt. Die Europäische Zentralbank beziffert den Anteil grenzüberschreitender M&A-Transaktionen im europäischen Bankensektor mit rund 15 Prozent. Doch dieser Wert täuscht, denn für die großen, bedeutenden Marktteilnehmer haben grenzüberschreitende Transaktionen eine ungleich höhere Relevanz.

In der hier präsentierten Untersuchung von großen europäischen Banken-M&As mit Transaktionssummen von über 100 Mio. US$ waren 42 der 98 erfassten Akquisitionen grenzüberschreitend. Um den anhaltenden Konsolidierungsdruck in der europäischen Finanzindustrie aus Kapitalmarkt- und damit aus Eigentümersicht zu bewerten, wird nachfolgend eine Bewertung der großen europäischen Transaktionen aus einem Zeitraum von 15 Jahren erfolgen. Dabei verzichten wir mit Verweis auf Übersichten in der Literatur (Beitel und Schiereck (2003) und Beitel (2002)) auf die ausführliche Einordnung dieser Erkenntnisse in den allgemeinen Stand der empirischen Forschung zum Erfolg von Unternehmens-übernahmen, die in zahlreichen, meist auf den US-Markt fokussierten Studien erzielt wurden. Im Gegensatz zu der ganz überwiegenden Mehrzahl auch der aktuelleren Publikationen (vgl. bspw. Al-Sharkas und Hassan (2010)) betrachtet diese Auswertung aber nicht nur ein kurzes Zeitfenster im Umfeld der

Ankündigung, sondern ermittelt den Erfolg über die ersten Jahre der Zusammenschlüsse aus Sicht der kaufenden Einheiten.

Die weiteren Ausführungen sind wie folgt strukturiert. In Abschnitt 2 wird ein Überblick zum Stand der Forschung gegeben. Daran schließt sich in Abschnitt 3 die Beschreibung des eigenen Forschungsansatzes und der Methodik an. Abschnitt 4 präsentiert die Ergebnisse und Abschnitt 5 endet mit einer Zusammenfassung und einem Ausblick.

1.2 Stand der Forschung

In einer Vielzahl von Arbeiten wurde der Erfolg von M&A-Transaktionen empirisch im Rahmen von industrieübergreifenden kurzfristigen Ereignisstudien betrachtet. Bruner (2001) geht im Rahmen seines Überblicks zum Erfolg von M&A-Transaktionen zwischen 1971 und 2000 insbesondere auf kurzfristige Ereignisstudien ein und kommt zu dem Ergebnis, dass die gekauften Unternehmen (Targets) ökonomisch und statistisch signifikante abnormale Renditen erfahren, während die Ergebnisse für die Käuferunternehmen gemischt ausfallen. Ein Drittel der von Bruner (2001) betrachteten Arbeiten attestiert so eine Wertvernichtung, ein Drittel zeigt einen Werterhalt und für ein weiteres Drittel findet sich eine Wertschaffung. Für die Combined Entity aus Target und Käufer ergibt sich hieraus ein nahezu einheitliches Bild, das signifikant positive abnormale Renditen ausweist. Bruner (2001, S. 1) folgert hieraus: "On balance, one should conclude that M&A does pay." Diese industrieübergreifende Wertschaffung steht im Gegensatz zu einer bei vielen Kapitalmarktteilnehmern verbreiteten Ansicht, dass M&A-Transaktionen Wert vernichten. Doch nicht nur die kurzfristigen Ereignisstudien, sondern auch weitere Ansätze und Methoden, auf die im Folgenden eingegangen wird, liefern nach Bruner (2001) klare Belege für diese insgesamt positive Wertschaffung.

Campa und Hernando (2002) betrachten im Rahmen einer kurzfristigen Ereignisstudie mit Fokus auf die EU den Erfolg von Transaktionen zwischen 1998 und 2000 und finden für die Targets positive abnormale Renditen, wohingegen Käufer im Durchschnitt keine signifikanten Werteffekte erfahren. Auch für die Combined Entities ergibt sich ein insgesamt nicht signifikanter Effekt. Ein negativer Einfluss geht dabei von einer starken Regulierung aus: Transaktionen in stark regulierten oder in ehemals unter Staatseinfluss stehenden Industrien schaffen weniger Wert als Transaktionen in unregulierten Industrien.

Auch grenzüberschreitende Akquisitionen (Cross-border-Transaktionen) vernichten Wert. Dieses Ergebnis zu Cross-border-Transaktionen findet Bestätigung, z.B. für Großbritannien bei Conn et al. (2003), die die kurz- und langfristige Wertschaffung von nationalen und Cross-border-Transaktionen sowie gleichzeitig von börsennotierten und privaten Transaktionen betrachten und dabei verschiedene Analysedimensionen vereinen.[4]

Die immer wieder von US-amerikanischer Evidenz abweichenden Erkenntnisse für europäische M&A-Transaktionen, auch über Industriegrenzen hinweg, verdeutlicht die Bedeutung einer geographischen Fokussierung von Erfolgsanalysen für M&A-Transaktionen. Die im Rahmen der nachfolgenden Analysen abgeleiteten Ergebnisse liefern dabei neue Ansatz- und Vergleichspunkte für eine industriespezifische Auseinandersetzung mit der Thematik für die hier im Fokus stehenden Bankzusammenschlüsse. Rhoades (1994), Berger et al. (1999), Pilloff und Santomero (1998), Beitel (2002) und Beitel und Schiereck (2003) geben in diesem Zusammenhang Übersichten über die wichtigsten Erkenntnisse. Während Rhoades (1994), Berger et al. (1999) und Pilloff und Santomero (1998) ausschließlich Studien mit US-Schwerpunkt auswerten, gehen Beitel und Schiereck (2003) zusätzlich auch auf europäische Arbeiten ein. Für Europa kann eine angesichts der auch volkswirtschaftlich hohen Relevanz von Banktransaktionen nur eher geringe empirische Evidenz konstatiert werden. US-Bankentransaktionen haben dagegen in der Literatur bereits eine umfassende detaillierte empirische Betrachtung insbesondere in Form von (kurzfristigen) Ereignisstudien erfahren. Im Folgenden soll auf Grund dieser "Vorreiterrolle" zunächst auf den Stand der Forschung in den USA eingegangen werden.

In den USA erfahren die gekauften Banken (Targets) durchschnittlich signifikant positive abnormale Renditen und z.T. sehr hohe Wertsteigerungen bereits bei der Transaktionsankündigung.[5] Aus Käufersicht ist der Erfolg jedoch weni-

---

4 Für die USA zeigen Arbeiten von Black et al. (2001), Kiymaz und Mukherjee (2000) sowie Eckbo und Thorburn (2000) z.T. abweichende Evidenz in Form insignifikanter bzw. sogar signifikant positiver Ergebnisse bei Cross-border-Transaktionen. Insgesamt ergibt sich für die USA bei Cross-border-Transaktionen ein gemischtes Bild. Amihud et al. (2002) finden hier zwischen 1985 und 1998 signifikant negative abnormale Renditen.

5 Vgl. z.B. Hawawini und Swary (1990), Cornett und De (1991), Houston und Ryngaert (1994), Zhang (1995), Hudgins und Seifert (1996), Siems (1996). DeLong (2003) sowie Sudarsanam und Mahate (2003), S. 299 bestätigen dies im Rahmen jüngerer Arbeiten.

ger eindeutig.[6] Die Mehrzahl der Studien berichtet negative bzw. statistisch nicht signifikante Ergebnisse.[7] Für die kombinierte Kapitalmarktreaktion von Käuferbank und Target resultiert daraus ein ebenfalls negativer bzw. nicht signifikanter Effekt.[8] Damit scheinen M&A-Transaktionen in der US-Bankenindustrie aus der Perspektive des Kapitalmarktes im Schnitt keinen Wert zu schaffen.[9]

Jüngere Arbeiten bestätigen diese Ergebnisse und betonen einige weitere auch für die hier behandelte Forschungsfrage relevante Aspekte: DeLong (2001a) betrachtet 280 nationale Transaktionen in den USA zwischen 1988 und 1995. Sie klassifiziert diese in fokussierende und diversifizierende Transaktionen entlang der beiden Dimensionen Geographie und Aktivität. Ihre Ergebnisse zeigen, dass nur Transaktionen, die sowohl Geographie als auch Aktivität fokussieren, Wert (mit einer kurzfristigen Kapitalmarktreaktion von ca. +3%) schaffen. Alle anderen Typen hingegen schaffen keinen Wert. Hierbei unterscheidet der Markt nicht zwischen geographischer Fokussierung oder Diversifizierung. Es ergibt sich aber ein signifikanter Unterschied zwischen aktivitätsfokussierenden und -diversifizierenden Transaktionen. Der Markt bewertet Aktivitätsfokus höher – nur hier erfahren Bieter positive abnormale Renditen in der Erwartung von Kostensenkungsmöglichkeiten aufgrund überlappender Aktivitäten. In allen anderen Fällen sind sie negativ.

Gestützt werden diese Ergebnisse von Houston et al. (2001), die ebenfalls positive abnormale Renditen nach Fusionen in den USA finden, die ankündigen, Kostensenkungsmaßnahmen durchzuführen. Auch DeLong und DeYoung (2003) bestätigen die Ergebnisse: Bieterbanken erfahren eine signifikante Wertvernichtung bei kurzfristiger Betrachtung, Targets eine deutliche Wertschaffung, und für die Combined Entities ergibt sich ein nicht signifikant positiver Effekt. Darüber hinaus gibt es Anhaltspunkte, dass Banken über die Zeit gelernt haben,

---

6 Vgl. Sudarsanam und Mahate (2003), S. 299.

7 Vgl. z.B. Cornett und De (1991), Houston und Ryngaert (1994 und 1997), Hudgins und Seifert (1996), Cyree und DeGennaro (1999), Kane (2000) und DeLong (2003).

8 Vgl. z.B. Hannan und Wolken (1989), Hawawini und Swary (1990) und Houston und Ryngaert (1994).

9 Diese Ergebnisse werden von Performance- und Effizienzstudien, die zumeist keinen signifikanten Effizienzgewinn feststellen, gestützt. Vgl. hierzu die folgenden Ausführungen. DeLong und DeYoung (2003) attestieren jedoch eine Verbesserung der Transaktionsperformance über Zeit. Vgl. ferner Beitel und Schiereck (2003) für einen Überblick.

Transaktionen erfolgreicher durchzuführen, und dass der Kapitalmarkt gelernt hat, komplexe Transaktionen besser zu bewerten.

Auch DeLong (2003) bestätigt die Ergebnisse. Des Weiteren unterstreicht ihre Analyse die ebenfalls bereits zuvor gefundenen Ergebnisse, dass der Markt fokussierende Transaktionen (geographisch und aktivitätsbezogen) mit kurzfristig positiven abnormalen Renditen auf Grund erwarteter Kostensenkungsmöglichkeiten bevorzugt.

Während für die USA somit eine relativ umfassende empirische Auseinandersetzung mit Bankentransaktionen und hierbei recht einheitliche Ergebnisse dieser Forschung dokumentiert werden, existiert für Europa bislang nur eine sehr begrenzte Zahl von Arbeiten. Tourani-Rad und Van Beek (1999) betrachten europäische Bankentransaktionen zwischen 1989 und 1996 (17 Targets und 56 Käuferbanken). Während Käuferbanken im betrachteten Sample keine signifikanten abnormalen Renditen realisieren, erfahren die Targets eine signifikant positive abnormale Rendite (mit 3,77% allein am Ankündigungstag). Cybo-Ottone und Murgia (2000) analysieren 54 europäische Transaktionen zwischen 1988 und 1997 und fokussieren sich hierbei auf relativ große Transaktionen. Für die Combined Entity finden sie im Durchschnitt signifikant positive abnormale Renditen, die insbesondere von heimischen Banktransaktionen und diversifizierenden Transaktionen (in den Versicherungsbereich) getrieben sind. Für Targets sind die Ergebnisse dabei durchgehend signifikant positiv, während für die Käuferbanken keine signifikanten Ergebnisse gefunden werden.

Beitel (2002) betrachtet 98 Zusammenschlüsse und Übernahmen mit europäischen Banken als Käufer im Zeitraum von 1985 bis 2000. Auch er findet signifikant positive abnormale Renditen für die Targets, keine signifikanten Renditen für die Käuferbanken und signifikant positive Renditen für die Combined Entity mit mehr als 60% wertschaffenden Transaktionen (diese werden getrieben durch entsprechend signifikante Wertsteigerungen auf Seiten der Targets). Lepetit et al. (2002) finden schließlich ebenfalls positive Ergebnisse. Getrieben werden diese aber nur von einigen wenigen Banken, für die der Markt eine entsprechende Wertschaffung antizipiert. Darüber hinaus erweist sich geographischer Fokus als (signifikant) wertschaffend, ebenso wertschaffend wie Transaktionen, die zu einer Produktdiversifikation beitragen. Dieses Ergebnis steht im Widerspruch zu den genannten US-Ergebnissen von DeLong (2001a und 2001b). Ergänzt werden diese Arbeiten durch Ismail und Davidson (2005). Im Gegensatz zu Cybo-Ottone und Murgia (2000) und Beitel und Schiereck (2003) finden sie Anhaltspunkte für eine (im Vergleich zu nationalen Transaktionen) bessere Bewertung von Cross-border Transaktionen durch den Kapitalmarkt.

Die Auseinandersetzung mit dem Erfolg von M&A-Transaktionen in der europäischen Bankenindustrie bleibt im Vergleich zur umfangreichen US-Forschung auf nur wenigen Arbeiten beschränkt. Die hier erzielten Ergebnisse sind jedoch aufschlussreich und bieten ein recht einheitliches und von den Resultaten für die USA abweichendes Bild: Europäische Transaktionen scheinen im Durchschnitt Wert zu schaffen. Zur Erklärung dieser Abweichungen zwischen der eher positiven Einschätzung für europäische Transaktionen und der negativen Erkenntnissen für Transaktionen in der US-Bankenindustrie werden insbesondere strukturelle Unterschiede und abweichende gesetzliche und regulatorische Rahmenbedingungen angeführt.[10] Allerdings ist zur Interpretation der Ergebnisse auf die Stärken und Schwächen des verwendeten kurzfristigen Ereignisstudienansatzes hinzuweisen. Bei letzteren sind insbesondere die strikten Annahmen zu nennen. Der Ereignisstudienansatz setzt effiziente Kapitalmärkte voraus, die die Transaktionen direkt, umfassend und richtig durch entsprechende Kursreaktionen bewerten. Vor dem Hintergrund der hohen Komplexität der hier betrachteten Banktransaktionen und der im Rahmen zahlreicher theoretischer und empirischer Arbeiten bestätigten Fehleinschätzungen bzw. der verzögerten Informationsverarbeitung an Kapitalmärkten erscheint diese Annahme kritisch. Der kurzfristige Betrachtungszeitraum erlaubt keine Erfassung tatsächlich generierter Werte. Die Stärke der Berücksichtigung zukünftiger Potenziale und die entsprechende Zukunftsorientierung (im Vergleich zu auf historische Daten fokussierten jahresabschluss-basierten Verfahren) kann bei falscher Erwartungsbildung auch eine Schwäche darstellen.

Insgesamt liefern die vorgestellten Ergebnisse der verschiedenen Arbeiten wichtige Ansatzpunkte für die Analyse der Wertschaffung nach Banktransaktionen. Mit der Akzeptanz der Annahme effizienter Märkte dominierte diese kurzfristige Perspektive auf die Kapitalmarktreaktion auch den bisherigen wissenschaftlichen Diskurs, während der mittel- und längerfristigen Performance nur wenig Aufmerksamkeit geschenkt wurde. Die Notwendigkeit einer längeren Perspektive wird im Folgenden Abschnitt dargestellt.

---

10 Vgl. Cybo-Ottone und Murgia (2000), S. 857.

1.3 Forschungsansatz und Methodik

Eine wesentliche Ergänzung erfährt die im vorhergehenden Abschnitt beschriebene Betrachtung der kurzfristigen Kapitalmarktreaktionen im Rahmen einiger, zumeist jüngerer Untersuchungen in den USA. Diese analysieren die Wertschaffung von M&A-Transaktionen ebenfalls in Form von Ereignisstudien, jedoch über einen mittel- bis langfristigen Zeithorizont.[11] Verschiedene empirische Studien zeigen jedoch im Gegensatz zur Theorie effizienter Märkte die Existenz nicht nur kurzfristiger sondern auch *mittel-/langfristiger* abnormaler Renditen nach M&A-Transaktionen. Auf Grund der hohen Komplexität entsprechender Transaktionen scheint der Kapitalmarkt oft nur verzögert und nicht, wie von der Theorie effizienter Märkte postuliert, umfassend und richtig die verfügbaren Informationen direkt zu verarbeiten.[12] Diese Ergebnisse werden von zahlreichen Studien bestätigt, die im Fall von vergleichbaren firmenspezifischen Ereignissen, wie z.B. Kapitalerhöhungen, Aktiensplits, Dividendenanpassungen etc., zu ähnlichen Ergebnissen kommen und signifikante langfristige abnormale Renditen nachweisen.[13] Andrade et al. (2001) schließen hieraus: "[...] investors systematically fail to quickly assess the full impact of corporate announcements, with the implications that inference based on announcement-period event windows are flawed, particularly those attempting to document the wealth effect of the event."[14]

In der Literatur wird die verzögerte Verarbeitung transaktionsbezogener Informationen durch den Kapitalmarkt als Ursache für mittel- und langfristige abnormale Renditen wiederholt angeführt. Doch nicht nur bei eingeschränkter Kapitalmarkteffizienz (auf Grund verzögerter Verarbeitung der Informationen), sondern auch in einem effizienten Kapitalmarkt können sich beim Auftreten neuer Informationen mittel-/langfristig abnormale Renditen ergeben. Im Zeitablauf können neu auftretende unternehmensspezifische Informationen zu der Transaktion bzw. Veränderungen im Umfeld (z.B. durch den Regulator, durch

11 Vgl. Madura und Wiant (1994), DeLong (2003) und Aggarwal et al. (2003).

12 Vgl. André et al. (2004), S. 27, Andrade et al. (2001), S. 11f. und Eberhart et al. (2004), S. 623.

13 Vgl. u.a. Ritter (1991), Lakonishok et al. (1994), Loughran und Ritter (1995), Ikenberry et al. (1995, 2000), Michaely et al. (1995), Spiess und Affleck-Graves (1995), Ikenberry et al. (1996), Desai und Jain (1997), Jegadeesh (2000), Eberhart und Siddique (2002), Ho (2003) und Eberhart et al. (2004).

14 Andrade et al. (2001), S. 11.

technologische Entwicklungen etc.) zu einer Neubewertung von M&A-Transaktionen.

In den USA und Großbritannien entstanden bereits seit Ende der 60er bzw. Anfang der 70er Jahre die ersten, wenn auch zahlenmäßig geringen, industrieübergreifenden Studien zur langfristigen Wertschaffung durch M&A-Transaktionen – oft als ein ergänzender Aspekt zur Analyse der kurzfristigen abnormalen Renditen. Diese Studien betrachten den Transaktionserfolg von M&A-Transaktionen über ein Zeitfenster von zumeist drei bis fünf Jahren. Mit der Zunahme entsprechender Ergebnisse in den 70er und 80er Jahren, die im scheinbaren Widerspruch zur vorherrschenden Theorie effizienter Märkte stehen, ist das Interesse an der Analyse mittel-/langfristiger Wertschaffung bis heute nicht zurückgegangen, sondern eher gewachsen.[15] Brav et al. (1999) stellen fest: "Long-run performance anomalies have become a growth area within the academic finance literature."[16] Zusätzliche Impulse ergeben sich seit Ende der 1990er Jahre: Im Rahmen der seitdem entstandenen jüngeren methodischen Arbeiten ist es zu einer deutlichen Weiterentwicklung der verwendeten Ansätze und (statistischen) Methoden gekommen, die in einigen Fällen eine Neubewertung älterer Ergebnisse erfordert.

1.4 Gewählte Ansätze und Modelle zur mittel-/langfristigen Performancemessung

Zur Bestimmung mittel- und langfristiger abnormaler Renditen ist es notwendig, wie auch schon im Rahmen der kurzfristigen Ereignisstudien, in einem ersten Schritt die erwarteten Renditen zu ermitteln, die ohne das Auftreten des Ereignisses der M&A-Transaktion erwartet worden wären. Es stellt sich somit die Frage nach dem "Benchmark" für die hierauf basierende Berechnung der abnormalen Renditen und der entsprechenden Wertschaffung durch das betrachtete Ereignis. Diese Ermittlung der erwarteten Rendite/ des Benchmarks und der entsprechenden Abbildung der Risiken ist bei der Analyse mittel- und langfristiger abnormaler Renditen von besonderer Bedeutung. "In long-horizon tests, appropriate adjustment for risk is critical in calculating abnormal price performance."[17] betonen Kothari und Warner (2004). Durch einen einfachen Vergleich

---

15 Vgl. Kothari und Warner (2004), S. 22.

16 Vgl. Brav et al. (1999), S. 1.

17 Kothari und Warner (2004), S. 23.

mit den zuvor beschriebenen kurzfristigen Ereignisstudien wird dies besonders deutlich: Bei der Betrachtung nur weniger Handelstage vor und nach der Ankündigung des Ereignisses im Rahmen der kurzfristigen Ereignisstudien hat das verwendete Modell zur Ermittlung der (ohne das Ereignis) zu erwartenden Renditen einen nur geringen Effekt auf die Ermittlung der abnormalen Renditen, da die auf Tagesbasis ermittelten erwarteten Renditen nahe null sind.[18] Ein potenzieller Fehler bei der Berechnung der abnormalen Renditen (bspw. durch unzureichende Berücksichtigung entsprechender Risikofaktoren) wiegt folglich relativ gering. Bei mittel- und langfristigen Arbeiten ist das Gegenteil der Fall: Geeignete Modelle zur Ermittlung der risikoadjustierten erwarteten Rendite sind die "Achillesferse"[19] entsprechender Arbeiten. Bereits kleine Fehler bei der Berücksichtigung und Abbildung von Risiken im Rahmen der Modelle zur Ermittlung der erwarteten Renditen können bei den hier zumeist verwendeten Betrachtungshorizonten von bis zu fünf Jahren zu erheblichen Fehlern führen. Wie bei der sich anschließenden Vorstellung und kritischen Diskussion der verschiedenen Ansätze und Modelle zur Messung mittel-/langfristiger abnormaler Performance dargestellt wird, wiegt dieses Problem besonders schwer bei Buy-and-hold-Ansätzen. Potenziell falsch ermittelte abnormale Renditen auf Grund eines unzureichenden Benchmarks potenzieren sich hierbei auf Grund des Zinseszinseffekts über Zeit.[20] Die Modellauswahl rückt deshalb im Rahmen entsprechender empirischer Betrachtungen besonders in den Fokus, da diese entscheidend die Qualität der hierauf basierend abgeleiteten Ergebnisse bestimmt.

1.4.1 Verwendete Methodik für die mittel-/langfristige Performancemessung

Für die Analyse der mittel-/langfristigen abnormalen Performance werden zwei Ansätze verwendet: Buy-and-Hold Abnormal Returns (BHARs) und das Fama-French-Drei-Faktor-Modell. Die Buy-and-Hold Abnormal Returns als der klassische Ansatz zur Messung mittel-/langfristiger abnormaler Renditen in Ereigniszeit, der im Rahmen einer Vielzahl von Arbeiten verwendet wird, bildet als einziger Ansatz die tatsächliche Investorenerfahrung einer passiven Anlagestrategie über einen bestimmten Zeitraum ab. Zur Berechnung der BHARs werden

18 Vgl. Fama (1998), S. 283.

19 Kothari und Warner (2004), S. 24.

20 Vgl. bspw. Fama (1998).

dabei i.d.R. sog. Characteristics-based-matching-Ansätze verwendet, die die Performance einer passiven Anlage im Vergleich zu einem Referenzportfolio bzw. einer einzelnen Kontrollfirma ermitteln.[21] Im Rahmen dieser Arbeit wird der Kontrollfirmenansatz verwendet. Hierbei beruht die Ermittlung der erwarteten Rendite (die dann die Berechnung der abnormalen Renditen ermöglicht) auf der Festlegung einer Kontrollfirma (Vergleichsunternehmen), die über ähnliche Charakteristika wie die betrachtete Bieterbank verfügt. Die Ähnlichkeit der betrachteten Charakteristika (z.B. die Größe der Unternehmen) für das "Matching" von Ereignis- und Kontrollfirmen soll gewährleisten, dass die beobachtete Renditeentwicklung der Kontrollfirmen die erwartete Renditeentwicklung der Ereignisunternehmen ohne Eintreten des Ereignisses (hier der Transaktion) möglichst gut approximiert und damit robuste Ergebnisse abgeleitet werden können.[22]

Im Rahmen der Mehrzahl der bisherigen empirischen Arbeiten werden die Größe des Unternehmens (gemessen zumeist an der entsprechenden Marktkapitalisierung) und die Market-to-Book-Ratio als Charakteristika zur Ermittlung der Kontrollfirmen verwendet.[23] Die Verwendung dieser beiden Charakteristika beruht dabei auf den in der Literatur umfassend dokumentierten höheren Renditen kleiner Unternehmen und den höheren Renditen von Unternehmen mit geringen Market-to-Book-Ratios.[24] Vor diesem Hintergrund werden auch im Rahmen dieser Arbeit die beiden Charakteristika Größe und Market-to-Book-Ratio zur Ermittlung der Kontrollfirmen verwendet. Dies stellt zum einen sicher, dass die beiden Charakteristika Berücksichtigung finden, denen auf Basis der bisherigen Forschung ein hoher Erklärungswert für die Entwicklung der erwarteten Renditen attestiert wird. Zum anderen erlaubt dieses Vorgehen eine entsprechende Vergleichbarkeit mit den umfangreichen dargestellten Forschungsergebnissen, die ebenfalls diese beiden Charakteristika verwenden.

Für die Ermittlung der Kontrollfirmen wird auf den von Datastream bereitgestellten Index "Europe DS Banks" zurückgegriffen. Dieser umfasst insgesamt 169 europäische Banken und deckt damit die gesamte europäische Bankenland-

---

21 Vgl. bspw. Ritter (1991), Ikenberry et al. (1995), Barber und Lyon (1997b) und Lyon et al. (1999).

22 Vgl. Jegadeesh (2000), S. 11.

23 Vgl. bspw. Lyon et al. (1999), Brav et al. (1999), Mitchell und Stafford (2000), Rau und Vermaelen (1998), Loughran und Vijh (1997) und Fama (1998).

24 Vgl. Banz (1981), Davis (1994), Chan et al. (1995), Rosenberg et al. (1985), Fama und French (1992 und 1998) und Barber und Lyon (1997a).

schaft ab.[25] Das konkrete Vorgehen zur Ermittlung der jeweiligen Kontrollfirmen aus dem Sample aller möglichen 169 Kontrollfirmen des "Europe DS Banks"-Index orientiert sich dabei an der Arbeit von Lyon et al. (1999):

- In einem ersten Schritt werden zunächst für alle betrachteten Bieterbanken die relevante Größe (gemessen an der Marktkapitalisierung) und die relevante Market-to-Book-Ratio ermittelt. Die Marktkapitalisierung wird hierbei für jede Bieterbank als Monatsendwert im Juni vor der jeweiligen Transaktion (in Mio. EUR) erfasst.26 Die Market-to-Book-Ratio bezieht sich auf das letzte vor der Transaktion abgeschlossene Fiskaljahr.[27]
- Der zweite Schritt hat nun die Bestimmung der relevanten Kontrollfirmen im Fokus. Für alle Banken des "Europe DS Banks"-Index werden hierzu zunächst ebenfalls die Marktwerte zum 30.6. eines jeden Jahres ebenso wie die Market-to-Book-Ratios ermittelt.[28]
- Aus diesem "Universum" von europäischen Benchmarkbanken werden dann in einem weiteren Schritt diejenigen ausgewählt, die eine im Vergleich zur jeweiligen Bieterbank vergleichbare Größe gemessen an der Marktkapitalisierung haben. Hierzu werden (wie auch von Lyon et al. (1999) vorgeschlagen) all die Unternehmen ausgewählt, deren Marktkapi-

25 Der von Datastream berechnete Index "Europe DS Banks" umfasst insgesamt 180 europäische Banken. Hierin sind für einige Großbanken zusätzlich zu den Stammaktien auch Vorzugsaktien mitberücksichtigt, die entsprechend für diese Analyse bereinigt werden. Zusätzlich bereinigt werden Banken für die (bspw. auf Grund eines erst jüngst erfolgten Listings) noch nicht alle hier relevanten Daten (Marktkapitalisierung, Market-to-Book-Ratio, etc.) zur Verfügung stehen.

26 D.h. für eine Transaktion im Mai 1998 wird bspw. die Marktkapitalisierung der Bieterbank Ende Juni des Vorjahres (1997) zugrunde gelegt. Für eine Transaktion im Juli 1998 wird hingegen auf die Marktkapitalisierung Ende Juni 1998 zurückgegriffen. Die hierzu notwendigen Daten wurden aus Datastream erhoben und beziehen sich auf die jeweilige Hauptnotierung der Bieterbank (keine Berücksichtigung finden so bspw. Vorzugsaktien).

27 Für eine Transaktion im Jahr 1998 werden so die entsprechenden Daten des Jahres 1997 zugrunde gelegt. Die Berechnung basiert hierbei auf Markt- und Buchwerten zum 31.12. des jeweiligen Fiskaljahres, die in Bloomberg erhoben wurden. Bei der Berechnung werden Vorzugs- und Minderheitsanteile sowohl für die Ermittlung der Markt- als auch der Buchwerte mitberücksichtigt.

28 Auf Grund unterschiedlicher Listingzeitpunkte/Datenverfügbarkeit sind insbesondere in den früheren Jahren des betrachteten Zeitraums von 1994 - 2002 die entsprechenden Daten nicht für alle Benchmarkbanken vorhanden.

talisierung zwischen 70% und 130% der Marktkapitalisierung des betrachteten Ereignisunternehmens Ende Juni vor der Transaktion erreicht.29 Dieser Schritt soll zunächst eine grundsätzliche Vergleichbarkeit der beiden Banken (Bieterbank/ Ereignisunternehmen und Kontrollfirma/Benchmarkbank) sicherstellen.

- In einem vierten Schritt wird dann aus dieser Gruppe von Benchmarkbanken, die eine Marktkapitalisierung zwischen 70% und 130% im Vergleich zu der Bieterbank aufweist, die Benchmarkbank ausgewählt, die die vergleichbarste Market-to-Book-Ratio im Vergleich zur Bieterbank aufweist. Hiermit sollen grundsätzlich vergleichbare Wachstumserwartungen des Kapitalmarktes vor der Transaktion sichergestellt werden.[30]
- Zur Ermittlung der Buy-and-hold Abnormal Returns wird über den Betrachtungshorizont von τ = 36 Monaten (beginnend im Monat der Transaktion) zunächst für alle hier betrachteten Bankentransaktionen zwischen 1994 und 2002 die Rendite des Ereignisunternehmens berechnet und diese dann um die Rendite der entsprechend des zuvor beschriebenen Vorgehens ermittelten Kontrollfirma für den identischen Zeitraum bereinigt:[31]

$$BHAR_{i,\tau} = \prod_{t=s}^{s+\tau}(1+R_{i,t}) - \prod_{t=s}^{s+\tau}(1+R_{Kontrollfirma,t})$$

Zur Bestimmung der statistischen Signifikanz der abgeleiteten Ergebnisse wird dann auf die klassische t-Statistik zurückgegriffen. [32]

---

29 Vgl. Lyon et al. (1999), S. 172.

30 Für den Spezialfall, dass keine der Benchmarkbanken des "Europe Banks DS"-Index eine Marktkapitalisierung von zwischen 70% und 130% der Marktkapitalisierung des betrachteten Ereignisunternehmens hat, werden die zwei Benchmarkbanken betrachtet, deren Größe absolut am wenigsten stark von der Größe des jeweiligen Ereignisunternehmens abweicht. Aus diesen zwei Unternehmen wird dann in einem zweiten Schritt das als Kontrollfirma ausgewählt, dessen Market-to-Book-Ratio im Jahr vor der Transaktion am geringsten von der Market-to-Book-Ratio des Ereignisunternehmens abweicht.

31 Der durchschnittliche Buy-and-hold Abnormal Return des Gesamtsample aller betrachteten Bankentransaktionen bzw. der Subsamples ergibt sich dann als der gleichgewichtete bzw. wertgewichtete Durchschnitt der individuellen BHARs.

32 Durch die hier erfolgte Festlegung einer entsprechenden Kontrollfirma auf Basis der Marktkapitalisierung und der Market-to-Book-Ratio und durch die Berechnung der Benchmarkrendite allein auf Basis der entsprechenden Buy-and-hold-Rendite dieses Unternehmens sind die sog. Rebalancing und New Listing Bias als zentrale Problemfel-

1.4.2 Analyse in Kalenderzeit: Fama-French-Drei-Faktor-Modell

Neben dem Kontrollfirmenansatz wird im Rahmen dieser Arbeit auf das Fama-French-Drei-Faktor-Modell als den wohl meist verwendeten Kalenderzeitansatz zurückgegriffen, der damit auch eine entsprechende Vergleichbarkeit mit den bisherigen Forschungsergebnissen gewährleistet.[33] Dieses auf der Arbeit von Fama und French (1993) beruhende Expected-Return-Modell hat dabei die bereits angesprochene Form:[34]

$$R_{p,t} - R_{f,t} = a_p - b_p\left(R_{M,t} - R_{f,t}\right) + s_p SMB + h_p HML + e_{p,t}$$

Im Rahmen dieses Modells wird zunächst monatlich in Kalenderzeit das Portfolio von Bieterbanken ermittelt, die in den letzten $\tau = 36$ Monaten eine M&A-Transaktion durchgeführt haben. Hieraus resultiert für den im Rahmen dieser Arbeit betrachteten Analysezeitraum aller Transaktionen von 1994 bis 2002 eine Zeitreihe von monatlichen Kalenderzeitportfolios, die sich auf Grund ihres rollierenden Charakters kontinuierlich in ihrer Zusammensetzung ändern. Für diese Kalenderzeitportfolios wird die Zeitreihe gleich- bzw. wertgewichteter monatlicher Portfoliorenditen $R_{p,t}$ berechnet.[35] $R_{f,t}$ ist der risikolose Zinssatz approximiert durch den Einmonats-Euriborsatz[36], $R_{m,t}$ die monatliche Rendite des europäischen Bankenindex ("Europe DS Banks") von Datastream, SMB die (monatliche) Renditedifferenz zwischen zwei Portfolios bestehend aus großen und kleinen Unternehmen des "Europe DS Banks"-Index und HML die (monat-

---

der bei der Ermittlung mittel- und langfristiger abnormaler Renditen nicht relevant. Vgl. Barber und Lyon (1996). Barber und Lyon (1997b) belegen ferner, dass die Skewness (als ein weiteres mögliches Problemfeld) mit diesem Ansatz weitgehend eliminiert wird. Im Gegensatz zu den weiteren BHAR-Ansätzen sind somit keine Anpassungen der klassischen t-Statistik erforderlich.

33 Für die alternativen Ansätze in Kalenderzeit (wie bpsw. das Cahart-Vier-Faktor-Modell und der hiermit verbundenen Berücksichtigung des Momentumeffektes) sind auf Basis der bisherigen Ergebnisse der Forschung trotz eines z.T. erhöhten Erklärungswertes dieser Modelle keine qualitativ abweichenden Ergebnisse zu erwarten.

34 Vgl. Fama und French (1993) und Fama (1998), S. 298.

35 $R_{p,t}$ ist somit die monatliche Rendite der betrachteten Firmen des Ereignissamples im Monat t.

36 Der Einmonats-Euribor ist erst ab Januar 1999 verfügbar. Für den vorhergehenden Zeitraum (ab Januar 1994) wird daher der Einmonats-Fibor (als Vorgänger des Euribor) verwendet. Die Renditedaten werden von Datastream erhoben.

liche) Renditedifferenz zwischen zwei Portfolios bestehend aus Unternehmen mit hoher Market-to-Book-Ratio und Unternehmen mit niedriger Market-to-Book-Ratio (M/B-Ratio) desselben Indexes.[37] Neben der Zeitreihe der gleich- und wertgewichteten monatlichen Portfoliorenditen der Ereignisunternehmen $R_{p,t}$ werden auch für $R_{f,t}$, $R_{m,t}$, SMB und HML die Zeitreihen in Form entsprechender monatlicher Renditen ermittelt. Die abnormalen Renditen der betrachteten (Sub-)Samples werden dann in SPSS durch Regression auf Basis des zuvor genannten Faktormodells berechnet. Hierzu wird die monatliche Überrendite des Kalenderzeitportfolios (als die wert- bzw. gleichgewichtete Portfoliorendite bereinigt um den risikolosen Zinssatz) gegen die drei Faktoren:

- Überrendite (sog. "Excess Return") des betrachteten "Europe DS Banks"-Index gegenüber der risikolosen Anlage,
- Renditedifferenz zwischen großen und kleinen Unternehmen (SMB) und
- Renditedifferenz zwischen Unternehmen mit hoher und niedriger M/B-Ratio (HML) regressiert.

Der auf diese Weise geschätzte Achsenabschnitt a_p bemisst dann die durchschnittliche (wert- bzw. gleichgewichtete) monatliche abnormale Rendite des betrachteten Sample von Ereignisunternehmen über die analysierten $\tau = 36$ Monate nach dem Ereignis.

Auch für die Ergebnisse des Fama-French-Drei-Faktor-Modells wird die statistische Signifikanz des geschätzten Achsenabschnitts a_p sowie der Regressionskoeffizienten des Faktormodells auf Basis von t-Tests ermittelt.[38] Zur Prüfung der globalen Güte des Faktormodells (d.h. der Frage, wie gut die Renditeentwicklung der Bieterbanken durch das Faktormodell als Ganzes erklärt wird) werden das korrigierte Bestimmtheitsmaß R^2_{korr} und die F-Statistik ermittelt. Zusätzlich wird die Nicht-Normalverteilung der Fehlervariablen anhand des Kolmogorov-Smirnov-Anpassungstests untersucht und ein Multikollinearitätstest

---

37 Zur Berechnung der Renditedifferenz zwischen den Portfolios großer und kleiner Unternehmen (SMB) wird im Rahmen dieser Arbeit dem Vorgehen nach Fama und French (1993) gefolgt. Zugrunde gelegt werden alle Unternehmen des "Europe DS Banks"-Index.

38 Hiermit wird deutlich, wie gut die verwendeten einzelnen Faktoren (Excess Return, SMB und HML) des Regressionsmodells zur Erklärung der Renditeentwicklung der Bieterbanken beitragen.

durchgeführt.[39] Schließlich wird mit Hilfe des sog. "modifizierten White-Tests" das Vorliegen von Heteroskedastizität betrachtet.[40]

Die alleinige Verwendung eines Ansatzes/Modells in Ereignis- bzw. in Kalenderzeit erscheint – wie die in der Literatur kontrovers geführte Diskussion um das geeignetste Modell bestätigt[41] – als nicht ausreichend, um die tatsächliche mittel- und langfristige Performance zu erfassen. Durch die Betrachtung großer Ereignissamples und sorgfältiger Auswahl der Kontrollfirmen können auf Basis des Kontrollfirmenansatzes einer Vielzahl der in der Literatur diskutierten potenziellen Fehlspezifikationen, wie New Listing Bias, Rebalancing Bias und Skewness, zwar vorgebeugt und in Zufallssamples robuste Ergebnisse abgeleitet werden. Nichtsdestotrotz erweisen sich diese Ereigniszeit-Ansätze in Nicht-Zufallssamples als anfällig gegenüber dem Problem der Cross-Correlation. Diesem Problem kann durch die Verwendung von Kalenderzeitansätzen begegnet werden. Die Kalenderzeitansätze erweisen sich (auf Grund der Berechnungsmethodik) im Vergleich zu den BHAR-Berechnungen darüber hinaus als weniger anfällig gegenüber dem Bad-Model-Problem. Trotz dieser Vorteile bestehen jedoch auch wichtige Nachteile der Kalenderzeitansätze: Zu nennen sind hier u.a. Fehlspezifikationen in Nicht-Zufallssamples, auf die von Lyon et al. (1999) hingewiesen wurde. Gleichzeitig bilden die Kalenderzeitansätze nicht die tatsächliche Investitionserfahrung der Anleger ab und es besteht die Gefahr von Heteroskedastizität im Rahmen der Berechnungen.[42]

---

39 Der Kolmogorov-Smirnov-Anpassungstest unterstellt als Nullhypothese die Normalverteilung der analysierten Variable, d.h. hohe Signifikanzwerte sprechen dafür, dass die Nullhypothese nicht abzulehnen und damit eine entsprechende Normalverteilung gegeben ist. Im Rahmen des Multikollinearitätstests wird der sog. Variance-Inflation-Factor (VIF) ausgewiesen – Werte größer 10 deuten dabei auf eine ausgeprägte Multikollinearität der verwendeten unabhängigen Variablen hin, bei Werten ab 5 ergeben sich erste Anhaltspunkte.

40 Hierzu werden die quadrierten Residuen des Fama-French-Drei-Faktor-Modells gegen die vorhergesagten Renditen des Modells sowie die quadrierten Werte dieser vorhergesagten Renditen regressiert. Können im Rahmen dieser Regression signifikante F-Werte ermittelt werden, muss auf Heteroskedastizität geschlossen werden. Mit der zuvor genannten Mindestgröße der betrachteten (Sub-)Samples wird dieser Problematik zwar bereits entgegengewirkt, gleichzeitig kann Heteroskedastizität hiermit nicht vollkommen beseitigt werden.

41 Vgl. bspw. Lyon et al. (1999).

42 Zusätzlich ist auf die kontrovers diskutierte Anfälligkeit gegenüber dem beschriebenen "Timing" durch Manager sowie gegenüber den sog. "Hot Markets" hinzuweisen.

Erst durch die in dieser Arbeit verwendete Kombination der beiden Ansätze mit ihren jeweiligen Stärken wird es möglich, robuste empirische Ergebnisse abzuleiten. Hiermit steht auf methodischer Seite das notwendige Handwerkszeug zur Verfügung, um die tatsächliche Wertschaffung nach Bankentransaktionen zu erfassen.

1.5 Gesamtergebnisse der Untersuchung

Tabelle 1 zeigt zunächst die BHARs für das Gesamtsample aller 225 analysierten europäischen Bankentransaktionen zwischen 1994 und 2002. Hierbei wird zwischen drei verschiedenen Ereignisfenstern (12, 24 und 36 Monate) differenziert.

Die Ergebnisse des Ansatzes in Ereigniszeit zeigen bei gleichgewichteter Betrachtung durchgehend negative abnormale Renditen, die im Zeitverlauf zunehmen: von -3,61% nach 12 Monaten auf -13,48% nach 36 Monaten. Die Ergebnisse sind dabei für den 24- und 36-Monatszeitraum statistisch signifikant. Bei wertgewichteter Betrachtung ergeben sich jedoch deutlich abweichende Resultate: Die BHARs bleiben zwar über alle drei analysierten Ereignisfenster negativ, es ist jedoch im Zeitverlauf keine Zunahme der abnormalen Renditen zu konstatieren. Diese bewegen sich durchgehend zwischen ca. drei und vier Prozent, ohne dabei statistisch signifikant zu sein.

Tabelle 1: BHARs des Gesamtsample aller europäischen Bankentransaktionen zwischen 1994 und 2002

Mittel-/langfristige BHARs des Gesamtsamples							
	Gleichgewichtete BHARs				Wertgewichtete BHARs		
Ereignisfenster	BHARs (in %)	t-Wert	p-Wert		BHARs (in %)	t-Wert	p-Wert
12 Monate	-3,61	-1,31	0,19		-3,47	-1,26	0,21
24 Monate	-7,21	-1,69	0,09	*	-3,32	-0,77	0,44
36 Monate	-13,48	-1,65	0,10	*	-4,10	-0,50	0,62

Die Tabelle zeigt die Ergebnisse der mittel-/langfristigen Ereignisstudie für das Gesamtsample aller 225 europäischen Bankentransaktionen im Zeitraum von 1994 bis 2002. Die abnormalen Renditen werden hierbei mittels des Kontrollfirmenansatzes als BHARs ermittelt. Der Ausweis der statistischen Signifikanz basiert auf dem klassischen t-Test.

Den wertgewichteten Ergebnissen ist dabei grundsätzlich ein höheres Gewicht zuzumessen, da diese den tatsächlichen Vermögenseffekt eines Anlegers exakter abbilden. Eine Detailanalyse der Ergebnisse zeigt darüber hinaus, dass insbesondere die gleichgewichteten Ergebnisse durch Einzelentwicklungen auf

Seiten von Bieterbanken und Kontrollfirmen beeinflusst werden. Einzelne extreme Renditeentwicklungen von (insb. kleinen) Bieterbanken bzw. (entsprechend auch kleinen) Kontrollfirmen und hieraus resultierende deutliche abnormale Renditen haben so im Zuge einer gleichgewichteten Analyse ein höheres Gewicht und beeinflussen das Gesamtergebnis entsprechend stark. Auch in der Literatur finden sich entsprechende Belege, dass gleichgewichtete abnormale Renditen insbesondere durch kleinere Unternehmen (infolge des Bad-Model-Problems bzw. einzelner extremer Renditeentwicklungen kleinerer Firmen des Bietersample) beeinflusst werden.[43]

Auf Basis dieser Analyse in Ereigniszeit kann somit kein Beleg dafür gefunden werden, dass europäische Bankentransaktionen grundsätzlich Wert vernichten und als Misserfolg einzuordnen sind. Für eine weitere Fundierung dieser Ergebnisse erfolgt in einem zweiten Schritt die Analyse des Gesamtsample auf Basis des beschriebenen Fama-French-Drei-Faktor-Modells.[44] Die Ergebnisse sind in der folgenden Tabelle 2 dargestellt.

Die Ergebnisse heben sich dabei deutlich von den zuvor beschriebenen BHARs in Ereigniszeit ab. Auf Basis des Fama-Modells ergeben sich positive monatliche abnormale Renditen von 0,2% pro Monat über einen Zeitraum von 36 Monaten nach der Transaktion. Die Regressionskoeffizienten für die drei verwendeten erklärenden Faktoren sind dabei nahezu ausnahmslos höchst signifikant und belegen damit einen entsprechend hohen Erklärungswert dieser Faktoren für die Renditeentwicklung des Ereignisportfolios.

---

43 Vgl. hierzu bspw. die Ergebnisse von Mitchell und Stafford (2000) und André et al. (2004).

44 Um dem zuvor beschriebenen Problem der Heteroskedastizität auf Grund der sich kontinuierlich ändernden Zusammensetzung des Ereignisportfolios im Rahmen des Fama-French-Drei-Faktor-Modells vorzubeugen, wird hier dem vereinfachenden Ansatz von Mitchell und Stafford (2000) gefolgt: Diese betrachten nur monatliche Samples mit mindestens 10 Unternehmen, so dass eine relativ weitgehende Diversifikation der Residualvarianz des Portfolios gegeben ist. Für die Regression selbst werden des Weiteren für jedes betrachtete Sample/Subsample mindestens 30 (monatliche) Portfoliorenditen des Ereignisportfolios in Kalenderzeit (berechnet entsprechend mindestens auf Basis von 10 Ereignisunternehmen) vorausgesetzt, um robuste Ergebnisse im Rahmen der statistischen Testverfahren ableiten zu können.

Tabelle 2: Abnormale Renditen für das Gesamtsample aller europäischen Bankentransaktionen zwischen 1994 und 2002 auf Basis des Fama-French-Drei-Faktor-Modells

Fama-French-Drei-Faktor-Modell (Gesamtsample)								
	Gleichgewichtete Ergebnisse				**Wertgewichtete Ergebnisse**			
Sample/Subsample	**a**	**b**	**S**	**h**	**a**	**B**	**S**	**h**
Gesamtsample	0,002*	0,90***	-0,17***	0,03	0,002	0,89***	-0,31***	0,22***
Stat. Sign. (t-Werte)	*(1,87)*	*(22,17)*	*(-3,17)*	*(0,94)*	*(1,54)*	*(21,53)*	*(-5,82)*	*(5,95)*
Güte der Regression	$F = 770{,}96$ (***) $R^2_{adj} = 0{,}95$				$F = 908{,}33$ (***) $R^2_{adj} = 0{,}96$			

Die Tabelle zeigt die Ergebnisse der mittel-/langfristigen Ereignisstudie für das Gesamtsample aller 225 europäischen Bankentransaktionen im Zeitraum von 1994 bis 2002 auf Basis des Fama-French-Drei-Faktor-Modells. Der Achsenabschnitt a bemisst dabei die durchschnittliche monatliche abnormale Rendite. Die Ergebnisse werden zwischen einer gleich- und einer wertgewichteten Betrachtung differenziert. Der Ausweis der statistischen Signifikanz der Ergebnisse basiert auf dem klassischen t-Test. Zusätzlich werden zur Darstellung der globalen Güte der Regression das korrigierte Bestimmtheitsmaß und die F-Statistik ausgewiesen.

Auch die übergeordneten Gütemaße dokumentieren eine hohe Güte der Regression. Legt man auch hier den Fokus auf die (nicht signifikanten) wertgewichteten Resultate der Analyse, wird deutlich, dass europäische Bankentransaktionen für die Aktionäre der Bieterbanken zumindest keinen Misserfolg darstellen, sondern sich Indizien für eine positive (wenn auch für das Gesamtsample nicht signifikante) Wertschaffung ergeben.

Insgesamt vernichten europäische Bankentransaktionen auf Basis beider Ansätze somit zumindest keinen Wert (abweichend von der bisherigen Forschung mit Fokus auf die USA) und sind nicht als Misserfolg anzusehen. Da Kalenderzeitansätze wie das hier verwendete Fama-French-Drei-Faktor-Modell in Samples mit Industry Clustering eine Verbesserung der Ergebnisse bewirken, und bei BHAR-Ansätzen auf Grund von Fehlspezifikationen die Gefahr des Ausweises tendenziell zu hoher abnormaler Renditen besteht45, erscheinen das Fama-French-Drei-Faktor-Modell und seine Ergebnisse hier als robuster. Die Transaktionen können hiernach aus Sicht der Aktionäre der Bieterbanken (trotz mangelnder Signifikanz der Ergebnisse) tendenziell sogar als Erfolg angesehen werden.

Vergleicht man diese Ergebnisse der mittel-/langfristigen Analyse mit der kurzfristigen Kapitalmarktreaktion, wird die kurzfristige Einschätzung des Kapitalmarkts grundsätzlich bestätigt. Beide Ergebnisse sind nicht signifikant, es kommt somit zu keiner Wertvernichtung im Rahmen europäischer Bankentrans-

45 Vgl. Lyon et al. (1999), S. 194ff.

aktionen. Während die Ergebnisse im Rahmen der kurzfristigen Analyse aber negativ ausfallen, sind diese mittel-/langfristig positiv.

1.5.1 Ergebnisse nach Subsamples

Zusätzlich zur Betrachtung des Gesamtsamples erfolgt in diesem Abschnitt eine detaillierte Betrachtung verschiedener Subsamples, um ein umfassenderes Verständnis der dem Erfolg von Bankentransaktionen zugrunde liegenden Faktoren zu gewinnen. Hierzu werden im Folgenden bspw. die Faktoren geographischer und aktivitätsbezogener Fokus, Größe der Transaktionen und Nationalität der Bieterbanken sowie die Entwicklung der abnormalen Renditen im Zeitverlauf untersucht.

Während im Rahmen der kurzfristigen Ereignisstudie nationale Transaktionen aus Sicht der Bieterbank über eine Vielzahl der analysierten Ereignisfenster (z.T. signifikant) positive abnormale Renditen erfahren, ergibt sich im Zuge der mittel-/langfristigen Analyse ein nicht einheitliches Bild: Die wertgewichteten Ergebnisse der BHARs sind mit ca. -8% über den 36-Monatszeitraum nicht signifikant negativ.[46] Die Analyse auf Basis des Fama-French-Drei-Faktor-Modells zeigt jedoch (wie auch zuvor bereits für das Gesamtsample) bei der Betrachtung aller nationalen Transaktionen ein abweichendes Ergebnis. Nationale Transaktionen erfahren hiernach sowohl bei gleich- als auch bei wertgewichteter Betrachtung eine positive aber nicht signifikante abnormale Rendite von 0,2% bzw. 0,3% monatlich. Da sowohl auf Basis des Ansatzes in Ereigniszeit als auch auf Basis des Ansatzes in Kalenderzeit keine Signifikanz der Ergebnisse gegeben ist, ergeben sich insgesamt (trotz der genannten Divergenzen) jedoch keine klaren Belege für eine Wertschaffung/Wertvernichtung und eine entsprechende Anomalie der Kapitalmärkte in Form entsprechender abnormaler Renditen.

Für die Cross-border-Transaktionen ergibt sich ein noch interessanteres Bild. Der BHAR-Ansatz kommt hier insgesamt sowohl bei gleich- als auch bei wertgewichteter Analyse zu nicht signifikant negativen abnormalen Renditen, die mit -0,3% bzw. -3,4% darüber hinaus auch ökonomisch relativ gering sind. Eine Differenzierung in Cross-border-Transaktionen innerhalb und außerhalb Europas zeigt dann jedoch deutliche Unterschiede auf: Die Ergebnisse für Cross-border-Transaktionen innerhalb Europas sind mit signifikanten ca. 13% bei gleichgewichteter Betrachtung und nicht signifikanten ca. 10% bei wertge-

46 Gleichgewichtet sind die Ergebnisse mit signifikanten -34% deutlich negativ.

wichteter Analyse positiv, während die Transaktionen außerhalb Europas deutlich Wert vernichten.

Ein abweichendes Bild ergibt sich jedoch erneut auf Basis des Fama-French-Drei-Faktor-Modells:[47] Für Cross-border-Transaktionen zeigt sich eine monatliche abnormale Rendite von 0,2% (wertgewichtet) bzw. 0,3% (gleichgewichtet), wobei nur die gleichgewichteten Ergebnisse (hoch) signifikant sind.

Diese Ergebnisse belegen eine im Vergleich zu den nationalen Transaktionen leicht bessere Bewertung grenzüberschreitender Transaktionen. Damit weichen diese auch von den branchenübergreifenden Arbeiten (insb. aus den USA) ab, die durchweg statistisch und ökonomisch signifikante negative abnormale Renditen nach Cross-border-M&A-Transaktionen feststellen.[48]

Die Differenzierung zwischen Cross-border-Transaktionen innerhalb und außerhalb Europas lässt darüber hinaus auch auf Basis des Fama-French-Drei-Faktor-Modells innereuropäische Konsolidierungsschritte als überlegen erscheinen.

Insgesamt lässt sich somit festhalten, dass sich auf Basis beider Modelle positive abnormale Renditen für Cross-border-Transaktionen innerhalb Europas ergeben.[49] Hiermit werden die (nicht signifikant) negativen Ergebnisse der kurzfristigen Ereignisstudie für diese Art von Transaktionen klar widerlegt. Der Kapitalmarkt scheint Cross-border-Transaktionen innerhalb Europas, die mittel-/ langfristig Wert schaffen, im Zuge der kurzfristigen Reaktion zum Zeitpunkt der Ankündigung nicht ausreichend in ihrer Komplexität zu erfassen.

---

47 Neben der erneut gegebenen zumeist hohen bzw. sogar höchsten Signifikanz der Regressionskoeffizienten weisen die Ergebnisse in Tabelle 4 durchweg hohe übergeordnete Gütemaße für die entsprechenden Regressionen aus. Der Kolmogorov-Smirnov-Test belegt die Normalverteilung der Residuen und der Multikollinearitätstest weist Werte deutlich unter 5 auf, so dass keine Multikollinearität festgestellt werden kann. Auf Basis des modifizierten White-Tests ergeben sich Belege für Heteroskedastizität nur für die wertgewichtete Analyse des Subsamples nationaler Transaktionen. Heteroskedastizität ist im Rahmen des hier verwendeten Modells jedoch (wie zuvor herausgestellt) nicht gänzlich zu vermeiden. Da diese Problematik für das Gesamtsample nicht gegeben ist und nur für einige (auch im Folgenden betrachtete) Subsamples auftritt, werden keine weiteren Bereinigungen/Anpassungen durchgeführt, um eine Vergleichbarkeit der Ergebnisse zu gewährleisten.

48 Vgl. bspw. Danbolt (1995), Aw und Chatterjee (2000), Eckbo und Thorburn (2000), Black al. (2001), Gregory und McCorriston (2004) und Conn et al. (2003).

49 Diese sind allerdings nur bei Verwendung des Fama-French-Drei-Faktor-Modells signifikant.

Tabelle 3: Subsamples europäischer Bankentransaktionen zwischen 1994 und 2002 nach geographischem Fokus

Mittel-/langfristige BHARs national vs. cross-border								
	Gleichgewichtete BHARs				Wertgewichtete BHARs			
Subsamples	BHARs (in %)	t-Wert	p-Wert		BHARs (in %)	t-Wert	p-Wert	
National	-34,05	-1,74	0,08	*	-7,87	-0,40	0,69	
Cross-border (gesamt)	-0,27	-0,06	0,95		-3,35	-0,72	0,47	
Cross-border (innerhalb EU)	13,37	1,63	0,10	*	10,26	1,25	0,21	
Cross-border (außerhalb EU)	-11,54	-2,40	0,02	**	-9,06	-1,88	0,06	*

Die Tabelle zeigt die Ergebnisse der mittel-/langfristigen Ereignisstudie aller 225 europäischen Bankentransaktionen im Zeitraum von 1994 bis 2002 differenziert in Subsamples nach dem geographischen Fokus der Transaktionen (national versus cross-border). Die abnormalen Renditen werden hierbei mittels des Kontrollfirmenansatzes als BHARs ermittelt. Der Ausweis der statistischen Signifikanz basiert auf dem klassischen t-Test.

Für Cross-border-Transaktionen außerhalb Europas ergibt sich hingegen das beschriebene uneinheitliche Bild: Während das Fama-French-Drei-Faktor-Modell nicht signifikant positive abnormale Renditen ausweist, sind die BHARs signifikant negativ.

Neben der geographischen Diversifikation ist die aktivitätsbezogene Diversifikation ebenfalls von hohem Interesse: Im Rahmen der kurzfristigen Ereignisstudie erhielten diversifizierende Bank-Spezialinstitut-Transaktionen über das maximale Ereignisfenster von den Aktionären der Bieterbanken zwar ein leicht besseres Zeugnis als Bank-Bank-Transaktionen, insgesamt ergaben sich in beiden Fällen jedoch keine signifikanten Belege für den Erfolg bzw. Misserfolg entsprechender Transaktionen aus Sicht der Bieterbanken.

Auf Basis des BHAR-Ansatzes liefert die mittel- und langfristige Betrachtung ein ebenso gemischtes Bild.[50]

50 Im Rahmen eines Mittelwertdifferenztests können keine signifikanten Unterschiede zwischen den Ergebnissen für die beiden Subsamples (sowohl bei gleich- als auch bei wertgewichteter Betrachtungsweise) festgestellt werden. Auch im Rahmen der im Folgenden dargestellten Ergebnisse des Fama-French-Drei-Faktor-Modells ergeben sich keine Unterschiede zwischen den beiden Subsamples (ebenfalls unabhängig von der Berechnungsweise).

Tabelle 4: Abnormale Renditen nationaler und Cross-border-Bankentransaktionen zwischen 1994 und 2002 auf Basis des Fama-French-Drei-Faktor-Modells

Ergebnisse Fama-French-Drei-Faktor-Modell für Subsamples nach geographischem Fokus								
	Gleichgewichtete Ergebnisse				Wertgewichtete Ergebnisse			
Subsamples	**a**	**B**	**s**	**h**	**a**	**B**	**s**	**h**
Nationale Tx.	0,001	0,89***	-0,00	-0,12**	0,001	0,84***	-0,29***	0,11**
Stat. Sign. (t-Werte)	*(0,45)*	*(14,44)*	*(-0,02)*	*(-2,17)*	*(0,71)*	*(14,38)*	*(-3,80)*	*(2,04)*
Güte der Regression	*F = 260,65 (***)* $R^2_{adj} = 0,87$				*F = 398,01 (***)* $R^2_{adj} = 0,91$			
Cross-border-Tx. (gesamt)	0,003**	0,91***	-0,26***	0,16***	0,002	0,92***	-0,30***	0,26***
Stat. Sign. (t-Werte)	*(2,47)*	*(21,36)*	*(-4,75)*	*(3,99)*	*(1,43)*	*(19,51)*	*(-4,97)*	*(6,08)*
Güte der Regression	*F = 845,01 (***)* $R^2_{adj} = 0,96$				*F = 758,20 (***)* $R^2_{adj} = 0,95$			
Cross-border-Tx. (innerhalb EU)	0,004*	0,87***	-0,16*	-0,07	0,005*	0,96***	-0,26**	0,16**
Stat. Sign. (t-Werte)	*(1,76)*	*(12,42)*	*(-1,76)*	*(-1,09)*	*(1,71)*	*(11,98)*	*(-2,50)*	*(2,14)*
Güte der Regression	*F =287,66 (***)* $R^2_{adj} = 0,90$				*F = 307,08 (***)* $R^2_{adj} = 0,91$			
Cross-border-Tx. (außerhalb EU)	0,003	0,96***	-0,29***	0,28***	0,002	0,93***	-0,32***	0,31***
Stat. Sign. (t-Werte)	*(1,52)*	*(17,66)*	*(-3,99)*	*(5,55)*	*(1,00)*	*(16,34)*	*(-4,25)*	*(6,01)*
Güte der Regression	*F = 676,30 (***)* $R^2_{adj} = 0,95$				*F = 613,76 (***)* $R^2_{adj} = 0,95$			

Die Tabelle zeigt die Ergebnisse der mittel-/langfristigen Ereignisstudie für europäische Bankentransaktionen im Zeitraum von 1994 bis 2002 auf Basis des Fama-French-Drei-Faktor-Modells differenziert nach geographischem Fokus. Der Achsenabschnitt a bemisst dabei die durchschnittliche monatliche abnormale Rendite. Die Ergebnisse werden zwischen einer gleich- und einer wertgewichteten Betrachtung differenziert. Der Ausweis der statistischen Signifikanz der Ergebnisse basiert auf dem klassischen t-Test. Zusätzlich werden zur Darstellung der globalen Güte der Regression das korrigierte Bestimmtheitsmaß und die F-Statistik ausgewiesen.

Wie auch für die anderen zuvor beschriebenen Subsamples ergeben sich jedoch auf Basis des Kalenderzeitansatzes abweichende Ergebnisse.[51]

---

51 Neben der zumeist hohen bzw. sogar höchsten Signifikanz der Regressionskoeffizienten weisen die Ergebnisse in Tabelle 6 erneut hohe übergeordnete Gütemaße für die entsprechenden Regressionen aus. Der Kolmogorov-Smirnov-Test belegt die Normalverteilung der Residuen und der Multikollinearitätstest weist ebenfalls keine signifikanten Werte auf. Der modifizierte White-Test liefert jedoch eine Indikation für das Bestehen von Heteroskedastizität (außer bei der gleichgewichteten Analyse von Bank-Spezialbank-Transaktionen), die jedoch – wie zuvor beschrieben – im Rahmen des hier gewählten Modells für kleinere Subsamples nicht vollends vermieden werden kann.

Tabelle 5: Subsamples europäischer Bankentransaktionen zwischen 1994 und 2002 nach Aktivitätsfokus

Mittel-/langfristige BHARs (über 36 Monate) für aktivitätsbezogene Subsamples								
	Gleichgewichtete BHARs				Wertgewichtete BHARs			
Subsamples	BHARs (in %)	t-Wert	p-Wert		BHARs (in %)	t-Wert	p-Wert	
Bank-Bank-Tx.	-18,86	-1,67	0,10	*	1,94	0,17	0,86	
Bank-Spezialbank-Tx.	-1,32	-0,17	0,86		-13,96	-1,77	0,08	*

Die Tabelle zeigt die Ergebnisse der mittel-/langfristigen Ereignisstudie aller 225 europäischen Bankentransaktionen im Zeitraum von 1994 bis 2002 differenziert in Subsamples nach dem Aktivitätsfokus der Transaktionen (Bank-Bank- versus Bank-Spezialinstitut-Transaktionen). Die abnormalen Renditen werden hierbei mittels des Kontrollfirmenansatzes als BHARs ermittelt. Der Ausweis der statistischen Signifikanz basiert auf dem klassischen t-Test.

Sowohl bei gleich- als auch bei wertgewichteter Betrachtungsweise sind die abnormalen Renditen positiv - allein die gleichgewichtete Analyse für Bank-Spezialinstitut-Transaktionen kommt jedoch zu einem signifikanten Ergebnis von 0,3% monatlicher abnormaler Rendite.

Tabelle 6: Abnormale Renditen von Bank-Bank- und Bank-Spezialinstitut-Transaktionen zwischen 1994 und 2002 auf Basis des Fama-French-Drei-Faktor-Modells

Ergebnisse Fama-French-Drei-Faktor-Modell für Subsamples nach Aktivitätsfokus								
	Gleichgewichtete Ergebnisse				Wertgewichtete Ergebnisse			
Subsamples	a	B	s	h	a	b	s	h
Bank-Bank-Tx.	0,002	0,92***	-0,13**	0,01	0,002	0,91***	-0,28***	0,23***
Stat. Sign. (t-Werte)	*(1,07)*	*(19,56)*	*(-2,09)*	*(0,30)*	*(1,02)*	*(18,51)*	*(-4,42)*	*(5,27)*
Güte der Regression	*F = 575,88 (***)* $R^2_{adj} = 0{,}93$				*F = 655,93 (***)* $R^2_{adj} = 0{,}94$			
Bank-Spezialbank-Tx.	0,003*	0,86***	-0,23***	0,09*	0,002	0,89***	-0,33***	0,17***
Stat. Sign. (t-Werte)	*(1,81)*	*(16,64)*	*(-3,35)*	*(1,78)*	*(0,80)*	*(15,23)*	*(-4,30)*	*(3,17)*
Güte der Regression	*F = 507,80 (***)* $R^2_{adj} = 0{,}94$				*F = 484,06 (***)* $R^2_{adj} = 0{,}93$			

Die Tabelle zeigt die Ergebnisse der mittel-/langfristigen Ereignisstudie für europäische Bankentransaktionen im Zeitraum von 1994 bis 2002 auf Basis des Fama-French-Drei-Faktor-Modells differenziert nach dem Aktivitätsfokus der Transaktionen (Bank-Bank- versus Bank-Spezialinstitut-Transaktionen). Der Achsenabschnitt a bemisst dabei die durc-hschnittliche monatliche abnormale Rendite. Die Ergebnisse werden zwischen einer gleich- und einer wertgewichteten Betrachtung differenziert. Der Ausweis der statistischen Signifikanz der Ergebnisse basiert auf dem klassischen t-Test. Zusätzlich werden zur Darstellung der globalen Güte der Regression das korrigierte Bestimmtheitsmaß und die F-Statistik ausgewiesen.

Insgesamt ergeben sich für fokussierende Bank-Bank-Transaktionen bei Verwendung beider Ansätze positive aber nicht signifikante Ergebnisse. Bei diversifizierenden Transaktionen sind auf Basis der verwendeten Ansätze (und nach gewählter Gewichtungsweise) deutlich divergierende Ergebnisse zu beobachten. Unterstellt man (wie zuvor) eine tendenziell höhere Robustheit des Kalenderzeitansatzes für das betrachtete Subsample ergeben sich auch hier keine klaren Belege für signifikante abnormale Renditen.

Im Rahmen der kurzfristigen Ereignisstudie wurde bereits auf die Bedeutung der Transaktionsgröße für die Erklärung des (kurzfristigen) Erfolgs von Bankentransaktionen hingewiesen. Die Ergebnisse zeigen hier einen relativ deutlichen Größeneffekt und einen signifikanten Unterschied in der Wertschaffung zwischen großen und kleinen Transaktionen. Die großen europäischen Bankentransaktionen vernichten hierbei aus Sicht der Bieterbanken mehr Wert als die kleinen Transaktionen. Für mittelgroße Transaktionen ergeben sich sogar signifikante Wertschaffungspotenziale (nicht zuletzt auch auf Grund der beherrschbaren Komplexität bei gleichzeitig bestehenden Synergiepotenzialen).

Tabelle 7: Subsamples europäischer Bankentransaktionen zwischen 1994 und 2002 nach Transaktionsgröße[52]

Mittel-/langfristige BHARs (über 36 Monate) für Subsamples nach Transaktionsgröße							
	Gleichgewichtete BHARs				Wertgewichtete BHARs		
Subsamples	**BHARs (in %)**	**t-Wert**	**p-Wert**		**BHARs (in %)**	**t-Wert**	**p-Wert**
Größte 20 Tx.	7,57	0,56	0,58		-5,34	-0,38	0,70
Kleinste 20 Tx.	32,41	2,10	0,04	**	3,37	0,20	0,84
Größtes Drittel der Tx.	-8,43	-1,09	0,27		-2,03	-0,26	0,79
Mittleres Drittel der Tx.	-4,97	-0,73	0,47		-7,36	-1,08	0,28
Kleinstes Drittel der Tx.	-27,04	-1,21	0,23		-3,01	-0,13	0,89
Größte 50% der Tx.	-6,39	-1,06	0,29		-2,51	-0,41	0,68
Kleinste 50% der Tx.	-20,51	-1,35	0,18		-6,13	-0,40	0,69

Die Tabelle zeigt die Ergebnisse der mittel-/langfristigen Ereignisstudie aller 225 europäischen Bankentransaktionen im Zeitraum von 1994 bis 2002 differenziert in Subsamples nach der Größe der Transaktionen. Die abnormalen Renditen werden hierbei mittels des Kontrollfirmenansatzes als BHARs ermittelt. Der Ausweis der statistischen Signifikanz basiert auf dem klassischen t-Test.

Auf Basis des Ereigniszeitansatzes können bei Betrachtung der wertgewichteten Ergebnisse der verschiedenen Subsamples nach Transaktionsgröße keine

52 Mittelwertdifferenztests zeigen keine Signifikanz der Unterschiede zwischen den Ergebnissen in Ereigniszeit für die verschiedenen Subsamples großer und kleiner Transaktionen. Auch für die Unterschiede, die in der folgenden Tabelle 8 auf Basis des Fama-French-Drei-Faktor-Modells für die verschiedenen Subsamples großer und kleiner Transaktionen dargestellt sind, ergibt sich auf Basis von Mittelwertdifferenztests keine Signifikanz.

signifikanten mittel-/langfristigen abnormalen Renditen festgestellt werden.[53] Gleichzeitig lassen die Ergebnisse im Gegensatz zur kurzfristigen Ereignisstudie nicht auf einen Größeneffekt schließen: Die kleinsten 50% der Transaktionen erfahren so beispielsweise stärker negative abnormale Renditen als die größten 50%, gleiches gilt für das kleinste und das größte Drittel der Transaktionen.[54] Mit Ausnahme der kleinsten 20 Transaktionen müssen im Rahmen der Analyse für alle anderen Subsamples negative Renditen festgestellt werden.[55]

Bei der Betrachtung der wertgewichteten Ergebnisse des Fama-French-Drei-Faktor-Modells ergeben sich ebenfalls keine Belege für den beschriebenen Größeneffekt bei Bankentransaktionen. Im Gegensatz zu den Ergebnissen in Ereigniszeit kommt das Kalenderzeitmodell jedoch durchweg zu positiven Ergebnissen. Für alle betrachteten Subsamples sind die ausgewiesenen Achsenabschnitte positiv. Signifikante Ergebnisse ergeben sich dabei für das größte Drittel und die größten 50% der Transaktionen. Diese beiden Subsamples erfahren monatliche abnormale Renditen von 0,4% bzw. 0,3%.[56]

Die Ergebnisse der beiden Ansätze decken sich damit in Bezug auf die Relation zwischen den Subsamples kleiner und großer Transaktionen. Zwar erfahren die kleinsten 20 Transaktionen auf Basis des BHAR-Ansatzes die positivste, wenn auch nicht signifikante Wertschaffung, für alle weiteren Samples ergeben

---

53 Aus Gründen der Komplexitätsreduktion fokussieren sich die Ausführungen auf die wertgewichtete Betrachtung, der ja bereits zuvor ein höheres Gewicht beigemessen wurde.

54 Das größte Drittel der Transaktionen weist eine durchschnittliche Größe von 5.062 Mio. USD auf. Für das mittlere Drittel liegt die durchschnittliche Größe bei 560 Mio. USD und für das kleinste Drittel bei 186 Mio. USD. Die größten 50% der Transaktionen weisen eine Durchschnittsgröße von 3.627 Mio. USD und die kleinsten 50% eine durchschnittliche Größe von 260 Mio. USD.

55 Die größten 20 Transaktionen haben eine Durchschnittsgröße von 13.008 Mio. USD. Für die kleinsten 20 Transaktionen liegt dieser Wert bei 117 Mio. USD.

56 Wie auch im Rahmen der Analysen der zvor betrachteten Subsamples sind die Regressionskoeffizienten zumeist hoch bzw. sogar höchst signifikant. Die übergeordneten Gütemaße deuten ebenfalls erneut auf eine hohe Güte der Regressionen hin. Der Kolmogorov-Smirnov-Test belegt die Normalverteilung der Residuen und auf Basis des Multikollinearitätstests ergeben sich keine Anhaltspunkte für eine ausgeprägte Multikollinearität (der VIF liegt zumeist deutlich unter 5 und erreicht nur einmal einen Wert von 5,04). Der modifizierte White-Test liefert jedoch (wie auch schon im Rahmen der vorhergehenden Analysen) eine Indikation für das Bestehen von Heteroskedastizität bei einzelnen Subsamples.

sich jedoch positivere (bzw. weniger negative) Ergebnisse bei der Betrachtung größerer Transaktionen. Dies widerspricht dem zuvor beschriebenen kurzfristig beobachtbaren Größeneffekt. Abstrahiert man von dem sehr guten Ergebnis der kleinsten 20 Transaktionen (das auf gezielte Übernahmen spezialisierter Banken/ Finanzdienstleister, die leicht integriert werden können und damit eine hohe Wertschaffung ermöglichen, zurückgeführt werden kann) scheint die kurzfristige Einschätzung des Kapitalmarktes revidiert zu werden. Hiernach entwickeln sich große Transaktionen mittel-/langfristig zumindest nicht schlechter als die kleineren Transaktionen. Die beschriebenen Ergebnisse deuten sogar auf eine im Zeitverlauf höhere Wertschaffung der größeren Transaktionen hin. Diese größeren Transaktionen scheinen die Realisierung höherer als ursprünglich vom Kapitalmarkt erwarteter Wertschaffungspotenziale (auf Grund bestehender Synergien) zu ermöglichen. Große europäische Bankentransaktionen erweisen sich damit – entgegen vielfacher Marktmeinung und der kurzfristigen Kapitalmarktreaktion – mittel-/ langfristig als wertschaffend und sind als Erfolg zu bewerten. Der Kapitalmarkt scheint mit der Realisierung der entsprechenden Potenziale seine Einschätzung über Zeit zu revidieren.Im Rahmen der kurzfristigen Ereignisstudie konnte kein klarer zeitlicher Trend der abnormalen Renditen festgestellt werden.

Es wurde jedoch ein Zusammenhang zur Kapitalmarktentwicklung insgesamt sowie der Entwicklung der Konsolidierungsaktivitäten deutlich mit einer Tendenz zur Wertvernichtung aus Sicht der Bieterbanken in Zeiten boomender Kapitalmärkte und starker M&A-Tätigkeit, während diese jedoch beachtliche Wertschaffungen in schwachen Börsenphasen realisieren konnten.

Eine Bestätigung dieser Ergebnisse aus der mittel-/langfristigen Perspektive findet sich jedoch weder auf Basis des Ansatzes in Ereigniszeit noch auf Basis des Ansatzes in Kalenderzeit. In den Jahren 1994 und 1996 sowie auch 2002 treten so im Rahmen einer wertgewichteten Betrachtung des BHAR-Ansatzes (bei geringerer M&A-Aktivität gemessen an der Anzahl der Transaktionen/der Transaktionsvolumina) beispielsweise z.T. sehr stark negative abnormale Renditen auf. Auch auf Basis des Kalenderzeitansatzes ergeben sich keine Trends der abnormalen Renditen im Zeitverlauf bzw. Belege für einen Zusammenhang mit der M&A-Aktivität/dem Kapitalmarktumfeld. Der Kalenderzeitansatz weist so durchgehend positive abnormale Renditen auf, die in den Jahren 1999, 2001 und 2002 signifikant sind.

Insgesamt ergeben sich somit auf Basis beider Ansätze/Modelle keine Belege über im Zeitverlauf zu beobachtende Trends der abnormalen Renditen der

Bieterbanken bzw. Belege für Abhängigkeiten dieser abnormalen Renditen von anderen Faktoren (wie dem Kapitalmarktumfeld oder der M&A-Tätigkeit).

Tabelle 8: Abnormale Renditen von Transaktionen zwischen 1994 und 2002 auf Basis des Fama-French-Drei-Faktor-Modells differenziert nach der Transaktionsgröße[57]

Ergebnisse Fama-French-Drei-Faktor-Modell für Subsamples nach Größe der Transaktionen								
	Gleichgewichtete Ergebnisse				**Wertgewichtete Ergebnisse**			
Sample/Subsample	**a**	**B**	**s**	**h**	**a**	**b**	**s**	**H**
Größte 20 Tx.	0,001	1,01***	-0,24**	-0,04	0,002	0,96***	-0,24*	0,06
Stat. Sign. (t-Werte)	*(0,22)*	*(10,27)*	*(-2,06)*	*(-0,37)*	*(0,74)*	*(9,02)*	*(-1,92)*	*(0,54)*
Güte der Regression	*F = 101,47 (***)* R^2_{adj} *= 0,91*				*F = 84,35 (***)* R^2_{adj} *= 0,89*			
Größtes Drittel der Tx.	0,003	0,89***	-0,20**	0,01	0,004*	0,92***	-0,27***	0,18***
Stat. Sign. (t-Werte)	*(1,58)*	*(13,88)*	*(-2,40)*	*(0,09)*	*(1,79)*	*(15,90)*	*(-3,52)*	*(3,35)*
Güte der Regression	*F = 393,43 (***)* R^2_{adj} *= 0,93*				*F = 573,65 (***)* R^2_{adj} *= 0,95*			
Mittleres Drittel der Tx.	0,004*	0,90***	-0,22**	0,17***	0,002	0,85***	-0,40***	0,31***
Stat. Sign. (t-Werte)	*(1,75)*	*(13,86)*	*(-2,53)*	*(2,88)*	*(1,31)*	*(15,05)*	*(-5,35)*	*(5,98)*
Güte der Regression	*F = 386,13 (***)* R^2_{adj} *= 0,92*				*F = 595,33 (***)* R^2_{adj} *= 0,95*			
Kleinstes Drittel der Tx.	0,001	0,90***	-0,07	-0,03	0,001	0,94***	-0,21**	0,18***
Stat. Sign. (t-Werte)	*(0,60)*	*(16,69)*	*(-0,98)*	*(-0,69)*	*(0,57)*	*(14,11)*	*(-2,47)*	*(2,98)*
Güte der Regression	*F = 390,03 (***)* R^2_{adj} *= 0,91*				*F =348,14 (***)* R^2_{adj} *= 0,90*			
Größte 50% der Tx.	0,003*	0,90***	-0,23***	0,07	0,003*	0,90***	-0,33***	0,23***
Stat. Sign. (t-Werte)	*(1,74)*	*(17,74)*	*(-3,52)*	*(1,50)*	*(1,95)*	*(19,09)*	*(-5,38)*	*(5,49)*
Güte der Regression	*F = 611,50 (***)* R^2_{adj} *= 0,94*				*F = 825,50 (***)* R^2_{adj} *= 0,96*			
Kleinste 50% der Tx.	0,002	0,89***	-0,10	0,02	0,002	0,90***	-0,26***	0,22***
Stat. Sign. (t-Werte)	*(1,11)*	*(18,01)*	*(-1,57)*	*(0,52)*	*(0,92)*	*(16,94)*	*(-3,75)*	*(4,57)*
Güte der Regression	*F = 480,00 (***)* R^2_{adj} *= 0,92*				*F = 542,35 (***)* R^2_{adj} *= 0,93*			

Die Tabelle zeigt die Ergebnisse der mittel-/langfristigen Ereignisstudie für europäische Bankentransaktionen im Zeitraum von 1994 bis 2002 auf Basis des Fama-French-Drei-Faktor-Modells differenziert nach der Größe der Transaktionen. Der Achsenabschnitt a bemisst dabei die durchschnittliche monatliche abnormale Rendite. Die Ergebnisse werden zwischen einer gleich- und einer wertgewichteten Betrachtung differenziert. Der Ausweis der statistischen Signifikanz der Ergebnisse basiert auf dem klassischen t-Test. Zusätzlich werden zur Darstellung der globalen Güte der Regression das korrigierte Bestimmtheitsmaß und die F-Statistik ausgewiesen.

57 Im Gegensatz zur Analyse in Ereigniszeit werden die 20 kleinsten Transaktionen hier nicht betrachtet, da die für die Durchführung der Regressionsanalyse und die Ableitung robuster Ergebnisse erforderliche Anzahl von 30 monatlichen Portfoliorenditen des Ereignisportfolios (wie zuvor als Voraussetzung definiert) nicht gegeben ist.

Die mittel-/langfristige Perspektive wird im Rahmen der folgenden Ausführungen um einen weiteren wichtigen Aspekt ergänzt. Multi-Bidders, d.h. Unternehmen, die wiederholt Transaktionen durchführen bzw. sogar Programme für kontinuierliches externes Wachstum aufgesetzt haben, wurden auf Grund der mit ihrer Analyse verbundenen methodischen Probleme im Rahmen einer Vielzahl kurzfristiger Arbeiten nicht berücksichtigt. Da jedoch gerade diese wegen ihrer Transaktionserfahrung ggf. deutlich positive abnormale Renditen erreichen können[58], und im Rahmen der kurzfristigen Ereignisstudie i.d.R. keine (signifikanten) Verzerrungen/Verfälschungen der Ergebnisse durch ihre Berücksichtigung erwartet werden müssen, wurden diese Transaktionen im Zuge der hier durchgeführten Analyse (analog zu den wenigen Arbeiten mit EU-Fokus) berücksichtigt.

Während Ergebnisverfälschungen im Rahmen der kurzfristigen Ereignisstudie nicht zu erwarten sind, können diese jedoch im Rahmen der mittel-/langfristigen Analyse sehr wohl auftreten. Bei einer Vielzahl der hier analysierten europäischen Bankentransaktionen bestehen so deutliche Überlappungen innerhalb der 36 Monate nach der Transaktion. D.h. eine Bieterbank führt nach einer Transaktion eine bzw. mehrere weitere Transaktionen durch und die jeweils betrachteten 36 Monate nach der Transaktion überlappen sich. Es ist in einem solchen Fall de facto nicht mehr möglich, die Effekte der einzelnen Transaktionen über diesen relativ langen Betrachtungshorizont herauszuarbeiten. Die hiermit verbundenen potenziellen Verfälschungen/Verzerrungen der Ergebnisse sind evident. Antoniou und Zhao (2004) unterstreichen, dass diese Problematik auch in der empirischen Praxis von Relevanz ist und sich entsprechend nachweisen lässt. Sie analysieren in ihrer Arbeit 179 Transaktionen erfolgreicher britischer Bieterunternehmen zwischen 1991 und 1998 auf Basis des von Lyon et al. (1999) beschriebenen Kontrollfirmenansatzes. Hierbei differenzieren sie zwischen dem Gesamtsample aller Transaktionen und zwei Subsamples mit und ohne überlappende Transaktionen/Multi-Bidders. Ihre Ergebnisse zeigen im Zuge dieser Differenzierung, dass die Gesamtergebnisse ganz wesentlich durch die Mitberücksichtigung der Multi-Bidders beeinflusst werden. Die Analyse des Subsample der Multi-Bidders im Vergleich zu dem Subsample bereinigt um die Multi-Bidders zeigt somit, dass die für das Gesamtsample ausgewiesenen abnormalen Renditen und die entsprechenden Teststatistiken durch das Subsample der Multi-Bidders inflationiert werden, und es zu einer zu häufigen

---

58 Vgl. Pilloff und Santomero (1998).

Ablehnung der Nullhypothese kommt. Multi-Bidders outperformen klar das Gesamtsample, während Bieter, die nicht mehrere Transaktionen innerhalb der Dreijahresfrist durchführen, das Gesamtsample klar underperformen.

Auf Grund dieser Problematik wird bei der Analyse der mittel-/langfristigen Performance im Rahmen dieser Arbeit der Effekt der Multi-Bidders durch die Betrachtung des Subsample der Multi-Bidders im Vergleich zu dem Subsample ohne Multi-Bidders/überlappende Transaktionen explizit herausgearbeitet. Hierbei unterscheidet sich das betrachtete Sample dieser Arbeit deutlich von dem Sample, das von Antoniou und Zhao (2004) analysiert wurde. Letzteres enthält nur 46 (von insgesamt 179) Transaktionen, die sich überlappen und damit als Multi-Bidder erfasst werden. Für das hier analysierte Sample ergibt sich ein drastisch abweichendes Bild: 197 der insgesamt 225 betrachteten Transaktionen wurden von europäischen Multi-Bidders durchgeführt. Der absolut überwiegende Teil aller europäischen Bankentransaktionen erfolgte somit durch europäische Großbanken, die wiederholt aktiv waren. Hierzu zählen u.a.: BSCH (14 Transaktionen), ABN Amro (14 Transaktionen), HSBC (12 Transaktionen), UBS (9 Transaktionen), Royal Bank of Scotland (8 Transaktionen), BBVA (8 Transaktionen), Société Générale (8 Transaktionen), Deutsche Bank (7 Transaktionen), BNP (7 Transaktionen), Abbey National (6 Transaktionen) und UniCredit (6 Transaktionen).[59] Die europäische Bankenkonsolidierung wird somit stark von einer Gruppe europäischer Großbanken dominiert, die gezielt durch M&A-Transaktionen profitables Wachstum anstrebt und zu diesem Zweck z.T. strukturierte externe Wachstumsprogramme aufgesetzt hat.

Auf Basis des BHAR-Ansatzes ergeben sich für diese europäischen Multi-Bidders negative, aber nicht signifikante BHARs. Diese liegen bei wertgewichteter Betrachtung mit nur ca. -2% unter den zuvor beschriebenen negativen Ergebnissen des Gesamtsamples. Das verbleibende Subsample ohne Multi-Bidders weist hingegen sowohl bei gleich- als auch bei wertgewichteter Analyse signifikant negative abnormale Renditen aus. Mit 51% (wertgewichtetes Ergebnis) belegen sie eine enorme Wertvernichtung.

59 Diese Auflistung berücksichtigt Übernahmen/Zusammenschlüsse, die durch die heute gelisteten Muttergesellschaften bzw. von Banken, die in diesen aufgegangen sind, innerhalb des betrachteten 36-Monatsfensters durchgeführt wurden. Alle entsprechenden Transaktionen werden im Rahmen dieser Darstellung der heute gelisteten Muttergesellschaft zugerechnet.

Tabelle 9: Subsamples europäischer Bankentransaktionen zwischen 1994 und 2002 differenziert nach der Häufigkeit der Transaktionserfahrung

Mittel-/langfristige BHARs (über 36 Monate) für Multi-Bidders								
	Gleichgewichtete BHARs				Wertgewichtete BHARs			
Ereignisfenster	BHARs (in %)	t-Wert	p-Wert		BHARs (in %)	t-Wert	p-Wert	
Multi-Bidders	-5,79	-0,69	0,49		-2,20	-0,26	0,79	
Ohne Multi-Bidders	-63,97	-2,30	0,02	**	-50,89	-1,82	0,07	*

Die Tabelle zeigt die Ergebnisse der mittel-/langfristigen Ereignisstudie aller 225 europäischen Bankentransaktionen im Zeitraum von 1994 bis 2002 differenziert nach der Häufigkeit der Transaktionserfahrung. Die abnormalen Renditen werden hierbei mittels des Kontrollfirmenansatzes als BHARs ermittelt. Der Ausweis der statistischen Signifikanz basiert auf dem klassischen t-Test.

Der Kalenderzeitansatz kommt jedoch auch hier zu abweichenden Ergebnissen. Hiernach erfahren die Multi-Bidders (bei wertgewichteter Betrachtung), im Gegensatz zu den Ergebnissen auf Basis des BHAR-Ansatzes, positive (aber nicht signifikante) Ergebnisse von 0,2%.

Tabelle 10: Abnormale Renditen von Transaktionen zwischen 1994 und 2002 auf Basis des Fama-French-Drei-Faktor-Modells für die Multi-Bidders

Ergebnisse Fama-French-Drei-Faktor-Modell für Subsample der Multi-Bidders								
	Gleichgewichtete Ergebnisse				Wertgewichtete Ergebnisse			
Subsample	a	B	s	H	a	b	s	h
Multi-Bidders	0,003**	0,89***	-0,21***	0,12***	0,002	0,90***	-0,32***	0,26***
Stat. Sign. (t-Werte)	*(2,02)*	*(20,66)*	*(-3,83)*	*(2,98)*	*(1,50)*	*(20,09)*	*(-5,48)*	*(6,33)*
Güte der Regression	*F = 738,54 (***)* $R^2_{adj} = 0,95$				*F = 817,39 (***)* $R^2_{adj} = 0,95$			

Die Tabelle zeigt die Ergebnisse der mittel-/langfristigen Ereignisstudie für europäische Bankentransaktionen im Zeitraum von 1994 bis 2002 auf Basis des Fama-French-Drei-Faktor-Modells für das Subsample der Multi-Bidders. Der Achsenabschnitt a bemisst dabei die durchschnittliche monatliche abnormale Rendite. Die Ergebnisse werden zwischen einer gleich- und einer wertgewichteten Betrachtung differenziert. Der Ausweis der statistischen Signifikanz der Ergebnisse basiert auf dem klassischen t-Test. Zusätzlich werden zur Darstellung der globalen Güte der Regression das korrigierte Bestimmtheitsmaß und die F-Statistik ausgewiesen.

Das Subsample ohne Multi-Bidders/überlappende Transaktionen kann auf Basis des Fama-French-Drei-Faktor-Modells nicht analysiert werden, da eine zu geringe Zahl monatlicher Portfoliorenditen des (hier gegebenen kleinen) Ereignisportfolios vorliegt, um robuste Ergebnisse ableiten zu können.[60]

60 Die nur 28 Transaktionen über den Zehnjahreszeitraum zwischen 1994 und 2002 erfüllen nicht die zuvor festgelegten Voraussetzungen für die Durchführung der Regressi-

Während der Kalenderzeitansatz somit eine Wertschaffung der Multi-Bidders feststellt (wenn auch nicht signifikant), findet der Ereigniszeitansatz zwar auch keine Belege einer Wertvernichtung, die Ergebnisse sind hier jedoch negativ. Insgesamt kann aber damit auf Basis beider Ansätze festgehalten werden, dass die Transaktionen der Multi-Bidders, die die Mehrzahl aller wichtigen europäischen Bankentransaktionen durchführen, zumindest keinen Misserfolg darstellen. Vielmehr ergeben sich (auf Basis des Kalenderzeitansatzes) ebenso wie für das Gesamtsample sogar Indizien einer positiven Wertschaffung nach diesen Transaktionen. Dies stützt die zuvor genannte Hypothese, dass die Multi-Bidders – und damit die überwiegende Mehrzahl der europäischen Bankentransaktionen – als Erfolg anzusehen sind.

1.5.2 Ergebnisse der mittel-/langfristigen Analyse

Insgesamt verdeutlichen die vorhergehenden Analysen des Erfolgs der Bieterbanken auf Basis der beiden verwendeten Ansätze die Notwendigkeit einer differenzierten Betrachtungsweise. Zunächst fällt auf methodischer Seite die für einige Analysen gegebene Divergenz zwischen den Ergebnissen der beiden Ansätze/Modelle auf. Der Ereigniszeitansatz erweist sich hierbei – trotz der zuvor belegten hohen theoretischen Eignung für die betrachtete Fragestellung – selbst in größeren Samples als anfällig gegenüber unternehmensspezifischen Entwicklungen auf Seiten von Bieterbanken bzw. Kontrollfirmen, die zu Verzerrungen führen. Die Ermittlung der abnormalen Renditen auf Basis dieses Ansatzes erscheint daher nur in sehr großen Samples mit der nötigen Robustheit möglich. Aus diesem Grund wurde im Rahmen der Interpretation der Ergebnisse ein wesentlich höheres Gewicht auf die Ergebnisse in Kalenderzeit gelegt. Inhaltlich vermitteln diese Ergebnisse ein durchweg positives Bild: Europäische Bankentransaktionen scheinen über einen Zeitraum von 36 Monaten nach der Transaktion zumindest keinen Wert zu vernichten und sind aus der Sicht der Aktionäre der Bieterbanken damit nicht als Misserfolg anzusehen.

Mit der Analyse von Subsamples wurde (wie bereits im Rahmen der kurzfristigen Ereignisstudie) darüber hinaus ein vertiefendes Verständnis der Wert-

---

onsanalyse. In diesem Zusammenhang ist zusätzlich darauf hinzuweisen, dass einige der 28 Transaktionen ebenfalls von Multi-Bidders durchgeführt wurden und damit grundsätzlich als Bestandteil einer langfristigen externen Wachstumsstrategie zu sehen sind, jedoch nicht in ein überlappendes Zeitfenster fallen.

schaffung nach Bankentransaktionen und der Faktoren, die diese Wertschaffung beeinflussen, erreicht. Im Rahmen der Differenzierung zwischen grenzüberschreitenden und nationalen Transaktionen ergeben sich dabei keine Anhaltspunkte für signifikante abnormale Renditen (und einen entsprechenden Werteffekt) nach nationalen Transaktionen. Für Cross-border-Transaktionen insgesamt ergibt sich eine (auf Basis des Fama-French-Drei-Faktor-Modells) positive, aber ebenfalls nicht signifikante Kapitalmarktreaktion – diese positiven Renditen werden getrieben durch die positiven abnormalen Renditen nach innereuropäischen Cross-border-Transaktionen.

Neben der Betrachtung der Subsamples nach geographischem Fokus (national versus cross-border) wurde auch der Aktivitätsfokus analysiert: Für fokussierende Bank-Bank-Transaktionen finden sich keine Belege für abnormale Renditen und eine verzögerte Kapitalmarktreaktion nach dieser Art von Transaktionen. Bei diversifizierenden Transaktionen sind deutlich divergierende Ergebnisse zu beobachten. Es können somit auch für dieses Subsample keine klaren Belege für signifikante abnormale Renditen gefunden werden.

Neben der Differenzierung zwischen fokussierenden und diversifizierenden Transaktionen wurde auch im Rahmen der mittel- und langfristigen Analyse der Einfluss der Transaktionsgröße auf den Transaktionserfolg betrachtet. Während die kurzfristige Ereignisstudie Anhaltspunkte für einen Größeneffekt findet, ergibt sich im Zuge der mittel-/langfristigen Analyse keine Bestätigung dieses Effektes, die kurzfristige Einschätzung des Kapitalmarkts wird sogar revidiert. Große Transaktionen entwickeln sich hiernach mittel- und langfristig zumindest nicht schlechter als kleinere Transaktionen. Die beschriebenen Ergebnisse deuten sogar auf eine höhere Wertschaffung der größeren Transaktionen im Zeitverlauf hin (auf Grund höher als erwarteter Wertschaffungs-/Synergiepotenziale). Die viel beachteten, großen europäischen Banken-transaktionen erweisen sich auf Basis dieser Ergebnisse als wertschaffend und sind entsprechend als Erfolg zu bewerten. Für diese Subsamples ergeben sich somit Indizien für die bereits zuvor angesprochene verzögerte Informationsverarbeitung des Kapitalmarktes und das Vorliegen einer Anomalie.

Neben der Betrachtung der Größe verdeutlicht die Analyse der Entwicklung der CARs im Zeitverlauf (differenziert nach Jahren), dass im Gegensatz zur kurzfristigen Ereignisstudie weder ein Trend in der Entwicklung der abnormalen Renditen über die Zeit festgestellt werden kann, noch ein deutlicher Einfluss anderer Faktoren (wie bspw. der Entwicklung des Kapitalmarktumfeldes/der Konsolidierungsaktivität) gegeben ist. Als letztes betrachtetes Subsample verdeutlicht die Analyse der Multi-Bidders, dass die Transaktionen dieser Gruppe (und damit die überwiegende Mehrzahl der europäischen Bankentransaktionen) als Erfolg anzusehen sind.

1.6 Zusammenfassung

Wird durch Bankzusammenschlüsse in Europa Shareholder Value geschaffen? Die Beantwortung dieser Fragestellung stand im Fokus dieser Untersuchung. Mit einer Ereignisstudie wurde zunächst die kurzfristige Kapitalmarktreaktion erfasst. Insgesamt konnte auf Basis dieser Analyse festgestellt werden, dass Targetaktionäre eine signifikante Wertschaffung erfahren, für die Bieterbanken eine nur leicht negative, nicht signifikante Wertvernichtung eintritt und für die Combined Entity ebenfalls eine (signifikante) Wertschaffung zu beobachten ist. Diese Ergebnisse, die sich weitestgehend mit der bisherigen auf Europa fokussierten Forschung decken, unterstreichen, dass europäische Bankentransaktionen grundsätzlich als Erfolg zu beurteilen sind und realen Wert schaffen.

Die Analyse der Wertschaffung blieb jedoch nicht auf diese kurzfristige Betrachtung beschränkt. Mit dem BHAR-Ansatz (in Ereigniszeit) und dem Fama-French-Drei-Faktor-Modell (in Kalenderzeit) erfolgte die Erfassung der mittel- und langfristigen Performance. Hiernach sind die betrachteten 225 europäischen Bankentransaktionen zwischen 1994 und 2002 eindeutig nicht als Misserfolg anzusehen – auf Basis des Kalenderzeitansatzes, als dem robusteren Ansatz der beiden, ergeben sich durchgehend positive (wenn auch nicht statistisch signifikante) abnormale Renditen. Die für das Gesamtsample festgestellte (wertgewichtete) monatliche abnormale Rendite von 0,2% bedeutet eine abnormale Rendite von 7,2% über den betrachteten Dreijahreszeitraum. Hieraus ergibt sich eine kumulierte Wertschaffung von 297,530 Mrd. Euro im Zuge der analysierten 225 Transaktionen, die noch einmal deutlich die Relevanz der Forschungsfrage unterstreicht.

Die Analysen der verschiedenen Subsamples liefern mit ihren durchgehend positiven abnormalen Renditen darüber hinaus Indizien für eine positive Wertschaffung durch europäische Bankentransaktionen. Hiermit ergibt sich ein abweichendes Bild zu US-Forschungsarbeiten, die in der überwiegenden Mehrzahl signifikant negative abnormale Renditen und eine entsprechende Wertvernichtung nach M&A-Transaktionen im Allgemeinen und Bankentransaktionen im Speziellen feststellen. Auf Grund der im Vergleich zu den USA strukturellen Unterschiede des europäischen Bankenmarktes erscheinen diese Ergebnisse aber nicht als verwunderlich – insbesondere da bereits die bisherigen (wenigen) kurzfristigen Arbeiten mit Fokus auf Europa in der Mehrzahl ebenfalls deutlich abweichende Ergebnisse (im Vergleich zur US-Forschung) in Form von Indizien einer positiven Wertschaffung für die Gesamttransaktion und zumindest nicht negativer Ergebnisse für die Bieterbanken dokumentieren.

Mit dieser erstmaligen Anwendung der mittel- und langfristigen Methodik auf die Frage der Wertschaffung von europäischen Bankentransaktionen wird ein Beitrag zur Auflösung des M&A-Paradoxons geleistet. Die Konsolidierungsaktivität zwischen Europas Banken mag in Einzelfällen zweifelsohne durch nicht wertschaffende Motive und Zielsetzungen getrieben sein – die hier dokumentierten Ergebnisse zeigen aber deutlich, dass die bisher beobachtbare Konsolidierungsdynamik zumindest keinen Wert vernichtet. Darüber hinaus ergeben sich Indizien für die Hypothese einer verzögerten Informationsverarbeitung durch den Kapitalmarkt. Die hohe Komplexität von Ereignissen wie M&A-Transaktionen scheint eine fortlaufende Neu- und Weiterbewertung durch den Kapitalmarkt zu erfordern, die zu mittel- und langfristig abnormalen Renditen führt und die z.T. deutlich von der kurzfristigen Kapitalmarktreaktion abweicht. Dies wird nicht zuletzt anhand der Ergebnisse der Analyse der Subsamples deutlich, die diese Neu- und Weiterbewertung im Vergleich zur kurzfristigen Kapitalmarktreaktion dokumentieren. In einem insgesamt effizienten Kapitalmarkt scheinen somit Einschränkungen der Effizienz auf Grund entsprechender Komplexitäten zu bestehen, die eine umfassende und richtige Adhoc-Bewertung als schwierig erscheinen lassen.

1.7 Referenzen

Aggarwal, R., Akhigbe, A., McNulty, J.F. (2003): Do Shareholders Benefit from Bank Mergers when there Are Underlying Efficiency Gains? Working Paper, Januar 2003, Kent State University.

Al-Sharkas, A., Hassan, M.K. (2010): New evidence on shareholder wealth effects in bank mergers during 1980-2000, in: Journal of Economics and Finance, 34, S. 326-348.

Amihud, Y., DeLong, G., Saunders, A. (2002): The effects of cross-border bank, mergers on bank risk and value, in: Journal of International Money and Finance, 21, S. 857 - 877.

Andrade, G., Mitchell, M. und Stafford, E. (2001): New Evidence and Perspectives on Mergers, in: Journal of Economic Perspectives, 15, S. 103 - 120.

André, P., Kooli, M. und L'Her, J.-F. (2004): The Long-run Performance of Mergers and Acquisitions: Evidence from the Canadian Stock Market, in: Financial Management, Winter 2004, S. 27 – 43.

Antoniou, A. und Zhao, H. (2004): Long-run Post Takeover Stock Return: The Impact of Overlapping Return, Takeover Premium, and Method of Payment, Working Paper, Januar 2004, University of Durham, Durham Business School, Centre for Empirical Research in Finance.

Aw, M. und Chatterjee, R. (2004): The Performance of U.K. Firms Acquiring Large Cross-border and Domestic Takeover Targets, in: Applied Financial Economics, 14 (5), S. 337 - 349.

Banz, R. (1981): The Relationship between Return and Market Value of Common Stocks, in: Journal of Financial Economics, 9, S. 3 – 18.

Barber, B.M. und Lyon, J.D. (1997a): Firm Size, Book-to-market Ratio, and Security Returns: A holdout Sample of Financial Firms, in: Journal of Finance, 52, S. 875 – 884.

Barber, B.M. und Lyon, J.D. (1997b): Detecting Long-run Abnormal Stock Returns: The Empirical Power and Specification of Test Statistics, in: Journal of Financial Economics, 43, S. 341 – 372.

Barber, B.M. und Lyon, J.D. (1996): Detecting Abnormal Operating Performance: The Empirical Power and Specification of Test-Statistics, in: Journal of Financial Economics, 41, S. 359-400.

Beitel, P. (2002): Akquisitionen und Zusammenschlüsse europäischer Banken, Wiesbaden.

Beitel, P., Schiereck, D. (2003): Zum Erfolg von Akquisitionen und Zusammenschlüssen zwischen Banken: eine Bestandsaufnahme der empirischen Forschung, in: Österreichisches Bankarchiv, 51, S. 501-515.

Berger, A.N., Demsetz, R.S., Strahan, P.E. (1999): The Consolidation of the Financial Services Industry: Causes, Consequences, and Implications for the Future, in: Journal of Banking and Finance, 23, S. 135 – 194.

Black, E.L., Carnes, T.A., Jandik, T. (2001): The Long-term Success of Cross-border Mergers and Acquisitions, Working Paper, Mai 2001, School of Accountancy and Information Systems, Brigham Young University.

Brav, A. (2000): Inference in Long-horizon Event Studies: A Parametric Bootstrap Approach with Application to Initial Public Offerings, in: Journal of Finance, 55, S. 1979 – 2016.

Bruner, R.F. (2002): Does M&A Pay? A Survey of Evidence for the Decision-Maker, in: Journal of Applied Finance, 12, S. 48 - 68

Campa, J.M., Hernando, I. (2002): Value Creation in European M&As, Working Paper 0223, Banco de Espana.

Chan, L.K.C., Jegadeesh, N., Lakonishok, J. (1996): Momentum Strategies, in: Journal of Finance, 51, S. 1681 – 1713.

Conn, R.L., Cosh, A., Guest, P., Hughes, A. (2005): The Impact on U.K. Acquirers of Domestic, Cross-border, Public and Private Acquisitions, in: Journal of Business Finance and Accounting, 32 (5 und 6), S. 815 - 870.

Cornett, M.M., De, S. (1991): Common stock returns in corporate takeover bids: Evidence from interstate bank mergers, in: Journal of Banking and Finance, 15, S. 273 – 295.

Cybo-Ottone, A., Murgia, M. (2000): Mergers and Shareholder Wealth in European Banking, in: Journal of Banking and Finance, 24, S. 831 – 859.

Cyree, K.B., DeGennaro, P. (2002): A generalized method for detecting abnormal returns and changes in systematic risk, in: Review of Quantitative Finance and Accounting, 19, S. 399 - 416

Danbolt, J. (1995): An Analysis of Gains and Losses to Shareholders of Foreign Bidding Companies Engaged in Cross-border Acquisitions into the United Kingdom, in: European Journal of Finance, 1, S. 279 – 309.

Davis, J.L. (1994): The Cross-section of Realized Stock Returns: The Pre-Compustat Evidence, in: Journal of Finance, 49, S. 1579 – 1593.

DeLong G.L. (2001a): Stockholder Gains from Focusing versus Diversifying Bank Mergers, in: Journal of Financial Economics, 59, S. 221 – 252.

DeLong G.L. (2001b): Focusing versus Diversifying Bank Mergers: Analysis of Market Reaction and Long-term Performance, Working Paper, City University of New York, Baruch College, Department of Economics and Finance.

DeLong G.L. (2003): The Announcement Effects of U.S. versus Non-U.S. Bank Mergers: Do They Differ, in: The Journal of Financial Research, 26, S. 487 – 500.

DeLong, G.L., DeYoung, R. (2003): Learning in Capital Markets: Evidence from Commercial Bank M&As, Working Paper.

Desai, H., Jain, P.C. (1997): Long-run Common Stock Returns Following Stock Splits and Reverse Splits, in: Journal of Business, 70, S. 409 – 433.

Eberhart, A.C., Maxwell, W.F., Siddique, A.R. (2004): An Examination of Long-term Abnormal Stock Returns and Operating Performance Following R&D Increases, in: Financial Management, Summer 2003, S. 5 – 25.

Eberhart, A.C., Siddique, A.R. (2002): The Long-term Performance of Corporate Bonds (and Stocks) Following Seasoned Equity Offerings, in: Review of Financial Studies, 15, S. 1385 – 1406.

Eckbo, B.E., Thorburn, K.S. (2000): Gains to Bidder Firms Revisited: Domestic and Foreign Acquisitions in Canada, in: Journal of Financial and Quantitative Analysis, 35, S. 1 – 25.

Fama, E.F. (1998): Market Efficiency, Long-term Returns, and Behavioral Finance, in: Journal of Financial Economics, 49, S. 283 – 306.

Fama, E.F., French, K.R. (1992): The Cross-section of Expected Stock Returns, in: Journal of Finance, 47, S. 427 – 465.

Fama, E.F., French, K.R. (1993): Common Risk Factors in the Returns on Stocks and Bonds, in: Journal of Financial Economics, 33, S. 3 – 56.

Fama, E.F., French, K.R. (1998): Value versus Growth: The International Evidence, in: Journal of Finance, 53, S. 1975 – 1999.

Gregory, A., McCorriston, S. (2005): Foreign Acquisitions by UK Limited Companies: Short and Lon-run Performance, in: Journal of Empirical Finance, 12 (1), S. 99 - 125.

Hannan, T.H., Wolken, J.D. (1989): Returns to Bidders and Targets in the Acquisition Process: Evidence from the Banking Industry, in: Journal of Financial Services Research, 3, S. 5 – 16.

Hawawini, G., Swary, I. (1990): Mergers and Acquisitions in the U.S. Banking Industry; Evidence from the Capital Markets, Amsterdam.

Ho, K.Y. (2003), Long-run Stock Price Performance after IPOs: What Do Tests for Stochastic Dominance Tell Us?, in: Applied Economics Letters, 10, S. 15 – 19.

Houston, J. / James, C.M. / Ryngaert, M.D. (2001): Where do merger gains come from? Bank mergers from the perspective of insiders and outsiders, in: Journal of Financial Economics, 60, S. 285 - 331.

Houston, J.F., Ryngaert, M.D. (1994): The overall gains from large bank mergers, in: Journal of Banking and Finance, 18, S. 1155 – 1176.

Hudgins, S.C., Seifert, B. (1996): Stockholders and International Acquisitions of Financial Firms: An Emphasis on Banking, in: Journal of Financial Services Research, 10, S. 163 – 180.

Ikenberry, D.L., Lakonishok, J., Vermaelen, T. (1995): Market Underreaction to Open Market Share Repurchases, in: Journal of Financial Economics, 39, S. 181 – 208.

Ikenberry, D.L., Lakonishok, J., Vermaelen, T. (2000): Stock Repurchases in Canada: Performance and Strategic Trading, in: Journal of Finance, 55, S. 2373 – 2397.

Ikenberry, D.L., Rankine, G., Stice, E.K. (1996): What Do Stock Splits Really Signal?, in: Journal of Financial and Quantitative Analysis, 31, S. 357 – 375.

Ismail, A., Davidson, I. (2005): Further Analysis of Mergers and Shareholder Wealth Effects in European Banking, in: Applied Financial Economics, 15, S. 13 – 30.

Jegadeesh, N. (2000): Long-Term Performance of Seasoned Equity Offerings: Benchmark Errors and Biases in Expectations, in: Financial Management, Autumn 2000, S. 5 – 30.

Kane, E.J. (2000): Incentives for Banking Megamergers: What Motives Might Central-bank Economists Infer from Event-Study Evidence?, in: Journal of Money, Credit, and Banking, 32, S. 671 – 699.

Kyimaz, H., Mukherjee, T.K. (2000): The Impact of Country Diversification on Wealth Effects in Cross-border Mergers, in: The Financial Review, 35, S. 37 – 58.

Khotari, S.P., Warner, J.B. (2005): Econometrics of Event Studies, in: Handbook of Empirical Corporate Finance, Eckbo, E. (Hrsg.), Amsterdam, 1, S. 3 - 36.

Lakonishok, J., Shleifer, A., Vishny, R. (1994): Contrarian Investment, Extrapolation, and Risk, in: Journal of Finance, 49, S. 1541 – 1578.

Lepetit, L., Patry, S., Rous, P. (2004): Diversification versus Specialization: An Event Study of M&As in the European Banking Industry, in: Applied Financial Economics, 14, S. 663 - 669.

Loughran, T., Ritter, J. (1995): The new Issues Puzzle, in: Journal of Finance, 50, S. 23 – 51.

Loughran, T., Vijh, A.M. (1997): Do Long-term Shareholders Benefit from Corporate Acquisitions?, in: Journal of Finance, 52, S. 1765 – 1790.

Lyon, J.D., Barber, B.M., Tsai, C. (1999): Improved Methods for Tests of Long-run Abnormal Stock Returns, in: Journal of Finance, 54, S. 165 – 190.

Madura, J., Wiant, K.J. (1994): Long-term Valuation Effects of Bank Acquisitions, in: Journal of Banking and Finance, 18, S. 1135 – 1154.

Michaely, R., Thaler, R.H., Womack, K.L. (1995): Price Reactions to Dividend Initiations and Omissions: Overreaction or Drift?, in: Journal of Finance, 50, S. 573 – 608.

Mitchell, M.L., Stafford, E. (2000): Managerial Decisions and Long-Term Stock Price Performance, in: Journal of Business, 73, S. 287 – 329.

Pilloff, S.J., Santomero, A.M. (1998): The Value Effects of Bank Mergers and Acquisitions, in: Mergers of Financial Institutions, Amihud, Y., G. Miller (Hrsg.), Norwell, MA, S. 59 – 78.

Rau, P.R., Vermaelen, T. (1998): Glamour, Value, and the Post-Acquisition Performance of Acquiring Firms, in: Journal of Financial Economics, 49, S. 223 – 253.

Rhoades, S.A. (1994): A Summary of Merger Performance Studies in Banking, 1980 – 1993, and an Assessment of the "Operating Performance" and "Event Study" Methodologies, Working Paper, Board of Governors of the Federal Reserve System, Washington, DC.

Ritter, J.R. (1991): The Long-run Performance of Initial Public Offerings, in: Journal of Finance, 46, S. 3 – 27.

Rosenberg, B., Reid, K., Lanstein, R. (1985): Persuasive Evidence of Market Inefficiency, in: Journal of Portfolio Management, 11, S. 9 – 16.

Siems, T.F. (1996): Bank Mergers and Shareholder Wealth: Evidence from 1995s Megamerger Deals, Financial Industry Studies of the Federal Reserve Bank of Dallas, S. 1 – 12.

Spiess, D.K., Affleck-Graves, J. (1995): Underperformance in Long-run Stock Returns Following Seasoned Equity Offerings, in: Journal of Financial Economics, 28, S. 243 – 268.

Sudarsanam, S., Mahate, A.A. (2003): Glamour Acquirers, Method of Payment and Post-acquisition Performance: The UK Evidence, in: Journal of Business Finance and Accounting, 30, S. 299 – 341.
Tourani-Rad, A., Van Beek, L. (1999): Market Valuation of European Bank Mergers, in: European Management Journal, 17, S. 532 – 540.
Zhang, H. (1995): Wealth Effects of U.S. Bank Takeovers, in: Applied Financial Economics, 55, S. 329 – 336.

2 The success of regional bank mergers - evidence from a panel of German savings and cooperative banks

Dr. Christoph Auerbach

2.1 Introduction

Consolidation is one of the key trends in the global financial services industry. The list of key drivers for this ongoing process, varying in its intensity by countries and peak times, is extensive. Globalization and sharper competition, technological innovations and deregulation are only a few of the often cited trends triggering mergers among financial services companies. As overlapping and non-exclusive as these trends seem to be, increasing economic benefits is the underlying reason for all corporations to get involved in consolidation activities. If this assumption holds, empirical studies should support the positive impact of consolidation, even taking into account an imperfect market for corporate control, different interests of owners and managers and other inferences. A look at the empirical evidence on bank merger success, however, shows that the verdicts are contradictory and even mostly negative. If mergers do not entail real economic gains, the following question has to be asked: why did the mergers take place and why do they continue to do so?

With this study we contribute to the extensive strand of predominantly US-focused research on bank mergers by taking a look at the regional bank merger wave in Germany from 1993-2006. Germany is chosen mainly for two reasons: First, the vast majority of bank merger studies focus on the US, thus under-representing the national merger activities in the EU in general and Germany as its largest economy in particular. Second, the German market represents a special case due to its three bank pillars' system (savings banks, cooperative banks and private commercial banks), with bank mergers occurring only within the respective pillars (intra-pillar) due to legal restrictions regarding inter-pillar mergers.[1]

---

1 German private banks are e.g. restricted by law to acquire savings banks. Although savings banks would vice versa be entitled to acquire private or cooperative banks such inter-pillar mergers have almost never occurred.

This study focuses on savings and cooperative banks as the two driving pillars of the German merger wave. This offers two key advantages. First, both pillars represent homogenous groups of institutions. Besides differences in size, banks within both groups largely focus on the same business mix and share a deep understanding of local markets. This is due to the so called principle of regional demarcation ("Regionalprinzip") which de facto forces banks in both groups to limit their operations to an assigned region. Thus, geographical proximity is a characteristic of all mergers among savings and cooperative banks. In addition, influential head organizations on the regional and national (BVR[2] and DSGV[3]) level and a comparatively high degree of outsourcing, especially in the field of IT, underline the close ties of savings and cooperative banks, respectively. We consider the high degree of homogeneity of each of the two banking groups in combination with a large sample size a promising starting point to expand existing merger studies. Second, savings and cooperative banks differ not only in terms of historical background but also regarding several aspects of their institutional characteristics. For example, savings and cooperative banks differ in ownership structure. Cooperative banks are private corporations, jointly-owned and democratically-controlled by their members. In contrast, (almost all) savings banks are public and owned by one or several municipalities ("Gewährträger"). Hence, the ownership structure of cooperative banks is dispersed whereas savings banks are controlled by one or few blockholders. Thus, focusing on savings banks and cooperative banks enables us to analyze merger success within relatively homogenous groups of credit entities and differences between these groups at the same time.

We analyze the performance effects of German banks based on a comprehensive data set provided by the Deutsche Bundesbank, which comprises bank level financials for all savings and cooperative banks (private commercial banks are excluded due to high heterogeneity and relatively low share of merger activity).[4] Following other merger studies (e.g. Focarelli, Panetta, and Salleo (2002) for Italian banks or Dickerson, Gibson, and Tsakalotos (1997) for a panel of UK firms), the analysis transfers the event study methodology (based on capital

2 Bundesverband der Deutschen Volksbanken und Raiffeisenbanken.

3 Deutscher Sparkassen- und Giroverband.

4 Moreover, the study excludes all other entities from the two pillars that operate under the umbrella of the savings bank and cooperative bank group, e.g. Landesbanken, DekaBank and DGZ/WGZ.

market data) to accounting data and estimates merger effects using panel regressions.

The remaining examination is structured as follows: A brief overview of the empirical bank merger literature is provided in Section 2 with a focus on Germany. Section 3 discusses the data set, the different samples used for the analysis as well as the panel regression methodology and subsequent robustness checks of the model. Section 4 contains the empirical results and robust checks, followed by a summary and conclusion in Section 5.

2.2 Short review of related literature

Broadly speaking there are three main methodologies applied in existing bank merger literature: event studies, efficiency studies and performance studies.[5] Event studies employ stock market valuations to determine the success or otherwise of the merger. These rely on the premise of stock market efficiency. As such, the stock price reactions of both the acquirer and the target are assumed to reflect the value impact of the transactions (controlling for movements in the market in general and the systematic risk of the company in particular).[6]

In contrast, performance and efficiency studies rely on accounting data of the merging entities. Beitel (2002) reviews 116 international studies from 1980-2000 and reports that all three methodologies deliver mixed results, with performance studies showing the least favorable development post merger of all relevant performance measures. This underlines the paradox of high merger activity without statistically significant gains in value for bank mergers (independent of the applied methodology). However, whereas these studies vary significantly in terms of sample and merger size, specific methodological set-up and observation period, only 10% of the studies cover European transactions (excluding Germany) and explicit evidence on German bank mergers is even more scarce (3%) (Beitel (2002)). Hence, the research lacks geographical diversification, especially since the level of merger activity among European and German banks has been significant. In accordance with the scope of this study, we present a brief overview of selected empirical findings on German bank mer-

5 For alternative classifications of the relevant literature see e.g. Berger, Demsetz, and Strahan (1998), differentiating between static and dynamic merger analysis.

6 See e.g. Hughes (1993) for surveys of event study methodology and reviews of the literature.

gers, which have gained increasing attention in recent years. The overview is not comprehensive:

Kondova Georgiev and Burghof (2007) present findings on the profit and cost efficiency impact of 132 savings bank mergers over the period 1993-2004. They conduct panel regression analysis based on the full sample and two subsamples covering different observation periods. The effect of the mergers shows to be time dependent, i.e. mergers during 1993-1998 (mainly East Germany savings banks) performed below their non-merging peers, whereas mergers that took place in the period 1999-2004 outperformed their non-merging peers in terms of both cost efficiency and profitability. In the overall sample, these contradictory effects lead to a leveling off of positive and negative effects, so that only slightly positive profitability effects remain whilst cost efficiency turns out to be statistically insignificant.

According to the taxonomy of Koetter (2005) in which 1,417 mergers (number of targets) were analyzed, "every second merger is a success" in terms of cost efficiency gains. Based on a stochastic cost frontier approach, successful mergers are defined as those which show cost efficiency levels above their non-merging peers and larger changes between the evaluation and merger years as compared to the respective group of non-merging banks in the same period. Koetter (2005) is the first to investigate mergers of more than one pillar of the German banking system, namely cooperative and savings banks. In his analysis, mergers in the former pillar are slightly more successful than those in the latter. Moreover, Koetter (2005) takes into account the fact that some of the acquired and even acquiring banks were distressed when the merger occurred. He concludes that mergers involving distressed targets have proven to be more successful than those involving distressed acquirers.

Additional research of Koetter et al. (2007) as well as Elsas (2004) examines more closely the issue of distressed banks in mergers. Despite using different methodologies, both conclude that mergers are used as a measure of pre-emptive distress. This is an important extension to the existing list of merger motives. It takes into account the special alliance structure of savings and cooperative banks and thus the group internal pressure to avoid negative spill-over effects – financially and in terms of reputation – from a single bank failure on the whole pillar.

Based on the estimation of a translog cost frontier, Lang and Welzel (1999) analyze 283 mergers of cooperative banks in Bavaria over the period 1989-1997. They find that pre merger X-efficiency advantages of acquiring banks are not the main driver behind merger activity as almost half of the acquiring banks were less efficient than the targets pre merger. Hence, they find little evidence to support the cost efficiency motive for bank mergers. In addition, their analysis shows that positive size effects are only generated if the merged bank closes part of the former branch network. However, this potential tends to be small due to the principle of geographical demarcation and little overlaps in the branch networks of the merging banks.

For reasons of comprehensiveness it is necessary to note that additional empirical literature on German bank mergers exists. However, most of these studies either focus on mergers from the 1970s up to the early 1990s (e.g. Tebroke (1993), Baxmann (1995), Haun (1996), Gold (1997)) or rely on fairly small samples (e.g. Drees et al. (2006), Bresler (2007)). Hence, these contributions are not included in Table 1 which summarizes the empirical literature.7 Overall only two of the studies (Elsas (2004) and Koetter (2005)) combine a comprehensive sample of mergers in more than one pillar from a recent time period and apply sophisticated methodologies. However, Elsas (2004) focuses on the role of distressed banks rather than performance improvements and Koetter (2005) conducts an efficiency study and thus applies an alternative methodology to this examination. Following Thanassoulis, Boussoufinae and Dyson (1996) this analysis assumes efficiency and performance studies to have a complimentary character and hence focuses on the latter to extend the existing research.

Table 1: Overview of selected empirical bank merger literature that focuses on Germany

Author(s)	**Year**	**Methodology/ Measure**	**Scope**	**No of mergers**	**Observation period**[a)]	**Overall result**
Kondova Georgiev & Burghof	2007	Perf. study/ ROE, CIR	Savings banks	132	1993-2004	Success (ROE only)
Koetter	2005	Eff. study (SFA)/Cost eff.	Savings & co-operative banks	1,417	1994-2002	Mixed
Elsas	2004	Perf. study/ CIR, ROA etc.	Savings & co-operative banks	1,484	1993-2001	Mixed[b)]
Lang & Welzel	1999	Eff. study (SFA)/Cost eff.	Cooperative banks	283	1989-1997	No success

a) Period of mergers covered; additional pre or post merger years might be included in the analysis.
b) Depending on the financial status of the banks (distressed /non-distressed mergers).
Note: CIR = Cost income ratio; ROE = Return on equity; SFA = Stochastic Frontier Analysis.

7 Although being one of the first to study European bank mergers including German transactions, Vander Vennet (1996) is (also) not included in the overview as no country specific results for Germany are reported.

2.3 Data sample and methodology

2.3.1 Data set

One of the major difficulties in analyzing bank merger success for non-public institutions is the lack of data. This study makes use of the Deutsche Bundesbank's bank information system, which offers a unique data set for three reasons: First, every bank with operations in Germany is required to report its data to the Bundesbank. Commonly used bank databases usually do not cover small banks or partly lack data for reasons other than size. The Bundesbank data, in contrast, ensures full coverage of all credit entities. Second, the Bundesbank and the German Federal Financial Supervisory Authority (hereafter BaFin) collect information stretching beyond the obligatory balance sheet and income statement items.[8] This is the data often needed for a comprehensive and accurate assessment of a bank's situation. Third, this data serves as the basis for regulatory assessment and, if necessary, supervisory action. Therefore, it is highly reliable, as the Bundesbank and BaFin insist on particular care regarding data quality.

The data consists not only of the accounting and complementary data for all German savings and cooperative banks for the years 1993-2006, but also of all bank mergers in these two pillars within this time span. Following Koetter (2005) all other banks (mainly commercial banks, Landesbanken, foreign banks operating in Germany) were excluded from the sample as they only account for an insignificant number of mergers within the observation period.

Moreover, they also represent a highly heterogeneous group of institutions, unlikely to deliver clearly attributable merger effects. Table 2 provides an overview of the merger activity in the respective years of the observation period for both bank groups.[9]

Given this division, there were 226 mergers among savings banks and 1,456 mergers among cooperative banks in the observation period 1993-2006. In contrast to the ratio of merging to total banks (on average 11.2% for cooperative

---

8 Section 60 of the "Prüfungsberichtsverordnung" (Auditor's Report Regulation) (in conjunction with section 29 (4) of the Banking Act) stipulates that quantitative audit reports also need to be submitted using standardized forms, including information on "hidden losses" in the form of avoided write-downs for example.

9 Although transactions represent mergers and not acquisitions, this study divides the transaction into an acquiring bank as well as one or more target banks. The classification of acquirer and target is based on the legal structure of the merger.

and 6.5% for savings banks, respectively), the mean of acquired assets in any year is significantly higher among savings banks than cooperative banks.

Table 2: Merger activity in Germany 1993-2006

Savings banks

Year	Acquiring banks	Target banks	New formation (no)[a]	Acquired assets[b]	Mean acquired assets[c]	All banks	Non-merging banks	Percent mergers[d]
1993	23	28	0	n.a.	n.a.	704	653	7.2%
1994	32	42	0	11,185	350	654	580	11.3%
1995	22	29	1 (2)	11,655	507	624	571	8.5%
1996	13	17	0	6,533	503	607	577	4.9%
1997	8	9	1 (2)	10,800	1,200	598	579	3.2%
1998	4	4	0	2,733	683	594	586	1.3%
1999	12	15	0	8,643	720	578	551	4.7%
2000	14	16	1 (2)	18,841	1,256	563	531	5.7%
2001	18	22	1 (2)	16,773	883	541	499	7.8%
2002	17	18	1 (2)	12,907	717	519	482	7.1%
2003	26	28	1 (3)	37,714	1,397	489	432	11.7%
2004	11	12	0	11,346	1,031	479	456	4.8%
2005	14	14	0	16,736	1,195	463	435	6.0%
2006	6	6	0	6,611	1,102	457	429	6.1%
Total	**220**	**260**	**6 (13)**	**172,476**				
Mean					**763**	**562**	**526**	**6.5%**

Cooperative Banks

Year	Acquiring banks	Target banks	New formation (no)[a]	Acquired assets[b]	Mean acquired assets[c]	All banks	Non-merging banks	Percent mergers[d]
1993	102	119	0	n.a.	n.a.	2,772	2,551	8.0%
1994	110	116	0	6,705	61	2,658	2,432	8.5%
1995	67	69	0	4,510	67	2,589	2,453	5.3%
1996	79	85	0	6,282	80	2,503	2,339	6.6%
1997	83	89	0	7,550	91	2,416	2,244	7.1%
1998	151	170	0	16,558	110	2,246	1,925	14.3%
1999	177	212	0	28,848	163	2,033	1,644	19.1%
2000	203	239	0	27,002	133	1,793	1,351	24.7%
2001	150	172	0	20,308	135	1,620	1,298	19.9%
2002	115	131	0	20,281	176	1,489	1,243	16.5%
2003	89	97	0	18,958	213	1,392	1,206	13.4%
2004	54	56	0	9,215	171	1,336	1,226	8.2%
2005	43	47	0	11,623	270	1,289	1,199	7.0%
2006	33	34	0	5,544	168	1,253	1,186	5.3%
Total	**1,456**	**1,636**	**0**	**183,384**				
Mean					**126**	**1,956**	**1,736**	**11.2%**

a) Describes cases when a new bank was founded and thus the roles of acquirer and target cannot be assigned; number in parentheses represents the number of banks involved. b) Total assets of the target per December 31 of the year prior to the announcement year (in EUR m). Acquired assets for 1993 are not available as data is lacking for 1992. Including total assets from all involved banks from new formation mergers. c) Acquired assets divided by number of mergers. d) Merging banks divided by all banks (in %).

As a result of both effects, the total merger volume of both groups over the period shows roughly the same magnitude (savings banks: EUR 172 bn, cooperative banks: EUR 183 bn). The average merger size has approximately tripled for savings and cooperative banks from 1993 to 2006.

The slightly higher number of target banks compared to acquirers is due to multiple mergers involving one acquirer but more than one target (up to seven banks participated in a single merger). In addition to multiple mergers of more than two banks at one time, serial mergers have had significant impact on the merger wave. A serial merger is defined as any acquirer with more than one merger in the observation period. Thus, serial mergers reflect the degree of merger activity over time. As Table 3 shows, cooperative banks have been especially active in acquiring not only one but several other banks over the 14-year observation period (1993-2006), with 43% of all acquirers merging more than one time and 15% being involved in three or more mergers.

Table 3: Serial mergers 1993-2006

Bank group	**Number of banks with merger activity in x years**						
	1	2	3	4	5	6	Total
Savings banks	147 (81%)	26 (14%)	5 (3%)	3 (2%)	0 (0%)	0 (0%)	181 (100%)
Cooperative banks	508 (57%)	257 (29%)	94 (11%)	23 (3%)	8 (1%)	2 (0%)	892 (100%)
Total	**655**	**283**	**99**	**26**	**8**	**2**	**1,073**

Summary statistics of selected key figures for the sample are reported in Table 4[10], distinguishing the banks on the basis of their involvement in the merger and the bank group. Regarding both bank groups, acquirers are significantly larger and show a higher profit efficiency in terms of ROA (Return on Assets) and RORWA (Return on Risk weighted Assets) than targets. In addition, targets tend to be less cost efficient than acquiring banks, although the cost efficiency gap is less significant.

This is in line with efficiency hypothesis (Pilloff and Santomero (1997)), Hawawini and Swary (1990)) assuming active banks may be able to realize efficiency potentials by transferring their superior management skills to the acquired bank.

Comparing mergers in the two banking groups with each other reveals two key findings: First, the overall level of the key figures differs significantly be-

10 All mean differences are significant based on a t test analysis except for the difference in RORWA between acquiring and acquired savings banks.

tween the groups. Acquiring savings banks have on average total assets of EUR 2,181 m compared to EUR 408 m for cooperative banks. The same holds for target banks with a mean of EUR 669 m and EUR 120 m for savings and cooperative banks respectively.[11] Savings banks show lower RORWA and CIR levels than cooperative banks. Hence, merging cooperative banks are more profitable but less cost efficient than their savings bank peers. Second, the relative gap of the mean key figures between target and acquirer shows a different magnitude. When all three measures are taken into account, the target to acquirer ratio is higher for cooperative banks.

Table 4: Key figures of identified transactions 1993-2006

Key figure[a)]	Savings banks			Cooperative banks		
	A[c]	T[d]	Ratio T/A	A[c]	T[d]	Ratio T/A
Total assets[b)]						
N	197	232		1,354	1,508	
mean	2,181	669	0.3067	408	120	0.2941
standard deviation	3,043	809		680	235	
minimum	200	60		11	2	
maximum	22,221	6,248		7,865	6,780	
Return on Risk Weighted Assets (RORWA)						
N	196	231		1,354	1,508	
mean	0.80%	0.73%	0.9125	0.99%	0.87%	0.8788
standard deviation	1.01%	1.44%		0.65%	1.12%	
minimum	-5.71%	-4.59%		-2.67%	-8.03%	
maximum	3.87%	8.29%		3.98%	27.49%	
Cost income ratio (CIR)						
N	196	232		1,354	1,508	
mean	64.98%	67.42%	1.0376	71.14%	76.25%	1.0718
standard deviation	12.03%	16.01%		14.47%	17.40%	
minimum	34.39%	40.64%		26.10%	39.34%	
maximum	102.07%	178.89%		228.44%	282.71%	

a) Per December 31 of the year prior to the announcement year (excluding data for mergers from 1993 as accounting data from 1992 is not available; b) In EUR m; c) Acquirer; d) Target.
Note: Differences in number of observation are due to missing data. The significance of differences is supported by the results of t-test analysis, except for the differences of RORWA between acquiring and target savings banks.

11 Note that the means for the target banks differ from the mean of acquired assets in table 2 due to multiple mergers and the mergers based on new foundation. The former is not accounted for and the latter is excluded in this table.

2.4 Methodology

2.4.1 Econometric set-up

This study aims at analyzing the value creation (or value destruction) of mergers in the German banking sector. Following Focarelli, Panetta, and Salleo (2002), the examination builds on an event study regression. Based on a dynamic panel model we regress the change in two performance measures on control variables and dummy variables and differentiate banks that engaged in a merger from those that did not. To grasp contemporaneous and lagged effects, the merger dummy variables are defined for the merger year and for four consecutive years, allowing for serial acquisitions via overlapping sets of dummy variables. The regression model is described by the following, simplified equation, the variables of which are described hereafter and summarized in Table 5:

$$y_{it} = \sum_{j=0}^{4} \hat{a}_j M_{jit} + \sum_{k=1,2} \lambda_k y_{i,t-k} + \sum_{l=1}^{9} \varsigma_l C_{lit} + v_t + \mu_i + \mathring{a}_{it}$$

Cost and profit efficiency (y_{it}) are measured using two financial indicators derived from balance sheet and P&L data, namely the return on risk weighted assets (RORWA) as an indicator for a bank's profit efficiency and the cost income ratio (CIR) as a measure for its cost efficiency. Whereas CIR is often used to measure cost efficiency, we consider the return on risk weighted assets to be a more adequate measure than the usually applied return on equity (ROE) when analyzing savings and cooperative banks. There are two reasons for this position. First, savings banks and cooperative banks might follow a different path in terms of their equity policy due to their specific institutional framework (Kleff (2005)). For instance savings banks depend on income retention as they lack other opportunities to expand their equity capitalization. In contrast, cooperative banks are able to issue cooperative shares and increase their capital base. Second, one of the frequently cited drawbacks of performance studies is their failure to account for changes in the risk profile of the asset portfolio over time and due to the merger (Vander Vennet (1996)). For instance an increase in profits might be the result of a merger-induced change in risk appetite. Thus when measuring profit efficiency, this study applies risk weighted assets instead of total assets as a denominator to account for these changes.

As the distribution of the two efficiency indicators may change over the years, we prefer the relative rank and its change over time to the absolute level change of the measures in accordance with Berger (1998). Therefore, the dependant variables are measured as percentile ranks on a scale between 0 and 100. As a result the analysis shows the development of the indicators for every bank in comparison to its peer group on a year-to-year basis. Due to its uniform scale, this approach also ensures the robustness against outliners. We use an alternative technique to control for outliners and additionally run the regressions on a sample where the dependant variables are adjusted for the lower and upper 0.5% percentile.

Apart from the performance measures (y_{it}) and merger dummies (M_{jit}) several control variables (C_{lit}) are used in the model to control for different business mix (MIX), heterogeneity regarding bank size (SIZE, SIZE2) and equity ratio (EQUITY). To control for a bank's credit risk, we use the ratio of the gross nominal amount of non-performing loans over loans to non-banks (CREDITRISK) and the ratio of net loan loss provisions over the total of loans to non-banks (LOANLOSS). Hence, both the magnitude of risky loans and the dynamics of loan loss depreciations are covered. The ratio of retransfer of hidden reserves (RESERVES) over total assets completes control variables to account for latent risk.

As Koetter et al. (2007) and Elsas (2004) show distressed banks are "merged out" as a preemptive distress measure. We make use of a dummy variable (DISTRESSED) based on the Bundesbank data to differentiate distressed from voluntary mergers. In addition a dummy variable (FORCED) for mandatory post-unification mergers among savings banks in East Germany is also defined. In contrast to Kondova and Burghof (2007) who state that "the distress motive behind these mergers cannot be discarded", these mergers followed the new demarcation of local government areas ("Gebietsreform") and were imposed on the savings banks by the government.[12]

v_t represents time dummies controlling for year-specific effects and μ_i stands for unobserved bank-specific effects. As the probability of the merger is likely to be influenced by the dependant variables (Koetter et al. (2007)), it is probable that the merger dummy variables (M_{jit}) themselves may be endogenous. Thus we make use of the dynamic panel approach developed by Arellano and Bond (1991). This takes the potential simultaneity bias directly into account

12 See e.g. "Thüringer Gesetz über Maßnahmen zur kommunalen Gebietsreform", Section 3, § 11, that became effective 1994. Note that some of the mergers in the 1990s in East Germany were voluntary mergers not triggered by legislation.

and makes use of lagged level variables as instruments to solve the issue. Moreover, including the full history of the dependant variables ensures that all other explanatory variables reflect innovations only (Greene (2003)).

Table 5: Characteristics of the explanatory variables[a)]

Panel A: All banks

Variable	Observations	Mean	Standard Dev.	Minimum	Maximum
SIZE	35,259	19.1132	1.3713	14.3694	24.2485
MIX	35,257	0.8221	0.2453	-4.7039	45.0012
CREDITRISK	34,769	0.0334	0.0483	0.0000	1.0561
RESERVES	34,769	0.0004	0.0013	-0.0000	0.0380
EQUITY	34,514	0.1222	0.0437	0.0001	4.3142
LOANLOSS	34,769	0.0061	0.1123	-0.1272	20.8845

Panel B: Savings banks

Variable	Observations	Mean	Standard Dev.	Minimum	Maximum
SIZE	7,870	20.6855	0.9617	17.3663	24.2485
MIX	7,869	0.8142	0.0501	0.4076	1.2588
CREDITRISK	7,737	0.0299	0.0366	0.0000	0.3586
RESERVES	7,737	0.0004	0.0010	0.0000	0.0192
EQUITY	7,626	0.1175	0.0243	0.0001	0.6347
LOANLOSS	7,737	0.0069	0.0083	-0.0385	0.1604

Panel C: Cooperative banks

Variable	Observations	Mean	Standard Dev.	Minimum	Maximum
SIZE	27,389	18.6614	1.1137	14.3594	24.2183
MIX	27,388	0.8244	0.2769	-4.7039	45.0019
CREDITRISK	27,032	0.0344	0.0511	0.000	1.0561
RESERVES	27,032	0.0005	0.0014	-0.0000	0.0380
EQUITY	26,888	0.1235	0.0477	0.0001	4.3143
LOANLOSS	27,032	0.0059	0.1273	-0.1272	20.8845

a) Figures include merging and non-merging banks. As data is not available for all banks over all years the descriptive statistics refer to the number of observations given for each variable. Note: Differences in number of observations are due to missing data.

As a result of the lagged variables, equation (1) needs to be estimated in first differences due to the correlation between the unobserved bank specific effects μ_i and the lagged dependant variables. However, first differencing has no effect on the estimated coefficients. Table 6 provides an overview of all variables and their definition.

Table 6: Definitions of variables

Variable	Definition
Dependant variables	
CIR	Administrative costs / (net interest income + net fee and commission income + trading result)
RORWA	(annual net profit + income taxes + other taxes) / risk weighted assets
Explanatory variables	
M_0, M_1, M_2, M_3, M_4	Binary merger dummy variables: 1 for the merger year (M_0), the year following the merger (M_1), the second (M_2), third (M_3) and fourth year (M_4) after the merger year, else 0. Note that we do not have merger information for any year before 1993. Thus, e.g. M_4 needs to be defined as missing value for 1993, 1994, 1995, and 1996.
SIZE/SIZE2	ln(assets) and $\ln(\text{assets})^2$
MIX	Net interest income / (net interest income + net fee and commission income + trading result)
CREDITRISK	Gross nominal amount of non-performing loans / loans to non-banks
RESERVES	Retransfer of hidden reserves / total assets
EQUITY	Liable equity capital / risk weighted assets
LOANLOSS	Net loan loss provisions / loans to non-banks
DISTRESSED	Binary dummy variable: 1 for distressed mergers in the years of interest, 0 else
FORCED	Binary dummy variable: 1 for mergers imposed on savings banks by the government Post unification in the years of interest, 0 else

2.4.2 Data consolidation

A final but important methodological issue we would like to address refers to the pro forma consolidation technique used. As pointed out while describing the model, we assume a time period of four years post merger to be long enough to reflect the full merger impact but short enough that it does not include factors not relevant to the merger. When comparing pre merger to post merger development this would ideally mean taking a look at a nine-year time series (four pro forma consolidated pre merger years including acquirer and target, merger year, four post merger years of the acquirer) that is unpolluted by other mergers. Thus, the simplest case is when an acquirer only merged once within the observation period.[13] These one-time mergers represent the ideal case to analyze merger effects as they rule out any bias from overlapping event windows (Peristiani (1997)). However, they only account for 57% of cooperative bank mergers and 81% of savings bank mergers in the sample. Reducing the focus of the analysis to these mergers could potentially create a large selection bias. If banks that gain the highest economic benefits from merging tend to merge the most frequently, excluding these banks from the analysis would be questionable (Berger and Humphrey (1992)).

As shown in Table 3 a substantial share of transactions represent serial mergers in the German banking market. Some studies exclude multiple or serial

13 Including the case of a merger with several other banks in the same year (multiple merger).

mergers from their sample or do not make explicit how they treated this issue. We follow Elsas' (2004) approach of backward aggregation. This means the author took all banks that were acquired since 1993 and still in operation as of January 2007 as the starting point and built pro forma balance sheets and profit and loss statements for them. The result is a single time series for any merger portfolio. While this approach avoids double accounting, it leads to a bias in the time series in cases when banks were acquirers first and became targets later within the observation period (Bank A). In these cases, the time series contains all pre merger information of the surviving bank (Bank B, i.e. bank still in operation as of January 2007), reaching back to the time of the merger between the formerly acquiring Bank A and the target (Bank C) although Bank B was not involved in the merger of Bank A and Bank C. Thus, the pro-forma balance sheet and profit and loss statement might be biased at the time of the merger of Bank A and Bank C by the performance of Bank B.

2.5 Results

Table 7 presents the estimates for the merger coefficients M_0-M_4 for all banks (Panel A) as well as for savings banks (Panel B) and cooperative banks (Panel C) only. Both one-step and two-step estimates for the percentile rank are reported based on the estimator developed by Arellano and Bond (1991) as are the level values (adjusted for outliners). Whereas level values reflect absolute success, the percentile ranks measure relative success compared to the peer group. We consider them a more valuable indicator from an economic point of view.

For Sample A (all banks), we observe a significant deterioration of the RORWA in the merger year. This decline is especially significant in relative terms as merging banks fall short almost 11 percentiles compared to non-merging peers. CIR levels slightly increase with no significant impact on the percentile rank in the merger year. In the following years, the estimates for M_1/M_2 reflect significant positive impact of the mergers on CIR. This suggests that banks are capable of transferring cost savings' potentials into economic benefits within two years following a merger. This cost efficiency advantage over non-merging banks is sustained in the longer run as well, leading to significant negative coefficients for M_3/M_4. Profit efficiency effects, however, are less favorable as the merger dummy coefficients remain negative throughout the whole post merger period.

When breaking down the overall results into the different banking groups, we find some noteworthy differences that are somewhat leveled off when looking at all banks. Compared to cooperative banks, savings banks see CIR increase less strongly and RORWA decrease less starkly in the year of the merger. Savings banks not only improve their cost efficiency (in line with the results from the overall panel) over the post merger years, but also increase their profit efficiency both in terms of levels and percentile rank. The effect is rather small (1.5 percentile improvement in the third year after the merger) but statistically highly significant. The long-term cost efficiency effect for cooperative banks, in contrast, is minuscule and partly not even significant. The verdict on profit efficiency in the third and fourth years post merger is clearly negative. We assume that once aggregated in a single sample, the comparably less favorable results for cooperative banks outweigh the rather positive effects for the saving banks panel.

Interpreting the group-specific results against the backdrop of the institutional differences of cooperative and savings banks (as briefly addressed in the introduction) seems to support the argument for concentrated ownership to ensure better monitoring. Especially in the context of a merger, owners need to circumvent the expropriation of the bank by management. Through efficient monitoring, these private benefits – which can be either non-pecuniary or pecuniary – could be ruled out as a merger motive in the pre merger phase as well as in the post merger integration phase.

Even though we omit the estimation results on control variables and year dummies in Table 7 for the sake of clarity, all variables turn out be statistically significant for the majority of the regressions. It is especially noteworthy that we control for distress by applying a dummy variable based on Bundesbank data. From a statistical point of view, some of the results need to be interpreted with care, however. First, the Sargan test of over-identifying restrictions rejects the null hypothesis that instrumental variables are valid for some of the estimations and results might be biased. Moreover, the Arellano-Bond (1991) test of second-order autocorrelation is highly significant for two of the level estimations on CIR.[14] Still, Kleff/Weber (2003) find comparable results, i.e. significant Sargan test statistics for cooperative banks and non-significant Sargan tests for savings banks, while analyzing a comparable sample in a non-merger related analysis.

---

14 The presence of second-order autocorrelation implies that the estimates might be inconsistent. See Arellano and Bond (1991), pp. 281-282 for a discussion on this point.

They argue that the Sargan is especially sensitive to large sample sizes as some instruments might be correlated with the residuals. To support this argument Kleff/Weber (2003) conduct their analysis based on an alternative data source (Hoppenstedt database), which lacks information on a share of small banks and leads to a significantly smaller sample size. For this reduced sample the Sargan test does not reject the null hypothesis and assumes instruments are valid.

Table 7: Results of panel regression analysis

Panel A: All banks

	M_0		M_1		M_2		M_3		M_4		Auto-correl. (p-value)	Sargan (p-value)	N
	One-step	Two-Step	One-Step	Two-Step	One-Step	Two-Step	One-Step	Two-Step	One-Step	Two-Step			
CIR													
percentile rank	1.9926	1.7079***	-3.5500***	-3.8384***	-1.5638***	-1.6684***	-1.3354**	-1.7699***	-1.0592**	-0.9804***	0.8788	0.0001***	14,975
	(1.57)	(2.62)	(6.04)	(10.44)	(2.78)	(4.86)	(2.49)	(5.32)	(2.04)	(3.02)			
level value	0.0101**	0.0100***	-0.0068***	-0.0068***	-0.0049**	-0.0049***	-0.0033*	-0.0047***	-0.0025	-0.0032***	0.0000***	0.0000***	14,835
	(2.24)	(4.20)	(3.22)	(5.01)	(2.44)	(3.82)	(1.75)	(4.22)	(1.35)	(3.02)			
RORWA													
percentile rank	-10.8977***	-9.3745***	-2.6481***	-2.0941***	-1.7285	-1.0994**	-1.4872**	-1.3520***	-1.3674**	-0.8803**	0.6365	0.0000***	14,965
	(6.80)	(10.10)	(3.56)	(4.06)	(2.41)	(2.32)	(2.18)	(3.01)	(2.08)	(2.14)			
level value	-0.0020***	-0.0016***	-0.0009***	-0.0007***	-0.0009***	-0.0007***	-0.0006***	-0.0005***	-0.0005***	-0.0005***	0.0533*	0.0000***	14,815
	(5.12)	(8.65)	(4.90)	(6.44)	(5.35)	(6.75)	(3.82)	(5.70)	(3.38)	(5.03)			

Panel B: Savings banks

	M_0		M_1		M_2		M_3		M_4		Auto-correl. (p-value)	Sargan (p-value)	N
	One-step	Two-Step	One-Step	Two-Step	One-Step	Two-Step	One-Step	Two-Step	One-Step	Two-Step			
CIR													
percentile rank	1.5842*	1.6200***	-0.2490	-0.1681	-1.2764	-1.1864***	-2.0982	-2.0507***	-1.9560	-1.8638***	0.8259	0.9991	4,061
	(0.60)	(6.38)	(0.15)	(1.02)	(0.80)	(6.53)	(1.39)	(14.05)	(1.28)	(11.49)			
level value	0.0184*	0.0168***	0.0009	0.0005	-0.0017	-0.0027***	-0.0051	-0.0058***	-0.0042	-0.0048***	0.5373	0.6891	4,046
	(2.07)	(15.12)	(0.18)	(0.72)	(0.31)	(5.05)	(1.02)	(10.34)	(0.83)	(7.45)			
RORWA													
percentile rank	-5.3374	-5.3575***	-2.2240	-2.0173***	-1.4131	-1.2389***	1.4000	1.4463***	0.7514	0.8367***	0.4124	0.5177	4,059
	(1.57)	(4.56)	(1.08)	(9.16)	(0.60)	(6.21)	(0.73)	(9.86)	(0.39)	(7.78)			
level value	0.0005	0.0005***	0.0002	0.0002***	0.0004	0.0004***	0.0007*	(0.0007***	0.0002	0.0002***	0.5175	0.9998	4,046
	(0.75)	(7.06)	(0.52)	(8.22)	(0.99)	(14.57)	(1.87)	(26.93)	(0.58)	(7.17)			

Panel C: Cooperative banks

	M_0		M_1		M_2		M_3		M_4		Auto-correl. (p-value)	Sargan (p-value)	N
	One-step	Two-Step	One-Step	Two-Step	One-Step	Two-Step	One-Step	Two-Step	One-Step	Two-Step			
CIR													
percentile rank	3.4787**	3.4538***	-2.093***	-2.2177***	-0.812	-0.4927	-0.0141	-0.5912**	-0.2737	-0.2444	0.9078	0.0274**	10,910
	(2.57)	(6.10)	(3.22)	(6.43)	(0.30)	(1.60)	(0.02)	(2.03)	(0.50)	(0.97)			
level value	0.0107**	0.0070***	-0.0031	-0.0038***	-0.0019	-0.0034***	-0.0001	-0.0020**	-0.0007	-0.0019**	0.0000***	0.0240**	10,789
	(2.20)	(3.72)	(1.40)	(3.14)	(0.88)	(2.89)	(0.04)	(2.02)	(0.37)	(2.19)			
RORWA													
percentile rank	-7.4111***	-7.5517***	-1.3815*	-1.0458**	-0.9689	-0.4938	-1.1833*	-1.3246***	-1.0145	-0.8477**	0.1178	0.0007***	10,906
	(4.44)	(9.47)	(1.80)	(2.26)	(1.32)	(1.19)	(1.68)	(3.24)	(1.50)	(2.24)			
level value	-0.0014***	-0.0012***	-0.0007***	-0.0005***	-0.0008***	-0.0006***	-0.0006***	-0.0005***	-0.0004***	-0.0003***	0.0675*	0.0000***	10,769
	(3.61)	(7.35)	(4.02)	(4.85)	(4.65)	(5.95)	(3.68)	(5.26)	(2.77)	(4.52)			

The table shows the regression results for the following model

$$y_{it} = \sum_{j=0}^{4} \hat{a}_j M_{jit} + \sum_{k=1,2} \lambda_k y_{i,t-k} + \sum_{l=1}^{9} \varsigma_l C_{lit} + v_t + \mu_i + \mathring{a}_{it}$$

where y_{it} denotes the cost and efficiency indicators of interest, explicitly the cost income ratio (CIR) and the return on risk weighted assets (RORWA), v_t are year dummy variables to control for calendar year specific effects, μ_i are bank specific unobserved effects and ε_{it} is the error term. M_{jit} describe the merger dummy variables, which take a value of 1 in the specific year, i.e. M_0 equals 1 in the merger year, M_1 equals 1 in the year following the merger and so forth. $\hat{a}_j$, λ_k, and ς_l are the coefficients to be estimated using a dynamic panel regression according to Arellano and Bond (1991). We report the one and two step estimator as well as the percentile rank (i.e. applying a standardized scale from 0 to 100 for all banks in panel A and the respective bank groups in panels B and C for each year) and level values adjusted for the lower and upper 0.5% percentile for CIR and RORWA. Percentile rank reflects relative success to peers and thus possesses a higher explanatory power given the objective of our analysis. Level values reflect a measure for success. We report both the test of Arellano and Bond (1991) for second-order autocorrelation and the Sargan test for overidentifying restrictions (both based on the two step results). In both cases the null hypothesis needs to be rejected to ensure no autocorrelation of second order and instrument validity. Note that the Sargan tests fail to reject the null hypothesis for sample A and C (for discussion see section 5.2). The Wald statistic of the null hypotheses that all coefficients except the constant are zero is omitted in the table but soundly rejected. In contrast to the model as shown the estimation is in first differences. However, this has no impact on the estimated coefficients. *, **, *** denote significance at the 10%-, 5%-, and 1%-level, respectively. Absolute z values are in parentheses.

2.6 Conclusion

This study empirically addresses the impact of bank mergers on cost and profit efficiency and thus their economic success. Using panel regressions, 1,682 mergers of savings and cooperative banks in the period 1993-2006 were analyzed. We separately analyze success from the viewpoint of the overall sector (all banks) as well as two pillars of the German banking sector, namely cooperative and savings banks.

Based on the analysis of the full sample of banks (sample A), we find mergers, on average, to follow the assumed pattern on the cost side. This leads to a negative estimate coefficient in the merger year, but to a sustainable improvement of the cost position in the mid- and long-term after the transaction. The merger impact on cost efficiency, however, turns to be less favorable. The estimation coefficients on RORWA appear with negative signs for all merger dummy variables.

Sorting these overall findings into the merger effects of savings and cooperative banks leads to additional insights regarding merger success. Whereas merger effects for savings banks on CIR are in line with the findings from the full sample of banks, positive signs for the long-term effect of profit efficiency estimates jar with the negative findings from the overall panel. The econometric results on the cooperative sample help to explain this deviation. Here, the decrease in RORWA turns out to be even more severe than in the overall sample. Thus, effects from savings and cooperative banks seem to level off with regard to our profit efficiency measure. Still, with cooperative banks representing a significantly larger share in the overall sample than savings banks, this might explain the negative coefficient sign from the aggregated point of view.

We thus conclude that the German bank merger wave from 1993-2006 has contributed to increased cost efficiency for savings and cooperative banks alike. This is a clear signal that mergers, on average, lead to an enhanced cost efficiency position and supports the case for (further) intra-pillar consolidation. The development of profit efficiency, however, only leads to a positive verdict for savings banks (compared to their non-merging peers). This supports our assumption that a separate and comparative analysis of the two banking groups yields valuable additional insights on merger success.

2.7 References

Arellano, M., Bond, S. (1991): Some tests of specification for panel data: Monte Carlo evidence and an application to employment equations, in: Review of Economic Studies, 58 (194), pp. 277-297.

Baxmann, U.G. (1995): Kreditwirtschaftliche Betriebsgrößen, Deutscher Sparkassenverlag, Stuttgart.

Beitel, P. (2002): Akquisitionen und Zusammenschlüsse europäischer Banken – Wertsteigerung durch M&A-Transaktionen, Deutscher Universitäts-Verlag, Wiesbaden.

Berger, A.N. (1998): The efficiency effects of bank mergers and acquisition: a preliminary look at the 1990s data, in: Amihud, Y./Miller, G. (Hrsg.): Bank Mergers & Acquisitions: an introduction, Kluwer Academic Publishers, Boston, pp. 79-111.

Berger, A.N., Demsetz, R.S., Strahan, P.E. (1999): The consolidation of the financial services industry: causes, consequences and implications for the future, in: Journal of Banking & Finance, 23 (2-4), pp. 135-194.

Berger, A.N., Humphrey, D.B. (1992): Megamergers in banking and the use of cost efficiency as antitrust defense, in: The Antritrust Bulletin, 37 (Fall), pp. 541-600.

Bresler, N. (2007): Effizienz von Sparkassen und Sparkassenfusionen, Verlag Dr. Kovac, Hamburg.

Dickerson, A.P., Gibson, H.D., Tsakalotos, E. (1997): The impact of acquisitions on company performance: evidence from a large panel of UK firms, in: Oxford Economic Papers, 49 (3), pp. 344-361.

Drees, Friedel, Keisers, M., Schiereck, D. (2006): Zum Erfolg von Sparkassenfusionen.– Aktuelle kasuistische Evidenz, in: Zeitschrift für öffentliche und gemeinwirtschaftliche Unternehmen, 29 (1) , pp. 24-49.

Elsas, R. (2004): Preemptive distress resolution through bank mergers, Working Paper Series: Finance and Accounting, No. 139 (Goethe-Universität) Frankfurt/Main.

Focarelli, D., Panetta, F., Salleo, C. (2002): Why do banks merge?, in: Journal of Money, Credit & Banking, 34 (4), pp. 1047-1066.

Gold, C. (1997): Gebietsreformbeeinflusste Fusionen bayerischer Sparkassen, Dissertation, Göttingen.

Greene, W.H. (2003): Econometric analysis, Prentice Hall, New York.

Haun, B. (1996): Fusionseffekte bei Sparkassen: empirische Analyse der Zielerreichung, Deutscher Universitäts-Verlag, Wiesbaden.

Hawawini, G.A., Swary, I. (1990): Mergers and acquisitions in the U.S. banking industry: Evidence from the capital markets, North Holland, Amsterdam.

Hughes, A. (1993): Mergers and Economic Performance in the UK: a Survey of the Empirical Evidence 1950-90, in M. Bishop and J. Kay (eds), European Mergers and Merger Policy, Oxford University Press, Oxford 1993.

Kleff, V. (2005): Die Eigenkapital- und Ausschüttungspolitik deutscher Sparkassen, Dissertation (Universität Mannheim), Mannheim.

Kleff, V., Weber, M. (2003): How do banks determine capital? – Empirical evidence for Germany, Discussion Paper No. 03-66 (ZEW – Zentrum für europäische Wirtschaftsforschung), Mannheim.

Koetter, M. (2005): Evaluating the German bank merger wave, Discussion Paper, Series 2: Banking and Financial Studies (Deutsche Bundesbank), Frankfurt/Main.

Koetter, M., Bos, J.W. B., Heid, F., Kool, C.J.M., Kolari, J.W., Porath, D. (2007): Accounting for distress in bank mergers, in: Journal of Banking and Finance 10, pp. 3200-3217.

Kondova Georgiev, G., Burghof, H.-P. (2007): The impact of bank mergers on efficiency: empirical evidence from the German banking industry, Working Paper (Universität Hohenheim), Hohenheim.

Lang, G., Welzel, P. (1999): Mergers among German cooperative banks: a panel-based stochastic frontier analysis, in: Small Business Economics, 13 (4), pp. 273-286.

Peristiani, S. (1997): Do mergers improve the X-efficiency and scale efficiency of U.S. banks? Evidence from the 1980s, in: Journal of Money, Credit & Banking, 29 (3), pp. 326-337.

Pilloff, S.J., Santomero, A.M. (1997): The value effects of bank mergers and acquisitions, Working Paper (Financial Institutions Center at The Wharton School), Philadelphia.

Tebroke, H.-J. (1993): Größe und Fusionserfolg von Genossenschaftsbanken: eine theoretische und empirische Analyse der Auswirkungen von Betriebsgröße und fusionsbedingter Betriebsgrößenerweiterung auf die Ergebnisstruktur von Kreditgenossenschaften, Müller Botermann Verlag, Köln.

Thanassoulis, E., Boussofiane, A., Dyson, R.G. (1996): A comparison of Data Envelopment Analysis and ratio analysis as tools for performance assessment, in: Omega.– International Journal of Management Science, 24 (3), pp. 229-244.

Vander Vennet, R. (1996): The effect of mergers and acquisitions on the efficiency and profitability of EC credit institutions, in: Journal of Banking & Finance, 20 (9), pp. 1531-1558.

3 Staatsfonds - Neue Ankeraktionäre mit positivem Shareholder Value-Potential?[1]

Dr. Mark Mietzner und Prof. Dr. Dirk Schiereck

3.1 Einleitung

Staatsfonds (Sovereign Wealth Funds; SWF) sind typischerweise regierungskontrollierte Investmentvehikel, die aus den Erträgen von Rohstoffexporten, dem direkten Vermögenstransfer aus öffentlichen Währungsreserven oder auch aus Haushaltsüberschüssen finanziert werden (Butt et al. 2007).[2] Diese Institutionen haben in den letzten Jahren nicht nur wegen der von ihnen verwalteten Vermögensvolumina (über 3 Bill. US-$) viel Aufmerksamkeit erregt, sondern auch wegen ihres rasanten Wachstums und ihrer zum Teil stark eingeschränkten Transparenz (Fotak et al. 2008). Über ihre Investitionssummen wurden Staatsfonds nicht nur zu international sehr bedeutenden Aktionären, sie riefen auch wiederholt nachhaltige politische Bedenken hervor (Reisen 2008; Rose 2008), wie zuletzt bspw. im Juli 2010, als der Staatsfonds von Abu Dhabi (ADIA) fast 5% an Italiens größter Bankengruppe Unicredit erworben hatte.

Die Unicredit-Transaktion verweist auf einen klaren Anlageschwerpunkt der großen Staatsfonds, der in den letzten Jahren auf der internationalen Finanzindustrie lag (Borell 2008). Vielfach wurden in dieser Branche größere Aktienblöcke erworben und dabei Meldegrenzen überschritten. Solche Transaktionen stehen im Blickpunkt der weiteren Untersuchung. Die bei der Ankündigung beobachteten kurzfristigen Kursreaktionen bei den Kaufobjekten können als Erwartungen der Marktteilnehmer bezüglich der Wertgenerierung interpretiert werden,

---

1 Dieser Beitrag ist eine adjustierte und partiell aktualisierte Fortschreibung der Untersuchung von Mietzner und Schiereck (2009).

2 Als ältester Staatsfonds mit einem Vermögen im Jahr 2008 von knapp 213 Mrd. $ stufen Beck und Fidora (2008) Kuwait Investment Authority ein. Die Umschreibung von Staatsfonds als Investorengruppe bleibt hier etwas unscharf, insbesondere auch, weil die konkreten Ausgestaltungen länderspezifisch leicht variieren. Diese Unschärfe ist für die weitere Analyse insofern aber unproblematisch, als bei den hier untersuchten Transaktionen die kaufenden Staatsfonds in der Literatur sehr einheitlich als solche klassifiziert werden.

während die langfristige Kursentwicklung den tatsächlich erreichten Wertzuwachs abbildet.

Inwieweit Staatsfonds als wesentliche Minderheitsaktionäre in der Lage sind, effizientes Monitoring zu betreiben und durch effektive Corporate Governance nachhaltig Shareholder Value zu schaffen, ist bislang kaum untersucht worden. Aber es gilt allgemein die Einschätzung, dass Staatsfonds als Investoren gekommen sind, um zu bleiben (Schlumpberger 2008; Xiang et al. 2009). Dabei wollen SWF ihren Einfluss vorwiegend informell nutzen. ‚We are not after supervisory board seats[3],' äußerste sich jüngst Yngve Slyngstad, Direktor des norwegischen Government Pension Fund-Global, der mit einem Vermögen von rund 250 Mrd. Euro der größte europäische und weltweit die Nummer 2 der Staatsfonds ist. In den letzten Jahren ist es dem Fonds gelungen, die breite Marktentwicklung signifikant zu überbieten (‚substantially outperformed'). Ob ein solcher Erfolg bei Minderheitsakquisitionen auch bei Investments in Banken möglich ist, muss insbesondere mit Blick auf die Evidenz zum Erfolg von (Mehrheits-)Akquisitionen im Bankensektor bezweifelt werden.

Vor diesem Hintergrund adressiert die nachfolgende Analyse insbesondere zwei Aspekte:

- Über die kurzfristigen Kapitalmarktreaktionen auf Staatsfondsakquisitionen werden die Markterwartungen an das Wertschöpfungspotential gemessen.
- Über die langfristigen Kapitalmarktreaktionen nach dem Aufbau einer Blockposition durch einen Staatsfonds werden die realisierten Wertschöpfungspotentiale ermittelt.

Zur detaillierten Betrachtung dieser beiden Aspekte wird nachfolgend zunächst in Abschnitt 2 eine kurze Einordnung in die Literatur gegeben. Dann bietet Abschnitt 3 eine Übersicht zu Untersuchungsaufbau und Datensatz. Anschließend präsentiert Abschnitt 4 die Ergebnisse der Auswertung, und Abschnitt 5 fasst die wesentlichen Erkenntnisse Befunde zusammen.

---

3 o.V. (2008), S. 17.

3.2 Literaturüberblick

Zur Marktbewertung des Erwerbs von Minderheitsanteilen durch Staatsfonds liegen bislang kaum empirische Untersuchungen vor. Allerdings wurden entsprechende Effekte bei ähnlichen (aktiven) Investoren, nämlich Private Equity (PE) Funds, bereits analysiert. Dabei zeigte sich, dass auf die Ankündigung von Minderheitsblockerwerben durch PE-Investoren klar positive Aktienkursbewegungen bei den Akquisitionsobjekten zu verzeichnen waren. Mietzner und Schweizer (2007) berichten durchschnittliche Ankündigungs-effekte von bis zu 5,1% bei deutschen Unternehmen, Klein und Zur (2009) ähnliche Ergebnisse für den US-Markt (Achleitner et al 2010).

Mietzner und Schweizer (2007) führen den Kursanstieg nach dem Blockerwerb durch die PE-Investoren auf den Abbau von Agency-Kosten zurück. Allerdings ist der positive Effekt durch den Blockerwerb eines PE-Investors dadurch limitiert, dass vor allem der Einstieg eines ersten Finanzinvestors positive Marktreaktionen hervorruft, jeder weitere erreicht nur noch weitaus geringere Effekte. Immerhin deuten diese Kursreaktionen auf Interessenkongruenz zwischen verschiedenen Finanzinvestoren mit Minderheitspositionen hin. Angesichts des durchweg einvernehmlich mit dem Management des Zielunternehmens erfolgten Einstiegs der Staatsfonds kann davon ausgegangen werden, dass größere Interessenkonflikte beim jeweiligen Blockerwerb eher nicht gesehen wurden.

Die Ursachen der positiven Kursbewegung wurden intensiv diskutiert. Der Interessenausgleich zwischen Management und Aktionären (durch entsprechende Entlohnungskontrakte und Aktienpakete) und das gute Monitoring durch einen Finanzinvestor werden als wesentliche Mechanismen zur Lösung der Agency-Probleme breit akzeptiert (Grossman und Hart 1980). Zudem wird oft auf die gesteigerte Managementkompetenz verwiesen, wenn ein PE-Investor bei einem Zielunternehmen Aktien erwirbt. Solche Zielunternehmen zeigen dann typischerweise eine verbesserte operative Performance und einen optimierten Cash Flow (Muscarella und Vetsuypens 1990; Kaplan 1989; Kaplan und Stein 1993; Hogan et al. 2001).

Für den Blockerwerb durch Staatsfonds können zunächst Marktreaktionen erwartet werden, die denen von PE-Fonds entsprechen, denn beide Anlegergruppen sind langfristig orientiert und haben kaum strategisches Synergiepotential, das sie zur Wertgenerierung heben könnten. Allerdings gibt es auch Gründe für mögliche positive wie negative Abweichungen. So wäre bei vorwiegend politisch motivierten Anteilskäufen eine durchweg schlechtere Performance als bei

PE-Investoren zu befürchten. Entsprechende Schlussfolgerungen ergeben sich aus der Klassifizierung von Allen und Caruana (2008), nach der Staatsfonds durchweg als passive Investoren agieren und von ihren Stimmrechten wenig Gebrauch machen. Passend dazu dokumentieren Farrell et al. (2007) für Staatsfonds aus dem Mittleren Osten eine Asset Allocation, bei der über die Hälfte des Anlagevolumens festverzinslich investiert ist. Umgekehrt verweist Truman (2007) darauf, dass der nicht von vornherein limitierte Anlagehorizont eines Staatsfonds (im Gegensatz zu PE-Investoren) zur langfristigen finanziellen Stabilität des Zielobjekts beiträgt und dadurch letztlich auch erfolgreichere Investments erzielt.

Während die allgemeinen, industrieübergreifenden Erfahrungen mit PE-Investments durchaus positiv sind, erscheint eine Übertragung der Evidenz auf die Finanzdienstleistungsindustrie kritisch. Die Branche ist insgesamt sehr stark reguliert und insbesondere auch in den Gestaltungsoptionen der Passivseite eng limitiert. Abgesehen von einer Fallstudienbetrachtung mit einem Mehrheitserwerb bei Menke und Schiereck (2008) fehlt empirische Evidenz über den Erfolg von PE-Investoren bei Banken nahezu völlig. Aktuelle Beispielinvestments der Minderheitspositionen im Finanzsektor von J.C. Flowers bei der Hypo Real Estate oder von TPG bei Washington Mutual, wo jeweils von einem nahezu Totalverlust auszugehen ist, lassen die Erfolgserwartungen allerdings nicht zu groß werden.

Auch die nicht PE-spezifische M&A-Forschung lässt für Mehrheitserwerbstransaktionen im Bankenbereich kaum positive Erwartungen aufkommen. Zwar konnten Ismail und Davidson (2005), Beitel, Schiereck und Wahrenburg (2004) und Cybo-Ottone und Murgia (2000) für den europäischen Markt positive Werteffekte für die gemeinsame Einheit aus Käufer und gekauftem Institut (Target) feststellen, doch diese positiven Kursreaktionen waren primär auf hohe abnormale Renditen bei den Targets infolge der zu zahlenden Übernahmeprämie zurückzuführen. Für die Aktien der Käuferbanken wurden dem gegenüber im Durchschnitt deutlich niedrigere positive bzw. auch z.T. leicht negative Reaktionen festgestellt, wobei das Verhältnis zwischen Bietern mit positiven und negativen Kursreaktionen in etwa ausgeglichen war. Verschiedene Studien in den USA stellen für Bieter in Bankakquisitionen sogar durchgängig negative Ankündigungseffekte fest (z.B. Piloff und Santomero (1998) sowie DeLong (2003)), so dass sich die Frage stellt, ob die Käufer mit den Übernahmen letztendlich nicht ganz überwiegend Shareholder Value ihrer Anteilseigner vernichten. Auch für längerfristige Betrachtungszeiträume finden sich keine stabil positiven Ergebnisse. Vielmehr zeigt die Fallstudie von Mußhoff und Schiereck (2007) für die Übernahme der polnischen Bank Pekao durch Unicredit, dass die längerfristigen Resultate stark von der gewählten Benchmark und der eingesetzten Methodik abhängen können.

Damit zeichnet sich ein Gesamtbild ab, dass zumindest kurzfristig ganz überwiegend positive Kapitalmarktreaktionen bei industrieübergreifenden PE-Minderheitsinvestitionen findet, während (Mehrheits-)Akquisitionen im Bankensektor anscheinend kurz- wie langfristig wenig Wertgenerierung erreichen konnten. Für die nachfolgend analysierten SWF-Transaktionen sind konkrete Vorhersagen daher kaum möglich. Als Arbeitshypothese wird davon ausgegangen, dass Staatsfonds gute Selektionsfähigkeiten für ihre Anteilserwerbe besitzen sowie hohe Monitoringqualitäten aufweisen und somit positive Neubewertungen bei den Finanzunternehmen erzielen, in denen sie Minderheitsanteile erwerben.

3.3 Datensatz und Untersuchungsaufbau

3.3.1 Datensatz

Diese Analyse wird insbesondere durch die milliardenschweren, sehr kontrovers diskutierten Investments von Staatsfonds der Jahre 2007 und 2008 bei global agierenden Finanzkonzernen getrieben, wie etwa dem Erwerb von 10 Prozent des Eigenkapitals von Blackstone durch die China Investment Group. Parallel stieg die Abu Dhabi Investment Authority (ADIA) durch den Kauf von Wandelanleihen im Volumen von 4,9 Prozent des Grundkapitals bei der Citigroup ein. Singapurs Government Investment Corp (GIC) ist heute größter Aktionär der Schweizer UBS. Die Liste der multi-milliardenteuren Staatsfondsinvestments ließe sich leicht um verschiedene aktuelle Akquisitionen in ehemalige Investmentbanken wie Morgan Stanley oder Merrill Lynch ergänzen, deren Kapitalbasis in der Folge der Finanzkrise gefährlich zusammengeschmolzen war (Gilson and Milhaupt 2008). Bedeutsamer ist aber, dass eine ganze Reihe weiterer Staatsfondstransaktionen für die nähere Zukunft angekündigt sind bzw. in Gerüchten am Kapitalmarkt kolportiert werden.

Die Volumina dieser Investmentbeispiele deuten bereits den großen Widerhall in der Wirtschaftspresse an, den die Ankündigungen von SWF-Transaktionen üblicherweise hervorrufen. Diese Medienwirksamkeit erleichtert die Zusammenstellung unseres Datensatzes, der auf folgenden Quellen basiert:

Alle Aktienkurs- und Aktienindexzeitreihen stammen von Thomson Financial DataStream. Für Rechnungslegungsdaten zum Steuerjahr vor der Transaktionsankündigung wurde auf Thomson Financial Worldscope zurückgegriffen. Die Informationen über die SWF-Transaktionen selbst kommen aus der Thomson Financial Mergers and Acquisitions-Datenbank. Der Datensatz umfasst alle Ankündigungen von Staatsfondsinvestments aus der Zeit von Oktober 1989 bis Juni 2008. Ausgeschlossen wurden Aktienkäufe bei Immobiliengesellschaften sowie zurückgezogene und noch nicht abgeschlossene Transaktionen.[4] Da SWF auch über spezielle Finanzierungsgesellschaften, die nicht unmittelbar als Staatsfonds zu erkennen sind, Transaktionen abwickeln können, musste konsequenterweise für jede dieser Finanzierungsgesellschaften (über die so genannten CUSIP) in der Thomson Financial Mergers and Acquisitions-Datenbank der finale Eigentümer ermittelt werden.

Tabelle 1: Industrieklassifikation des Datensatzes (gemäß originaler SIC Codes)

	Transaktionsjahr										
Target-Beschreibung	1997	1998	1999	2002	2003	2004	2005	2006	2007	2008	Insgesamt
Banks	1	1		1	2	2	2	2	5	1	17
Investment Advisors								1	3		4
Investors, nec			1	1			1		1		4
National Commercial Banks									1	1	2
Offices of Bank Holding Companies		1									1
Personal Credit Institutions									1		1
Security Brokers, Dealers, Flotation Companies							1		5	2	8
Insgesamt	1	2	1	2	2	2	4	3	16	4	37

Als Resultat dieser Datenbankauswertungen ergibt sich eine vorläufige Stichprobe von 53 SWF-Ankündigungen im Zeitraum von Mai 1991 bis Juni 2008. 16 Transaktionen mussten wegen fehlender historischer Aktienrenditeinformationen ausgeschlossen werden. Der verbliebene finale Datensatz umfasst 37 Targets aus der Finanzdienstleistungsindustrie und hat einen regionalen Investmentfokus in Fernostasien (21 Transaktionen) und in Nordamerika (7 Transaktionen). Die relative Mehrheit der Targets sind, wie die aufgeführten

4 Zur weiteren Datensatzadjustierung wurden alle Staatsfonds aus der Liste von Balding (2008), Fotak et al. (2008) und dort erwähnten Websites herangezogen.

Beispieltransaktionen bereits andeuten, gewöhnliche Geschäftsbanken. Tabelle 1 und Tabelle 2 dokumentieren die Struktur des Datensatzes nach Geschäftsfokus und Region.

Die überschaubare Größe der Stichprobe lässt grundsätzlich nur vorsichtige Interpretationen der empirischen Evidenz zu, was bei der Bewertung der Ergebnisse zu berücksichtigen ist.

Tabelle 2: Länderklassifikation des Datensatzes

	Transaktionsjahr										
Target-Nation	1997	1998	1999	2002	2003	2004	2005	2006	2007	2008	Insgesamt
Ägypten									1		1
Hong Kong	1								1		2
Indien				1	2				2		5
Malaysia							4		1		5
Pakistan								1	2		3
Singapur			1	1							2
Südkorea						2					2
Schweden									3		3
Schweiz									1		1
Taiwan								1			1
Thailand		1									1
United Kingdom		1						1	1	1	4
United States									4	3	7
Insgesamt	1	2	1	2	2	2	4	3	16	4	37

3.3.2 Untersuchungsaufbau

Kurzfristige Marktreaktionen auf die Ankündigung von Blockkäufen durch Staatsfonds können im Rahmen des etablierten Ereignisstudienansatzes erfasst werden. Über eine Schätzperiode von 200 Tagen vor dem Ereignisfenster [−230; −30] werden die Parameter des risikoadjustierten Marktmodells geschätzt: $R_{it} = \alpha_i + \beta_i R_{mt} + \varepsilon_{it}$, wobei R_{it} die Aktienrendite des Unternehmens i am Tag t darstellt, R_{mt} ist die Aktienindexrendite des DataStream Global Index am jeweils selben Tag t, und ε_{it} ist ein i.i.d. Störterm. Die Differenz zwischen der tatsächlich beobachteten und der über das Marktmodell geschätzten Rendite wird als abnormale Rendite (AR) bezeichnet und als Maß für die Erfassung von Unternehmenswertänderungen durch die angekündigten Staatsfondsinvestments interpretiert.

Zur Ermittlung der statistischen Signifikanz von aufaddierten durchschnittlichen abnormalen Renditen (CAAR) über verschiedene Ereignisfenster um den

Ankündigungstag der Staatsfondsakquisitionen t = 0 werden zunächst einfache t-Tests genutzt. Darüber hinaus wird auch das erweiterte Testverfahren nach Böhmer, Musumeci and Poulsen (1991) eingesetzt, um für durch das Investmentereignis induzierte höhere Varianz der Aktienrenditen zu kontrollieren. Die Sensitivität der Kapitalmarktreaktionen auf transaktions- und unternehmensspezifische Charakteristika wird über Querschnittsregressionen überprüft, wobei die t-Statistik über adjustierte Standardfehler nach White (1980) berechnet wird.

Um den längerfristigen Einfluss des Blockerwerbs durch Staatsfonds in der Finanzindustrie zu erfassen, musste ein Kompromiss getroffen werden. Je länger der betrachtete Renditezeitraum ausfällt, umso aussagekräftiger mag sich der Staatsfondseinfluss herausstellen. Da aber viele Transaktionen erst aus den letzten Jahren stammen, würden für mehrjährige Betrachtungsperioden zu viele Ereignisse aus dem so schon überschaubaren Datensatz herausfallen. Vor diesem Hintergrund wurden Beobachtungszeiträume von 150, 200 und 250 Tagen gewählt, für die zunächst einfache geometrische Haltedauerrenditen (BHR) als Performancemaß der Staatsfondsinvestments über T Tage wie folgt ermittelt wurden [Ritter (1991); Loughran und Ritter (1995); Brav und Gompers (1997)]:

$$BHR_{i,T} = \left[\prod_{t=1}^{T} (1 + R_{i,t}) \right] - 1$$

Ähnlich wie bei der Analyse kurzfristiger Ankündigungseffekte wird auch für die langfristige Bewertung im nächsten Schritt für die allgemeine Marktentwicklung korrigiert und eine langfristige Überrendite (BHAR) gegenüber der jeweiligen DataStream-Indexrendite bestimmt:

$$BHAR_{i,T} = \left[\prod_{t=1}^{T} (1 + R_{i,t}) \right] - \left[\prod_{t=1}^{T} (1 + R_{m,t}) \right]$$

Statistische Signifikanzen der Mittelwerte und Mediane der Renditen bei SWF-Targets werden durch Standard- t-Tests und Wilcoxon-Rangsummentests ermittelt.

3.4 Empirische Erkenntnisse

3.4.1 Kurzfristige Ankündigungseffekte

Die bisherige Evidenz zum Engagement von neuen PE-Investoren als langfristig orientierte wesentliche Minderheitsaktionäre (Ankeraktionäre) hat durchweg substantiell positive Renditen als Reaktion auf den angekündigten Anteilserwerb gezeigt. Ähnliches wurde auch hier für die Unternehmen erwartet, bei denen SWF eingestiegen sind. Tabelle 3 illustriert die Entwicklung der abnormalen Rendite im Ereignisfenster [-30; +30] für die Stichprobe aller SWF-Targets. Die Kapitalmarktreaktion fällt signifikant positiv aus mit durchschnittlichen abnormalen Kursanstiegen zwischen 1,50% ([-1, +1]) und 5,66% ([-10, +20]), wie Tabelle 3 dokumentiert. Dieses Ergebnis ist dahingehend zu interpretieren, dass die Kapitalmarktteilnehmer davon ausgehen, dass der Blockerwerb durch Staatsfonds in der Finanzindustrie Wert generieren wird.

Tabelle 3: Durchschnittliche abnormale Rendite von SWF-Targets bei Ankündigung

Ereignisfenster	CAAR	Boehmer-Test z-score	t-Test t-value	N
[-1;+0]	0.43%	0.441	0.593	35
[0;+1]	1.01%	0.985	1.322	35
[-1;+1]	1.50%	1.931*	1.875*	35
[-5;+5]	2.71%	1.844*	2.072**	35
[-5;+10]	3.54%	2.316**	2.459**	35
[-10;+5]	4.47%	3.119***	3.230***	35
[-10;+10]	5.30%	3.352***	3.460***	35
[-10;+20]	5.66%	3.266***	3.350***	35
[-20;+20]	4.56%	2.505**	2.811***	35
[-30;+30]	4.03%	1.293	1.377	35

[***, ** und * signalisieren statistische Signifikanz auf dem 1%-, 5%-, und 10%-Niveau]

Unsere Ergebnisse erscheinen nicht nur konsistent mit den industrieübergreifenden Erkenntnissen für Staatsfondsinvestments bei Fotak et al. (2008). Ähnliche Ankündigungsrenditen wurden auch beim Einstieg von Private Equity-Investoren in den USA [Klein and Zur (2009)] und in Deutschland [Mietzner and Schweizer (2007); Achleitner, et al. (2010)] gefunden, wobei aktives Monitoring und eine Reduzierung von Agency-Kosten als wesentliche Faktoren für die Kursreaktion verantwortlich gemacht werden.

In den weitergehenden Regressionsanalysen zur Analyse von Faktoren, die die Ankündigungsrenditen aus Tabelle 3 wesentlich beeinflussen (hier nicht abgebildet), zeigt sich zunächst, dass Finanzinstitute aus den USA bei SWF-Investments deutlich positivere Kursreaktionen erfahren haben als die aggregierte Gruppe der Banken aus anderen Ländern. Dieses Resultat ist trotz der geringen Fallzahl gerade im Lichte von theoretischen Überlegungen zur Corporate Governance bemerkenswert, weil es die allgemeine These stützt, nach der vor allem in angelsächsisch geprägten Outsider-kontrollierten Umfeldern – die stark auf Marktmechanismen vertrauen – es für aktive Aktionäre einfacher ist, Agency-Kosten zu reduzieren. Zudem fällt die Kursreaktion ebenfalls stärker positiv aus, wenn bereits andere aktive Investoren vor einem SWF im Target-Unternehmen investiert sind.[5] Dagegen hat die Größe des Zielobjektes eine negative Wirkung auf die Ankündigungseffekte. Die Erwartungen an Staatsfondsinvestments sind umso größer, je kleiner das Zielobjekt ist. Größere Kreditinstitute werden üblicherweise stärker von Finanzanalysten und anderen Kapitalmarktteilnehmern beobachtet, bei kleineren Instituten erscheint daher zusätzliches Monitoring wertvoller. Gleichfalls steigt der Wert verstärkter Corporate Governance, wenn das Management des Zielunternehmens über hohe freie Cashflows und damit viel eigener Entscheidungsmasse verfügt.

3.4.2 Längerfristige Kapitalmarktbewertungen

Tabelle 4 fasst die Ergebnisse für die langfristige Renditeentwicklung zusammen. Die Erkenntnisse müssen als ernüchternd gewertet werden. Zwar erzielen die Finanzinstitute nach dem Einstieg der Staatsfonds durchschnittlich signifikant positive absolute Renditen (BHR), sie bleiben aber in ihrer Kursentwicklung hinter der allgemeinen Marktperformance zurück (BHAR), zeigen also relativ schlechtere Renditen (wenn auch dieses Ergebnis bei geringem Stichprobenumfang insignifikant ausfällt). Damit erscheinen Staatsfonds zwar in der Lage, Branche und Einstiegszeitpunkt im Schnitt so terminieren zu können, dass sie von einer positiven Gesamtmarktentwicklung profitieren, aber zumindest auf Jahresfrist schaffen sie es nicht, überdurchschnittliche Renditen zu generieren. Die Erwartungen der Ankündigungseffekte bestätigen sich damit längerfristig erst einmal nicht.

Aufgrund der noch geringen Zahl an langfristig analysierbaren Investments (nur 16 über 480 Tage gegenüber 37 über 60 Tage) ist eine Untersuchung der Faktoren, die den langfristigen Erfolg der SWF-Zielunternehmen bestimmen, nur unter einigem Vorbehalt möglich.

---

5 Es wurde hier darauf verzichtet, abgesehen von der Regionalauswertung mit dem Staat, aus dem die meisten Transaktionsziele stammen, weitere Länderunterklassen zu bilden, da die hier gezeigte Evidenz angesichts der wenigen Beobachtungspunkte generell nur vorsichtig interpretiert werden sollte und die Beobachtung zu den US-Banken deshalb vor allem auch als Anregung für weitere Analysen mit weiteren Datensätzen zu verstehen ist.

Allerdings deutet die schon vorliegende Evidenz darauf hin, dass der geographische Fokus eher gleich bleibende Interpretationen nahe legt. Zielunternehmen in Asien zeigen tendenziell schlechtere Renditen. Bei der Unternehmensgröße sind dagegen langfristig eher die Investments in größere Banken erfolgreicher gewesen.

Tabelle 4: Längerfristige Performance von SWF-Targets

		t-Test			t-Test	
Ereignisfenster	BHR	t-Wert	N	BHAR	t-Wert	N
[1;+60]	0.68%	0.199	37	-0.79%	-0.330	37
[1;+120]	-0.72%	-0.160	36	1.90%	0.537	36
[1;+240]	24.49%	2.698**	25	-7.79%	-1.327	25
[1;+480]	48.65%	2.828**	16	-5.06%	-0.511	16

[***, ** und * signalisieren statistische Signifikanz auf dem 1%-, 5%-, und 10%-Niveau]

3.5 Zusammenfassung und Ausblick

Die Analyse der Kapitalmarktperformance beim Minderheitserwerb von Staatsfonds in Finanzinstitute hat ein insgesamt recht ernüchterndes Bild ergeben. Während die kurzfristige Bewertung bei der Ankündigung der Anteilskäufe durchweg positiv ausfiel – die abnormale Rendite erreichte durchschnittlich 5.3% in einem 21-Tage-Fenster um den Ankündigungstag – blieb die langfristige Aktienperformance hinter der allgemeinen Marktentwicklung (insignifikant) zurück, Damit muss die Fähigkeit von Staatsfonds, Agency-Kosten im Bankenbereich nachhaltig zu reduzieren, zunächst einmal generell in Frage gestellt werden.

3.6 Referenzen

Achleitner, Ann-Kristin, Christian Andres, André Betzer, und Charlie Weir, 2010, Economic Consequences of Private Equity Investments on the German Stock Market, European Journal of Finance forthcoming.

Allen, Mark und Jamie Caruana, 2008, Sovereign Wealth Funds – A Work Agenda (International Monetary Fund).

Balding, Christopher, 2008, A Portfolio Analysis Of Sovereign Wealth Funds, (University of California, Irvine).

Beauchamp, Charles F., 2006, Performance and Fee Structure within the Private Equity Industry, (Mississippi State University).

Beck, Roland, und Michael Fidora, 2008, The Impact of Sovereign Wealth Funds on Global Financial Markets. European Central Bank (Hrsg.): Occasional Paper No. 91.

Beitel, Patrick, Dirk Schiereck und Mark Wahrenburg, 2004, Explaining M&A Success in European Banks, European Financial Management 10, 109-139.

Böhmer, Ekkehart, Jim Musumeci, und Annette B. Poulsen, 1991, Event-Study Methodology under Conditions of Event-Induced Variance, Journal of Financial Economics 30, 253-272.

Borell, Mariela, 2008, Staatsfonds auf dem Vormarsch, ZEW (Hrsg.): M&A Report, Oktober 2008, S. 1.

Butt, Shams; Anil Shivdasani, Carsten Stendevad und Ann Wyman, 2008, Sovereign wealth funds: A growing global force in corporate finance, Applied Corporate Finance, 19, 73-83.

Cybo-Ottone, Alberto, und Maurizio Murgia, 2000, Mergers and shareholder wealth in European Banking, Journal of Banking & Finance, 24, 831 – 859

Davis, Gerald F., und E. Han Kim, 2005, Would Mutual Funds Bite the Hand that Feeds Them? Business Ties and Proxy Voting, (University of Michigan).

DeLong, Gayle L., 2001, Stockholder gains from focusing versus diversifying bank mergers, Journal of Financial Economics, 59, 221 – 252.

Farrell, Diana, Susan Lund, Eva Gerlemann und Peter Seeburger, 2007, The New Power Brokers: How Oil, Asia, Hedge Funds, and Private Equity Are Shaping Global Capital Markets (McKinsey Global Institute).

Fotak, Veljiko; Bernardo Bortolotti und William Megginson, 2008, The financial impact of sovereign wealth fund investments in listed companies, University of Oklahoma, Price College of Business, Working Paper.

Gilson, Ronald J. und Curtis J. Milhaupt, 2008, Sovereign wealth funds and corporate governance: A minimalist response to the new mercantilism, Stanford University, Law and Economics Olin Working Paper No. 335.

Grossman, Sanford J., und Oliver D. Hart, 1980, Takeover Bids, the Free-Rider Problem, and the Theory of the Corporation, The Bell Journal of Economics 11, 42-64.

Herb, Ernst, 2008, Singapurs Staatsfonds Temasek wird internationaler, Börsen-Zeitung, 12. September 2008.

Hogan, Karen M., Gerard T. Olson, und Richard J. Kish, 2001, A Comparison of Reverse Leveraged Buyouts and Original Initial Public Offers: Factors Impacting their Issuance in the IPO Market, The Financial Review 38, 1-18.

Ismail, Ahmad, und Ian Davidson, 2005, Further analysis of mergers and shareholder wealth effects in European Banking, Applied Financial Economics, 15, 13-30

Kaplan, Steven N., 1989, The Effects of Management Buyouts on Operating Performance and Value, Journal of Financial Economics 24, 217-254.

Kaplan, Steven N., und Jeremy C. Stein, 1993, The Evolution of Buyout Pricing and Financial Structure in the 1980s, Quarterly Journal of Economics 108, 313-357.

Klein, April, and Emanuel Zur, 2009, Entrepreneurial Shareholder Activism: Hedge Funds and Other Private Investors, Journal of Finance, 64, 187-229.

Menke, Matthias, und Dirk Schiereck, 2008, Value Creation of a Private Equity Fund in the Banking Industry - The Case of Lone Star and Korea Exchange Bank, Banks and Bank Systems, 2, Issue 2, 22-34.

Metrick, Andrew, and Ayako Yasuda, 2007, The Economics of Private Equity Funds, (Swedish Institute for Financial Research Conference on The Economics of the Private Equity).

Mietzner, Mark, und Denis Schweizer, 2007, Hedge Funds versus Private Equity Funds as Shareholder Activists - Differences in Value Creation, (European Business School).

Mietzner, Mark und Dirk Schiereck, 2009, Kurserwartungen und langfristige Performance bei Staatsfondsinvestments in der Finanzindustrie: Erste internationale Erkenntnisse, Zeitschrift für Corporate Governance, 4, 157-162.

Muscarella, Chris J., und Michael R. Vetsuypens, 1990, Efficiency and Organizational Structure: A Study of Reverse LBOs, Journal of Finance 45, 1389-1413.

Mußhoff, Jörg, und Dirk Schiereck, 2007, Erfolgreiche Bankakquisitionen in Europa – Das Beispiel UniCredit und Pekao, Zeitschrift für Bankrecht und Bankwirtschaft, 19, 464-487.

o. V., 2008, We Are Not after Supervisory Board Seats, 1585, Issue 2, 16-19.

Piloff, Steven J. und Anthony M. Santomero, 1998, The value effects of bank mergers and acquisitions, in Amihud, Yakov und Geoffrey Miller (Hrsg.): Bank Mergers & Acquisitions, Boston: Kluwer, 59 – 78

Reisen, Helmut, 2008, Commodity and non-commodity sovereign wealth funds, Deutsche Bank Research, Working Paper Series, Research Notes 28.

Rock, Edward, 1992, The Logic and (Uncertain) Significance of Institutional Shareholder Activism, Georgetown Law Review 79, 445-506.

Romano, Roberta, 1993, Getting Politics out of Public Pension Funds, American Enterprise 4, 42-49.

Romano, Roberta, 1995, The Politics of Public Pension Funds, Public Interest 119, 42-53.

Rose, Paul, 2008, Sovereigns as Shareholders, North Carolina Law Review, 87, 102.

Schauber, Daniel, 2009, Staatsfonds fallen als Retter in der Not aus, Börsen-Zeitung, 3.3.2009 S. 8.

Schlumpberger, Christian, 2008, Gekommen, um zu bleiben, Finance, Heft 5/2008, 62.

Shleifer, Andrei, und Robert W. Vishny, 1986, Large Shareholders and Corporate Control, Journal of Political Economy 94, 461-488.

Truman, Edwin M., 2007, Sovereign Wealth Funds – The Need for Greater Transparency and Accountability, Peterson Institute for International Economics Policy Brief.

Xiang, Jing, Susheng Wang, Zhaokun Kong und Wenhu Li, 2009, Investment Analysis of Sovereign Wealth Funds in the World, International Journal of Economics and Finance, 1, 258-262.

4 International Bank Acquisitions by Financial Sponsors

Dr. Matthias Menke, Dr. Mark Mietzner und Prof. Dr. Dirk Schiereck

4.1 Introduction

There is a bulk of evidence that, the acquisition of control blocks within the banking industry is value decreasing (Houston and Ryngaert (1994), Pilloff and Santomero (1996), Berger et al. (1999), Houston et al. (2001), and Beitel and Schiereck (2001)). Additionally, there is no clear empirical support that bank mergers result in efficiency gains and improved operating performance, which constitutes the most prominent rational for bank mergers (see, e.g, Spindt and Tarhan (1992), Pilloff (1996) and Berger et al. (1999)). The mixed evidence of efficiency gains and value creation stands in a sharp contrast to the large and still increasing number of private equity investments in the financial service industry.

A possible interpretation for this increasing number of private equity investments is that large shareholders' monitoring activities can be very effective in solving agency problems that arise from the separation of ownership and control (see, e.g., Shleifer and Vishny (1986) and Grossmann and Hart (1980)). Park et al. (2008), for instance, document substantial positive announcement returns to the formation of new outside blocks. Cronqvist and Fahlenbrach (2009) document for some groups of outside shareholders a positive relation between blockholders and firm performance.[1] Recent research suggests that private equity funds belong to such a group of shareholders that acquire large blocks of voting rights with a desire to take on an active influencing and monitoring role. Therefore, their investments should be associated with substantial wealth and performance effects.

The purpose of this chapter is to evaluate the effect on the performance of a bank's stock of a major investment by a private equity fund. Our analysis differs from previous studies of bank acquisitions in the ways that we analyze only acquisitions of private equity investors. By using only financial investor's transactions, our sample allows us to investigate the objectives and behavior of financial investors within the banking industry, which was largely unknown by now.

---

1 See also Agrawal and Mandelker (1990).

4.2 Theoretical Background and Current Research

Private equity funds usually acquire a significant amount of voting rights in a portfolio company. Since the engagement of private equity managers in their target company's day-to-day business is an essential part of their investment strategy they can become successful active shareholders. Unlike large mutual funds, private equity funds do not invest in numerous companies. Rather they spend considerable resources gathering information about the target, with a specific focus on potential increases of expected wealth. Therefore, private equity funds have a high probability to become active investors. Previous evidence on the engagement of private equity investors as blockholders indicates that target firm shareholders receive substantial positive stock price adjustments in response to the acquisition announcement. Mietzner and Schweizer (2007) show positive announcement returns of up to 5.05% on average for German private equity targets. Similar announcement returns are noted in the US (Klein and Zur, 2009).

Mietzner and Schweizer (2007) document that private equity investors enhance shareholder value due to a reduction of agency costs. Although the sources of these gains are discussed widely, an alignment of interests between managers and shareholders, as well as, an increase in monitoring activities by blockholders can serve as mechanisms for mitigating agency problems (Grossman and Hart, 1980; Shleifer and Vishny, 1986). Additionally, an increase in management competencies is often observed after a private equity fund has acquired a stake in a target company. Private equity targets typically experience an increase in research and development expenditures, a sell-off of non-core assets, a reduction in working capital, an optimization of cash flows and a decrease in capital expenditures (Muscarella and Vetsuypens, 1990). These lead to improved operating profits during the engagement period (Kaplan, 1989; Muscarella and Vetsuypens, 1990; Kaplan and Stein, 1993; Hogan et al., 2001).

In any event, private equity investors generate the overwhelming part of their profits when they divest their stakes. This profit structure motivates them to increase a target firm's equity value. Against this background, our central hypothesis is that an engagement of private equity investors will show positive market revaluation effects.

4.3 Data and Methodology

We analyze the value creation of private equity buyers through minority acquisitions in financial services firms. The analysis is performed by an event study approach.

4.3.1 Database

We collected data from five primary sources for our analysis. We obtain time series data, i.e., daily closing prices for all firms in our sample from Thomson Financial DataStream. For accounting data, we use the Thomson Financial Worldscope database to obtain information from the fiscal year prior to the announcement to two years after the transaction. Information on private equity transactions, especially the announcement dates, come from the Thomson Financial Mergers and Acquisition database. The sample includes announcements with private equity investor participation between January 1, 1995 and December 31, 2005. For further refinement, we match this sample with the transactions identified by Merger Market and Bloomberg databases and delete all duplicates. The next step involved narrowing the wide range of initially selected SICs to focus on the banking subindustry only. We consider the target SICs 6000 (banks), 6021 (national commercial banks) and 6029 (commercial banks). The selection of these target SICs is necessary because of our focus on the bank sector.

We further reduced the acquirer SIC codes to focus on financial investors, especially private equity investors. By analyzing multiple acquirer categories, we reduced the SICs to the following: special-purpose finance companies (619B), investment offices (6726), investors/real estate investment trusts (6798), and investors (6799). For our subsequent study, we have to exclude all observations where historical stock prices or accounting data are not available. Because of limited data availability, we also excluded transactions from countries in Africa, Australia, and Central and South America for the final data sample. We are left with 65 private equity investment announcements between January 1, 1995 and December 31, 2005. The average transaction volume for our data sample is USD 395.95 million (adjusted by transaction, with no available values over USD 494.94 million) and geographically, most deals occurred in Asian countries (84.62%), while the percent of those completed in Europe (12.31%) and North America (3.08%) was marginal. Within our sample time period, more than 50% of the transactions were announced during the three years from 2003 to 2005.

4.3.2 Selection of Benchmark Indices and Reference Firms

The data sample contains transactions from 15 countries. To compute the wealth effects of private equity investments on a target firm, we employed a two-step procedure to select an appropriate benchmark index: 1) an industry-specific focus and 2) a geographic focus. The targets were selected with an overall banking industry focus. To maintain bank specialization, we use banking indices as a benchmark. In line with our industry focus and to prevent any bias from a national index weighting of a bank, we chose three continental industry-specific benchmark indices: Asia DataStream Banks, Europe DataStream Banks, and US DataStream Banks.

We also analyze medium- and long-term shareholder value creation by means of the event study approach to obtain broader view of the determinants of value creation as performed by private equity funds. We use the control-firm approach to compare the development of a transaction target directly with a control company (see, e.g., Barber and Lyon (1997)). We choose one company from a benchmark index that has the same or slightly different criteria as the target (e.g., market capitalization or book-to-market ratio) to serve as the matching control firm. In detail, we employed a four-step procedure: 1) an industry-specific focus, 2) a geographic focus, 3) size, and 4) growth expectations. In a pre-selection for the determination of banks pertaining to criteria 3 and 4, we downloaded the market values and book-to-market ratios for all the constituents of the listed indices, except for those without instrument-type *equity*. This resulted in 170 banks for Asia, 171 banks for Europe, and 46 for the US.

In accordance with Barber and Lyon (1997), we determined the last market capitalization as of June 30 and the last book-to-market ratio as of December 31 before the announcement of the transaction for all targeted banks in our sample. We also allocated one of the three continental indices and its constituents to each deal in accordance with the target nation and continental mapping. In the next step, we calculated the 70%-130% market capitalization range for all transactions and deal targets in relation to the respective announcement date. Banks with a market capitalization within that range were then pre-selected from the constituents for the allocated index. Finally, we chose the bank with the same or minimum delta of the book-to-market ratio compared with the target as a benchmark company for the bank of the data sample.[2] Based on these procedures, we assembled a benchmark portfolio of 46 banks.[3] This portfolio serves as a benchmark of value creation in the mid- and ling-term analysis.

4.3.3 Methodology

Market reactions to announced acquisitions of voting rights by private equity funds provide an estimate of the value creation that the market expects to be associated by the new block-holder. We apply the event study methodology of Brown and Warner (1985). Using pre-event data over a 250-day period from t = -290 to t = -40 we estimate the risk-adjusted market model $R_{it} = \alpha_i + \beta_i R_{mt} + \varepsilon_{it}$,, where R_{it} is the return to firm i at time t, R_{mt} is the return of one of our three continental industry-specific benchmark indices associated with a given equity at time t, and ε_{it} is an i.i.d. error term. We draw statistical inferences for the different event-window cumulative average abnormal returns (CAARs) using a standard t-test statistic. We also apply the test according to Böhmer, Musumeci, and Poulsen (1991) to capture possible event-induced increases in variance. We estimate the sensitivity of the market reaction to transaction and firm specific characteristics within a cross-sectional regression, while we estimate the t-statistics using White's heteroskedasticity-consistent standard errors (White, 1980).

In order to detect the long-horizon impact of the acquisition of ownership claims by private equity investors, we calculate 250-day, 500-day and 750-day buy and-hold returns (BHR) to measure the performance of our target company portfolio. We estimate the one-year BHR for each target company over T days:

$$BHR_{i,T} = \left[\prod_{t=1}^{T} (1 + R_{i,t}) \right] - 1$$

where $R_{i,t}$ is the return of target firm i at day t, and T is the length of the period of interest (Loughran and Ritter, 1995; and Brav and Gompers, 1997).

In general, buy-and-hold returns are influenced by overall market performance. Consequently, we estimate equally- and value-weighted buy-and-hold

---

2 If one bank in the data sample is also a constituent of the respective index, we adjusted the index constituents for the further analyses by the respective bank for this subselection. For example, if two or multiple banks had the same absolute delta, the market value was considered in an iterative process in order to select a benchmark bank.

3 The number of banks in the benchmark portfolio is smaller than the number of listed banks in the data sample because of a problem of data availability for all banks.

abnormal return (BHAR) using the daily closing prices relative to our benchmark firm:

$$BHAR_{i,T} = \left[\prod_{t=1}^{T}(1+R_{i,t})\right] - \left[\prod_{t=1}^{T}(1+R_{benchmark\ company,t})\right],$$

where $R_{benchmark\ company,t}$ is the return on our control company at day t (Barber and Lyon, 1997). Next to the portfolio of equally-weighed BHARs we also calculate the average of a value-weighted ($w_i = 1/N$) WBHARs portfolio as:

$$\overline{WBHAR} = \sum_{i=1}^{N} w_i * BHAR_i$$

We evaluate the statistical significance of the mean and median portfolio return of private equity target firms using a standard t-statistic and the Wilcoxon rank sum z-score.

4.3.4 Variables

This section briefly describes the firm and country characteristics we use in the subsequent empirical analyses. Specifically, we employ variables of the follow four categories:

1. *Bank Characteristics:* We use total loans, total assets, and the natural logarithms of total assets as a proxy for a bank's size. Total long-term debt as a measure of financing sources and total shareholders' equity and the natural logarithms of total shareholders' equity as a measure of bank capitalization.
2. *Bank Performance:* Net interest income financial services, Return on equity total, and Return on earning assets serve as a measure of the profitability impact.
3. *Economic Environment:* The degree of uncertainty in foreign investments should be lower in countries with higher economic freedom. The *Index of Economic Freedom* for each country of our sample is published by the Heritage Foundation and aggregates the scores of 10 economic categories, while higher scores indicate higher degree of economic freedom. Beside a country's total score, we also consider the sub indices for business freedom, trade freedom, monetary freedom, freedom from government, fiscal freedom, freedom of property rights, investment freedom, financial freedom, freedom from corruption, and labor freedom.

4. *Transaction characteristics:* To analyze the impact of transaction-specific parameters, we use percent of shares acquired as a measure of acquirer influence and the value of the transaction to evaluate the impact of the transaction value. The data sample contains multiple transactions for one target. Following Pilloff and Santomero (1998) and Cybo-Ottone and Murgia (2000), we did not exclude these transactions. If a private equity fund increased its own shareholding with a second transaction or acted after the initial investment of another fund, we classified these transactions as Follow-on Transactions. In our sample, there are 29 Follow-on Transactions. Also, if multiple shareholders acquired shares in one bank on the same date or on different dates, we classified these transactions as Club Deal Transactions. We observe 45 Club Deal Transactions. We divide the investors into two groups – non-state funds and state funds, and classify 16 transactions as state fund transactions.

4.4 Results

4.4.1 Short-term market reaction

Based on the events identified in the previous section, we proceed in evaluating the short-term market reaction of financial service firms in which private equity investors invest. Table 1 illustrates the return drift for different event windows.

The CAARs of the 53 transactions show substantial positive abnormal returns, which is in line with banking M&A research. We recognize the largest abnormal return of 18.40% for the window (-40, +40).

Table 1: Cumulative Average Abnormal Returns

		t-test	BMP test	
Event window	CAAR in %	t-value	z-score	Nobs.
(-40; +40)	18.40	4.34***	4.03***	53
(-20; +20)	9.10	3.15***	3.03***	53
(-10; +10)	6.62	2.98***	3.22***	53
(-5; +10)	5.50	2.71***	2.90***	53
(-5; +5)	6.32	3.42***	3.43***	53
(-2; +2)	4.17	3.37***	3.52***	53
(-1; +1)	3.67	3.02***	3.02***	53

***, **, and * indicate statistical significance at the 1%, 5%, and 10% levels, respectively

This result suggests the market perceives purchases of large blocks of voting rights by private equity investors in the banking industry as value enhancing.

Next, we employ a cross-sectional regression to identify possible determinants of the market reaction. Specifically, we regress the 3-day cumulative abnormal returns on various explanatory variables.

Our evidence of substantially positive abnormal returns triggered by an acquisition of voting rights by private equity investors is consistent with the market's perception that financial investors are able to enhance shareholder value. Announcement returns are less distinct for smaller targets. In general, this supports the hypothesis that larger firms are already more intensively covered by analysts and monitored by institutional investors and regulators. This lowers the potential for additional cost reduction. In particular, a large long-term debt loan portfolio decreases private equity target shareholder's wealth upon on announcement. Long-lasting funding structures indicate less restructuring needs and lower refinancing potential.

Table 2: Cross-Sectional Analysis of Market-Model Abnormal Returns

	Model I		**Model II**		**Model III**		**Model IV**	
	Coefficient		Coefficient		Coefficient		Coefficient	
Constant	0,0338		0,0202		0,0256		0,1902	*
Total Loans	---		---		-0,0001		---	
Total long-term debt	-0,0001	*	---		---		---	
LN(Total Assets)	---		---		---		-0,0179	*
Net interest income financial services	---		-0,0001		---		---	
Return on equity total	---		-0,0002	***	---		-0,0002	***
Return on earning assets	-0,0087	*	---		-0,0065		---	
Percent of shares acquired	---		0,0009		0,0011		---	
Value of transaction	---		---		---		---	
Follow-on transaction	0,0178		0,0340		0,0288		0,0167	
State-fund transaction	-0,0368	*	-0,0432	**	-0,0396	*	-0,0454	**
Club-deal transaction	0,0227		0,0078		0,0061		0,0121	
N	44		44		44		48	
Adj. R^2	11,54%		28,48%		12,79%		28,45%	

***, **, and * indicate statistical significance at the 1%, 5%, and 10% levels, respectively

Controlling for a target's profitability, we find strong evidence that targets with superior operational performance experience substantially lower positive announcement returns. The result for our proxy variable, return on equity total, supports this view. Further, anecdotal evidence, like the acquisition of Shinsei Bank Ltd. by Ripplewood Holdings LLC, suggests that financial investors support their target companies by reducing poorly performing assets to improve loan quality. This leads to improved operating profits during the engagement period.

4.4.2 Long-term market reaction

As Table 8 shows, the long-term buy-and-hold abnormal returns (BHARs) for the private equity target portfolio exhibit profound positive long-term returns.

The median BHARs for the target portfolio are significantly positive over longer holding periods, i.e. for the 500-day period as well as for the 750-day period. In contrast, the mean and median BHARs for the target portfolio are not significantly different from zero, when adjusted for the level of rival firm returns.

Table 3: Buy-and-Hold Returns

Transactions vs. benchmark index									
in %	- equally weigthed -				- weighted by market value -				
Event window	Mean	T-Test	Median	Z-Score	Mean	T-Test	Median	Z-Score	Nobs.
(1;+250)	-0.86	-0.13	-10.73	-0.93	-0.09	-0.81	-0.05	-1.1	52
(1;+500)	104.38	3.20***	14.40	-2.91***	1.63	2.51**	0.23	-2.91***	50
(1;+750)	156.98	2.93***	27.64	-2.68***	2.22	2.60**	0.58	-2.76***	39
Transactions vs. Benchmark-Portfolio									
in %	- equally weigthed -				- weighted by market value -				
Event window	Mean	T-Test	Median	Z-Score	Mean	T-Test	Median	Z-Score	Nobs.
(1;+250)	-9.58	-0.82	-11.56	-0.87	-0.06	-0.34	-0.08	-0.42	46
(1;+500)	3.45	0.10	-0.07	-0.02	1.12	1.36	0.01	-1.03	44
(1;+750)	2.27	0.05	-1.32	-0.04	0.64	0.62	-0.01	-0.73	34

***, **, and * indicate statistical significance at the 1%, 5%, and 10% levels, respectively.

The results of the cross-sectional WBHARs regressions for the private equity targets are displayed in Table 4.

Table 4: Determinants of Benchmark-Adjusted-Buy-And-Hold-Returns

	Model I	Model II	Model III	Model IV	Model V	Model VI	Model VII
Constant	0,0047	0,0041	0,0104 *	0,0002	0,0019	0,0279 ***	0,0223 ***
Total Loans	---	---	---	>0,0000	---	---	---
Total long-term debt	>0,0000 **	>0,0000 ***	---	---	---	---	---
LN(Total Assets)	---	---	---	---	---	0,0008	---
LN(Total shareholder equity)	---	---	---	---	0,0005	---	---
Net interest income financial services	---	---	>0,0000	---	---	---	---
Return on equity total	>0,0000 **	---	---	---	---	---	---
Return on earning assets	---	---	-0,0002	---	---	---	---
Percent of shares acquired	0,0002 **	0,0002 ***	0,0001 **	0,0001 ***	0,0001 ***	---	---
Value of transaction	---	---	0,0000	---	---	---	---
Follow-on transaction	---	0,0000	---	---	-0,0009	-0,0024	---
State-fund transaction	---	-0,0005	---	---	---	---	---
Club-deal transaction	---	---	---	0,0006	---	---	0,0012
Index of Economic Freedom ...							
-...Freedom from corruption	---	---	---		-0,0001	---	---
-...Financial freedom	-0,0002 ***	-0,0002 ***	-0,0002 ***	-0,0002 ***	-0,0002 ***	-0,0002 ***	-0,0001 ***
-...Fiscal freedom	---	---	---	---	---	-0,0003 **	---
-...Freedom from government	---	---	---	0,0001	---	---	---
-...Investment freedom	---	---	---	---	>0,0000	---	---
-...Labor freedom	-0,0001	---	---	-0,0001	---	---	---
-...Monetary freedom	---	---	---	---	---	---	-0,0002 **
-...Freedom of property rights	---	-0,0001	---	---	---	---	---
-...Business freedom	---	---	---	---	---	-0,0001	---
-...Trade freedom	---	---	-0,0001	---	---	---	---
N	47	47	46	47	47	47	52
Adj. R^2	0,1781	0,1501	0,1910	0,1578	0,1094	0,1475	0,0887

***, **, and * indicate statistical significance at the 1%, 5%, and 10% levels, respectively

From model I we can see that private equity targets with a major increase in return on equity and with more long-term debt perform better in the long-run. The results indicate that long-term financial aspects play a role in explaining the long-lasting performance of private equity targets companies. Hence, this suggests that the banking target is a restructuring case with financial reengineering potential.

For implementing short-term devices to improve the strategic positioning of a target firm private equity investors need a certain degree of leeway and acquire predominantly a majority stake, to make sure that they are not blocked in the short-term. This is exactly what we observe in the longer-term. A larger stake acquired by private equity funds results in a better long-term performance.

Our long-term results show that long-lasting return drifts are more distinct for targets firms' operating in countries whose legal environment is more regulated (*Index of Economic Freedom*). In particular, a high degree of banking security and the financial industry's independence from government control (*Financial Freedom*) decreases private equity target shareholder's wealth in the long-run. This supports the hypothesis that private equity funds tend to invest in countries facing major economic and regulatory developments – such as Korea after the Asian financial crisis in the 1990s. We find a similar picture for our measure of price stability (*Index of Monetary Freedom*) and the burden of government from the revenue side (*Index of Fiscal Freedom*). Insecure banking environments and dependence on government control on the one hand may hamper growth potential. But they may also provide an opportunity for value creation in the case of (further) economic transformation, and may provide an attractive environment for private equity funds, which is in line with Focarelli and Pozzolo (2001) and Gottschalg et al. (2003). We conclude that the acquisition of banks in transforming economies with further development potential (such as the adoption of international standards in Korea after the financial crisis) is a key success factor for value creation. This also corresponds to Rhoades (2000), who recognized that (bank) industry restructuring was a result of removing legal restrictions.

4.5 Conclusions and Outlook

This analysis show an average abnormal return of 6.6% in a 21-day announcement window. We interpret this finding as a convincing indicator that private equity investors are expected to generate sustainable additional value to the shareholders. How stable these results are in times of extreme financial crisis remains an open question. Recent evidence, however, indicates some serious losses of private equity investments in the European and U.S. banking industry. TPG bought a stake in Washington Mutual which is today partly state-owned. The expected loss of TPG: USD 1.3 billions. In June 2008 J.C. Flowers acquired 48 million shares of the German Hypo Real Estate. Four month later the overall value decrease amounts to about Euro 850 million. These examples underline that investments in the financial services industry are risky and even smart private equity investors sometimes fail to correctly forecast the prospects of banking firms.

One implication of our analysis is that the scope for private equity investments to have pervasive effects on financial service firms is limited. Rather, we conclude that banks in developing economies or countries that require substantial restructuring are likely targets for private equity funds because they participate in the value creation caused by macroeconomic improvements.

4.6 References

Agrawal, A., Gershon N.Mandelker, 1990, Large Shareholders and the Monitoring of Managers: The Case of Antitakeover Charter Amendments, Journal of Financial and Quantitative Analysis 25, 143-161.

Barber, Brad M., John D. Lyon,1997, Detecting Long-run Abnormal Stock Returns: The Empirical Power and Specification of Test Statistics, Journal of Finance 52, 875-883.

Beitel, Patrick, Dirk Schiereck, 2001, Value-creation at the ongoing consolidation of the European banking market, Working Paper No. 05/01 Institute for Mergers and Acquisitions, Witten Herdecke (Germany).

Berger, Allen N., Robert DeYoung, Hesna Genay,, Gregory F. Udell, 1999, Globalization of Financial Institutions: Evidence from Cross-Border Banking Performance. Working Paper Series WP 99-25, Federal Reserve Bank of Chicago.

Böhmer, Ekkehart, Jim Musumeci, Annette B. Poulsen, 1991, Event-Study Methodology under Conditions of Event-Induced Variance, Journal of Financial Economics 30, 253-272.

Brav, Alon,, Paul A. Gompers, 1997, Myth or Reality? The Long-Run Underperformance of Initial Public Offerings: Evidence from Venture and Nonventure Capital-Backed Companies, Journal of Finance 52, 1791-1821.

Brown, Stephen J.,, Jerold B. Warner, 1985, Using Daily Stock Returns: The Case of Event Studies, Journal of Financial Economics 14, 3-31.

Cronqvist, Henrik, Rüdiger Fahlenbrach, 2009, Large Shareholders and Corporate Policies, Review of Financial Studies 22, 3941-3976.

Cybo-Ottone, Alberto, Maurizio Murgia, 2000, Mergers and Shareholder Wealth in European Banking, Journal of Banking and Finance 24, 831-859.

Focarelli, Dario, Alberto Franco Pozzolo, 2001, The patterns of cross-border mergers and shareholdings in OECD countries, Journal of Banking and Finance 25, 2305-2337.

Gottschalg, Oliver, Ludovic Phalippou, Maurizio Zollo, 2003, The performance of Private Equity Funds: Another Puzzle, Working Paper Series INSEAD-Wharton Alliance Center for Global Research & Development.

Grossman, Sanford J., Oliver D. Hart, 1980, Takeover Bids, the Free-Rider Problem, and the Theory of the Corporation, The Bell Journal of Economics 11, 42-64.

Houston, Joel F., Michael D. Ryngaert, 1994. The overall gains from large bank mergers. Journal of Banking and Finance 18, 1155-1176.

Houston, Joel F., Christopher M. James,, Michael D. Ryngaert, 2001. Where do merger gains come from? Bank mergers from the perspective of insiders and outsiders. Journal of Financial Economics 60, 285-331.

Hogan, Karen M., Gerard T. Olson,, Richard J. Kish, 2001, A Comparison of Reverse Leveraged Buyouts and Original Initial Public Offers: Factors Impacting their Issuance in the IPO Market, The Financial Review 38, 1-18.

Kaplan, Steven N., 1989, The Effects of Management Buyouts on Operating Performance and Value, Journal of Financial Economics 24, 217-254.

Kaplan, Steven N.,, Jeremy C. Stein, 1993, The Evolution of Buyout Pricing and Financial Structure in the 1980s, Quarterly Journal of Economics 108, 313-357.

Klein, April,, Emanuel Zur, 2009, Entrepreneurial Shareholder Activism: Hedge Funds and Other Private Investors, Journal of Finance 64, 187-229.

Loughran, Tim,, Jay R. Ritter, 1995, The New Issues Puzzle, The Journal of Finance 50, 23-51.

Mietzner, Mark,, Denis Schweizer, 2007, Hedge Funds versus Private Equity Funds as Shareholder Activists - Differences in Value Creation, (European Business School).

Muscarella, Chris J.,, Michael R. Vetsuypens, 1990, Efficiency and Organizational Structure: A Study of Reverse LBOs, Journal of Finance 45, 1389-1413.

Phalippou, Ludovic,, Oliver Gottschalg, 2007, The Performance of Private Equity Funds, (University of Amsterdam and INSEAD).

Rhoades, Stephen A. 2000. Bank Mergers and Banking Structures in the United States; 1980-1998, Staff Study 174, Federal Reserve Board.

Shleifer, Andrei,, Robert W. Vishny, 1986, Large Shareholders and Corporate Control, Journal of Political Economy 94, 461-488.

Spindt, Paul A., Vefa Tarhan, 1992, Are there synergies in bank mergers? Tulane University Working Paper.

Park, Yun W., Zekiye Selvili, Moon H. Song, 2008, Large outside blockholders as monitors: Evidence from partial acquisitions, International Review of Economics and Finance 17, 529-545.

Pilloff, Steven J., 1996, Performance changes and shareholder wealth creation associated with mergers of publicly traded banking institutions. Journal of Money, Credit and Banking 28, 294-310.

Pilloff, Steven J., Anthony M. Santomero, 1996. The Value of Bank Mergers and Acquisitions, Wharton Working Paper 97-07, Philadelphia (USA).

Pilloff, Steven J., Anthony M. Santomero, 1998, The Value of Bank Mergers and Acquisitions. Mergers of Financial Institutions. In: Yakov Amihud and Geoffrey P. Miller (Issuer), Bank Mergers and Acquisitions, Kluwer Academic Publishers, 59-78.

White, Halbert, 1980, A Heteroskedasticity-Consistent Covariance Matrix and a Direct Test for Heteroskedasticity, Econometrica 48, 817-838.

Teil B: Bankakquisitionen in Einzelfallanalysen

5 Der M&A-Erfolg von JPMorgan Chase & Co. vor und während der Finanzkrise

Luisa Müller

5.1 Einleitung

2006 erreichten die US-amerikanischen M&A-Aktivitäten mit über 11.750 Transaktionen und einem Volumen von 1.484 Mrd. USD ihren historischen Höchststand. Mitte 2007 jedoch endete diese Merger-Welle aufgrund des Platzens der einheimischen Immobilienblase und des Entstehens der Subprime-Hypothekenkrise abrupt, welche die schwerste Finanzkrise seit der Großen Depression hervorrief. Das bekannteste Opfer dieser Krise ist die Investmentbank Lehman Brothers, die im September 2008 Insolvenz anmelden musste. Andere Investmentbanken hingegen, wie Bear Stearns oder Merrill Lynch, wurden durch Akquisitionen von JPMorgan Chase & Co. (JPM) bzw. Bank of America (BofA) gerettet. Für Universalbanken zeichnete sich ein vergleichbares Bild ab: Washington Mutual wurde ein Opfer der Subprime-Hypothekenkrise, als ihre Kreditwürdigkeit stark herabgestuft wurde und ihr Aktienkurs dementsprechend abstürzte. Dies hatte zur Folge, dass JPM ihre Anteile günstig aufkaufen konnte (Levy & Hester (2008)). Ein vergleichbares Bild bietet Wachovia, die durch einen Kauf von Wells Fargo (WF) aufgefangen wurde, nachdem ihr Hypothekenportfolio riesige Verluste ankündigte (Fitzpatrick, Roth & Enrich (2008)). Citigroup (Citi) wurde ebenso durch verlustreiche Hypothekengeschäfte und schlechtes Risikomanagement stark belastetet. Nachdem diese Bank sehr hohe Verluste realisiert hatte, erhielt sie massive staatliche Unterstützung aus Steuergeldern. Dennoch wurden nicht alle US-amerikanischen Banken von der Krise heimgesucht. Ein sehr gutes Beispiel hierfür ist die Universalbank JPM, die sich sehr leistungsstark in der Krise gezeigt hat und als Marktführer aus ihr hervorzutreten scheint. Trotz hoher Abschreibungen ist es JPM gelungen, für das Geschäftsjahr 2008 einen Gewinn zu realisieren. Ferner beweist diese Bank eine sehr solide wirtschaftliche Situation, die sich in einer hohen Kernkapitalquote widerspiegelt.

Trotz der Unruhen an den Kapitalmärkten fanden weiterhin M&A-Transaktionen statt, wenn auch in weitaus weniger großem Umfang. BofA, WF und JPM, z.B., kauften wichtige, insolvente Marktteilnehmer. Basierend auf besonderen Krisenumständen wie verminderte Transaktionspreise, unruhige und nervöse Märkte und Unsicherheit über die wirtschaftliche Zukunft wird vermutet, dass solche Krisenakquisitionen in einem anderen Licht als Akquisitionen in Boomzeiten erscheinen. Vor diesem Hintergrund wird die Rolle von Timing bei M&A als ein ergänzender Faktor bei der Bewertung solcher Transaktionen betrachtet, da vorangegangene Studien eher die generelle Frage untersuchen, ob durch M&A-Transaktionen ein signifikanter Wert für Anteilseigner generiert werden kann (z.B. Berger, Demsetz & Strahan (1999); Houston & Ryngaert (1994); Toyne & Tripp (1998)). Die Studie richtet daher ihre Aufmerksamkeit auf das Timing von M&A-Transaktionen und seine Rolle für die Wertgenerierung von Bankanteilseignern vor und in der Finanzkrise. Folgende Forschungsfragen sollen analysiert werden: Ist eine starke Bank mit einer guten Reputation fähig, Vorteile aus der Schwäche ihrer Wettbewerber zu ziehen, um substantiell in einer Krise zu wachsen? Wie beeinflussen M&A-Transaktionen einer Bank, die vor und während einer Krise stattfanden, die Leistungsfähigkeit von Wettbewerbsbanken? Da JPM als ein klarer Krisengewinner auftritt, werden die Fragen im Besonderen aus Sicht dieser Bank analysiert.

Um der letzten Fusionswelle und der aktuellen Finanzkrise Rechnung zu tragen, wurden für diese Studie 72 M&A-Transaktionen identifiziert und analysiert, die von JPM und ausgewählten Wettbewerbsbanken zwischen Januar 2003 und April 2009 initiiert wurden. Durch die Anwendung der Ereignisstudien-Methode werden die Ankündigungseffekte der Transaktionen vor und während der Krise ermittelt. JPM-Transaktionen vor der Krise zeigen gemischte Ergebnisse, die vorangegangene Studien bestätigen. Krisen-Transaktionen hingegen ergeben durchweg positive Resultate, auch wenn diese statistisch nicht signifikant sind. Wettbewerber auf der anderen Seite zeigen im Durchschnitt eine Tendenz zu negativen abnormalen Renditen bei Transaktionen vor der Krise und gemischte Ergebnisse für Transaktionen während der Krise.

Die Studie ist folgendermaßen aufgebaut: Im nächsten Abschnitt werden kurz die Gründe und Entwicklung der Subprime-Krise erläutert, die sich zu der Finanzkrise entwickelt hat. Ferner werden die daraus resultierenden negativen Konsequenzen für US-amerikanische Universalbanken beschrieben. Abschnitt 3 bildet die theoretische Grundlage der Studie und führt die entsprechenden Arbeitshypothesen auf. Überdies werden die angewandte Methode sowie die Datengenerierung dargestellt. Im Abschnitt 4 werden die Resultate der Ereignisstudie dargestellt. Die Studie wird in Abschnitt 5 zusammengefasst.

5.2 Von der Subprime-Hypothekenkrise zur Finanzkrise bis hin zur Bankkonsolidierung

5.2.1 Die Subprime-Hypothekenkrise und Risiken für Banken

Von 2003 an entwickelte sich in den USA eine spekulative Blase, die den einheimischen amerikanischen Häusermarkt und im Speziellen den Subprime-Hypothekenmarkt umfasste. Der Zusammenbruch dieser Märkte, der die derzeitige Finanzkrise verursachte, ist auf viele Faktoren zurückzuführen, wobei drei Kernaspekte als die Hauptursachen zu identifizieren sind.

Der erste Aspekt beschreibt die Tatsache, dass viele Investoren nach dem Platzen der Internetblase und den herrschenden Unsicherheiten nach dem Terroranschlag vom 11. September zu vermeintlich sicheren Anlagen wie Immobilien zurückkehrten, die aufgrund historisch niedrigen Zinsen sehr attraktiv waren. Zusätzliche Dynamik erfuhr der Immobilienmarkt durch das Programm "Public Policy Partnership for Affordable Housing[1], die durch die Bush-Regierung 2004 eingeführt wurde. Demzufolge wurde eine Hausse am Häusermarkt verursacht, welche alle sozialen Schichten umfasste und zwischen 2000 und 2006 ihren historischen Höchststand erreichte (Shiller (2007)). Gemäß des S&P/Case-Shiller Home Price Indexes erhöhten sich zu der Zeit die Häuserpreise um zweistellige Wachstumsraten und das Subprime-Segment wuchs von 150 Mrd. USD auf fast 700 Mrd. USD an. Der Anteil dieser risikobehafteten Kredite am gesamten Hypothekenmarkt stieg von 8% auf 23%, wohingegen sich auch das Volumen dieser Kredite kräftig erhöhte.

Diese massive Nachfrage an Hypotheken musste finanziert werden, was den zweiten Aspekt widerspiegelt. Normalerweise verkauften US-Banken in der Vergangenheit ihre Hypotheken an staatliche Hypothekenmonolithe, welche diese Hypotheken besicherten und in Bundeshypothekenfonds zusammenfassten. Größere Kapitalanforderungen und Bilanzkontrollen dieser Monolithe, die

---

1 Pressemitteilung des Weißen Hauses (2004), Präsident George W. Bush, "Increasing Affordable Housing and Expanding Home Ownership", 2. September 2004.

durch das Ministerium „Federal Housing Enterprise Oversight"[2] 2004 eingeführt wurden, versursachten jedoch bei Banken eine Verminderung ihrer Gewinne. Als Antwort darauf schufen Banken ihre eigenen Monolithe, und strukturierte Investmentvehikel und besicherte Schuldscheine (collateralized debt obligations (CDO)) entstanden. Infolgedessen vermehrten sich sogenannte private "residential mortgage-backed securities" (RMBS)[3] schlagartig und dienten als Finanzierungen für weitere Hypotheken des erst- und zweitklassigen Segments (first- und subprime). Die Standardisierung von Hypothekenprodukten (durch RMBS) und die Schaffung eines Sekundärmarkts stellten somit einen Zufluss sicher, durch welchen ständig die Gelder von Banken, anderen Finanzdienstleistern und (internationale) Investoren auf den Hypothekenmarkt fließen konnten (Blundell-Wignall, Atkinson & Lee (2008)).

Der dritte Aspekt betrachtet die Verfehlungen der Aufsichtsbehörden bezüglich Bankregulierung und die der Ratingagenturen. Diese Fehler wurden außerdem aufgrund des Versagens der hochkomplizierten Risikomanagementtechniken, die von Banken und anderen Finanzinstituten entwickelt wurden, verstärkt. Das Zusammenspiel der schnell wachsenden Anzahl von over-the-counter Derivaten und Aktien, der günstigen Bilanzierungsregelungen, die durch die Securities and Exchange Commission (SEC) und Financial Accounting Standards Board (FASB) verabschiedet wurden, erleichterte es Banken enorm, nicht registrierte Wertpapier aufzukaufen, neu zu bündeln und wiederzuverkaufen. Dieser Vorgang führte zu einem Zusammenfall an Sicherheit für das gesamte System (Whalen (2008)). Ratingagenturen unterschätzten obendrein das damit verbundene Risiko dieser strukturieren Finanzinstrumente ausnahmslos, und Banken verließen sich vollkommen auf ihre Risikobewertungsmodelle, die ebenfalls das tatsächliche Risiko komplett verkannt haben (Rakshit (2008)).

---

2 US-Aufsichtsbehörde für bestimmte Hypothekenfinanzierungsinstitute.

3 RMBS sind besicherte Anleihen, also durch Vermögenswerte (hier: private Wohnimmobilien) gesicherte Wertpapiere, deren Bargeldflüsse durch die Zins- und Tilgungszahlungen eines Pools von grundpfandrechtlich gesicherten Forderungen getragen werden.

5.2.2 Entwicklung der Subprime-Hypotheken- und Finanzkrise

Verursacht durch niedrige Zinsen und staatlicher Unterstützung pendelten sich die Hauspreise im Spätsommer 2005 auf ein sehr hohes Niveau ein. Dieser Boom endete jedoch Anfang 2006 jäh durch einen radikalen Preisverfall. Die Ursache hierfür war nicht der Hypothekenmarkt im Allgemeinen, sondern hauptsächlich das Subprime-Segment. Da in der Hochphase eine Immobilie mit Gewinn wieder verkauft werden konnte oder nachträglich erneut beliehen wurde, spielte die Kreditwürdigkeit des Schuldners nur eine geringe Rolle. Durch den Anstieg der Zinsen (2004: 1% vs. 2006: 5,25%) wurde allerdings eine Überprüfung jener Hypothekenkredite mit variablen Zinsen vorgenommen. Diese Überprüfung ergab höhere monatliche Zinszahlungen, die viele zweitrangige Schuldner nicht leisten konnten. Der Anteil an Zwangsvollstreckungen im Subprime-Segment verdoppelte sich innerhalb eines Jahres, und der Häusermarkt wurde mit Angeboten überschwemmt. Dieses Problem nahm exponentielle Ausmaße an, und mehrere Darlehensgeber wurden zahlungsunfähig. Trotz dieser bedenklichen Vorkommnisse waren die meisten Analysten der Meinung, dass diese Ausfälle das übrige Finanzsystem und den restlichen Immobiliensektor nicht wesentlich tangieren würden (IMF (2007)). Als jedoch im Juli 2007 Bear Stearns zwei ihrer Hedgefonds, welche in CDO investiert waren, als wertlos erklären musste, traf das Platzen dieser Blase die Marktteilnehmer vollkommen unerwartet (Creswell & Bajaj (2007)).

Der Handel mit strukturierten Finanzprodukten endete abrupt, was eine Kettenreaktion auslöste: Banken und Hedgefonds rund um den Globus versuchten, ihre CDO an nur sehr wenige Käufer zu verkaufen. Der Zusammenfall der CDO-Preise führte zu enormen Abschreibungen in den Büchern. Aufgrund der Angst vor Kreditausfällen und den unerwartet aufgekommenen Schwierigkeiten, aufgenommene Risiken an andere Marktteilnehmer weiterzugeben, waren Banken nicht mehr gewillt, sich gegenseitig Geld zu leihen. Das Eingreifen der weltweiten Zentralbanken beruhigte die nervösen Märkte nur sehr kurz. Die erhoffte Stabilisierung der Geldmärkte und Milderung von Liquiditätsengpässen konnte nicht erreicht werden. Der Zusammenfall der Märkte für festverzinsliche Wertpapiere griff auf die Aktienmärkte über und bedeutete das Ende der letzten M&A- und Wirtschaftshausse sowie einen enormen Anstieg des Goldpreises.

5.2.3 Auswirkungen auf US amerikanische Universalbanken – Die Stärke von JPM

Die Finanzkrise traf US-amerikanische Universalbanken sehr hart, in dem ihre kapitalschwachen Bilanzen, intensiven Verwicklungen in strukturierte Finanzprodukte sowie das veränderte Geschäftsmodell aufgedeckt wurden. Da Banken sich mehr und mehr einer Aktienkultur mit Fokus auf schnellere Gewinnentwicklung zuwendeten, war das vorangegangene Modell basierend auf Gewinnen aus Kreditmargen nicht mehr zeitgemäß. Die veränderte Strategie zielte darauf ab, Einkünfte, Kapitalrendite und Aktienkurs durch Gewinne aus Eigenhandel und Gebühren aus Verbriefungen zu steigern. Jedoch im gleichen Atemzug wurden die Banken gezwungen, höhere Risiken einzugehen und vorab Gewinne zu realisieren, die sich später als nicht existent erwiesen (Blundell-Wignall et al. (2008)). Durch den Zusammenbruch des CDO-Marktes wurde offensichtlich, dass viele Banken nicht mehr nachhaltig wirtschafteten, sondern nur noch kurzfristige Gewinne realisierten. Diese Behauptungen werden durch die jeweiligen Bilanzpositionen[4] in Tabelle 1 unterstrichen, die JPM als Gewinner und BofA und Citi als Krisenverlierer darstellt.

Gemäß ausgewählten Bilanzkennzahlen hebt JPM durch eine starke Eigenkapitalbasis ihre überdurchschnittliche Leistungsfähigkeit in der Krise hervor. Gemessen an der Bilanzsumme von 2008 ist JPM zum ersten Mal die größte US-amerikanische Universalbank, vor Citi und BofA, was auf zwei Akquisitionen von insolventen Banken zurückzuführen ist. Citi hingegen erlitt einen beträchtlichen Rückgang der Bilanzsumme von über 249,2 Mrd. USD und BofA, die 2008 ebenfalls zwei wichtige Marktteilnehmer übernommen hat, kann nur ein geringes Wachstum ihrer Bilanzsumme verzeichnen. Die anderen Banken in der Stichprobe verbuchen entweder einen signifikanten Anstieg ihrer Bilanzsumme, indem sie andere insolvente Banken aufgekauft haben (PNC; WF), oder sie weisen eine adäquate Zunahme durch internes Wachstum auf (Capital; Fifth Third; Sun).

Darüber hinaus lassen die Akquisitionen von durch die Krise in Schwierigkeit geratenen Banken ihre Spuren in den Bilanzen in Form eines Anstiegs an

4 Da diese Studie US-amerikanische Universalbanken, die nach den Selektionskriterien in Abschnitt 4.3 ausgewählt wurden, analysiert, werden nur die Bilanzdaten von Bank of America (BofA), Capital One Financial Corporation (Capital), Citigroup (Citi), Fifth Third Bancorp (Fifth Third), JP Morgan Chase & Co. (JPM), PNC Financial Services Group (PNC), SunTrust Banks (Sun) und Wells Fargo (WF) dargestellt.

Kundenkrediten. JPM, PNC und WF weisen hier die stärkste Steigerung auf. Capital, Citi, Fifth Third und Sun hingegen, die keine insolventen Banken gekauft haben, verzeichnen nur einen geringen absoluten Anstieg oder sogar eine Verringerung dieser Position. Im Hinblick auf die Eigenkapitalentwicklung der betrachteten Banken erleiden die meisten Banken eine Verminderung dieser wichtigen Kennzahl zwischen den Jahren 2007 und 2008 (BofA, Capital, Citi, Fifth Third und Sun). Insbesondere Citi's Eigenkapital verringerte sich um 35,4%. JPM, PNC und WF auf der anderen Seite konnten einen Zuwachs an Eigenkapital verzeichnen.

Nichtsdestotrotz fühlten sich alle Banken im Geschäftsjahr 2008 dazu veranlasst, ihre Kreditausfallrückstellungen nach oben zu korrigieren, da sie höhere Abschreibungen aus Hypothekenkrediten und Kreditkartenschulden erwarten. Fifth Third z.B. stellte für 2008 eine Summe zur Verfügung, welche die von 2007 um ca. 630% übersteigt. In absoluten Zahlen jedoch stellte Citi mit 33,7 Mrd. USD die höchste Summe zurück, gefolgt von BofA mit einer Rückstellungssumme von 26,8 Mrd. USD in 2008. Wenn man die Beziehung zwischen Eigenkapital und Kreditausfallrückstellungen betrachtet, wird abermals die Stärke von JPM erkennbar: Trotz des Anstiegs dieser Rückstellungen um 14,1 Mrd. USD ist es der Bank gelungen, ihr Eigenkapital um 9,5% zu erhöhen.

Betrachtet man die ausgewählten Positionen der Gewinn- und Verlustrechnung in Tabelle 2, kann das Handelsergebnis aus 2008 und teilweise aus 2007 als signifikanter Verlustbringer identifiziert werden, was abermals das Ausmaß der Finanzkrise verdeutlicht. Citi erleidet 2008 den höchsten Verlust von über 22,2 Mrd. USD, nachdem die Bank bereits 2007 ein negatives Handelsergebnis von 12,1 Mrd. USD zu verzeichnen hatte.

Des Weiteren ist das hohe negative Handelsergebnis zweimal so hoch wie das negative Resultat von JPM. Abschreibungen/Wertberichtigungen[5] zeichnen ein vergleichbares Bild:

5 Abschreibungen/Wertberichtigungen betragen für Capital weniger als 1 Mrd. USD. Aufgrund dessen werden diese nicht in der Datendank von Bloomberg aufgeführt.

Tabelle 1: Bilanzpositionen großer US amerikanischer Universalbanken

Überblick Banken		*Bilanzposititionen in Mrd. USD* 2005	2006	2007	2008	*Veränderungen in %* Δ 07/08
BofA	Aktiva	1.291,80	1.459,74	1.715,75	1.817,94	5,96
	Eigenkapital	101,26	132,42	142,39	139,35	-2,14
	Kundenkredite	573,79	706,49	910,77	962,90	5,72
	Kreditausfallrückstellungen	4,01	5,01	8,39	26,83	219,92
Capital	Aktiva	88,70	149,74	150,59	165,91	10,18
	Eigenkapital	14,13	25,24	24,29	23,52	-3,20
	Kundenkredite	59,85	106,95	102,12	101,09	-1,01
	Kreditausfallrückstellungen	1,49	1,48	2,64	5,10	93,48
Citi	Aktiva	1.494,04	1.884,32	2.187,63	1.938,47	-11,39
	Eigenkapital	111,41	118,78	113,60	73,36	-35,42
	Kundenkredite	583,50	679,19	777,99	694,22	-10,77
	Kreditausfallrückstellungen	7,93	6,74	17,42	33,67	93,26
Fifth Third	Aktiva	105,23	100,67	110,96	119,76	7,93
	Eigenkapital	9,44	10,01	9,15	7,84	-14,38
	Kundenkredite	71,23	75,50	84,58	85,60	1,20
	Kreditausfallrückstellungen	0,33	0,34	0,63	4,56	626,11
JPM	Aktiva	1.198,94	1.351,52	1.562,15	2.175,05	39,23
	Eigenkapital	107,07	115,79	123,22	134,95	9,51
	Kundenkredite	419,15	483,13	519,37	744,90	43,42
	Kreditausfallrückstellungen	3,48	3,27	6,86	20,98	205,64
PNC	Aktiva	91,95	101,82	138,92	291,08	109,53
	Eigenkapital	9,15	11,67	16,51	19,73	19,52
	Kundenkredite	51,55	52,47	72,25	179,86	148,95
	Kreditausfallrückstellungen	0,02	0,12	0,32	1,52	381,59
Sun	Aktiva	179,71	182,16	179,57	189,14	5,33
	Eigenkapital	16,89	17,31	17,55	17,17	-2,20
	Kundenkredite	128,25	133,24	131,17	131,03	-0,11
	Kreditausfallrückstellungen	0,18	0,26	0,66	2,47	272,12
WF	Aktiva	481,74	482,00	575,44	1.309,64	127,59
	Eigenkapital	40,68	45,90	47,66	71,54	50,10
	Kundenkredite	351,98	352,93	409,96	891,15	117,37
	Kreditausfallrückstellungen	2,38	2,20	4,94	15,98	223,53

Quelle: Eigene Darstellung; Fitch IBCA Bankscope.

Tabelle 2: Gewinn-/Verlustrechnungspositionen großer US amerikanischer Universalbanken

Überblick Banken		Gewinn-/Verlustrechnung Positionen in Mrd. USD 2005	2006	2007	2008	Veränderungen in % Δ 07/08
BofA	Zinsergebnis	30,72	34,57	34,25	44,09	28,72
	Handelsergebnis	1,81	3,17	-5,13	-5,91	15,20
	Gesamtbetriebskosten	32,28	39,80	44,99	67,42	49,87
	Abschreibungen/Wertberichtigungen	n.a.	n.a.	9,70	33,00	240,21
	Überschuss/Fehlbetrag	16,47	21,13	14,98	4,01	-73,25
Capital	Zinsergebnis	3,68	5,10	6,53	7,15	9,48
	Handelsergebnis	n.a.	n.a.	n.a.	n.a.	-
	Gesamtbetriebskosten	7,21	8,44	10,58	12,37	16,92
	Abschreibungen/Wertberichtigungen	n.a.	n.a.	n.a.	n.a.	-
	Überschuss/Fehlbetrag	1,81	2,41	1,57	-0,05	-102,93
Citi	Zinsergebnis	39,17	39,42	46,89	52,18	11,28
	Handelsergebnis	n.a.	n.a.	-12,08	-22,19	83,69
	Gesamtbetriebskosten	54,21	59,98	78,91	104,81	32,82
	Abschreibungen/Wertberichtigungen	n.a.	n.a.	23,80	64,30	170,17
	Überschuss/Fehlbetrag	24,59	21,54	3,62	-27,68	-865,39
Fifth Third	Zinsergebnis	2,96	2,87	3,01	3,45	14,59
	Handelsergebnis	n.a.	n.a.	n.a.	n.a.	-
	Gesamtbetriebskosten	3,26	3,40	3,94	9,12	131,63
	Abschreibungen/Wertberichtigungen	n.a.	n.a.	0,80	4,10	412,50
	Überschuss/Fehlbetrag	1,55	1,19	1,10	-2,11	-292,53
JPM	Zinsergebnis	19,82	21,24	26,41	38,11	44,30
	Handelsergebnis	5,86	10,35	9,02	-10,70	-218,68
	Gesamtbetriebskosten	39,03	41,25	48,36	64,05	32,44
	Abschreibungen/Wertberichtigungen	n.a.	n.a.	5,80	27,80	379,31
	Überschuss/Fehlbetrag	8,48	14,44	15,37	5,61	-63,52
PNC	Zinsergebnis	2,15	2,24	2,92	3,80	30,43
	Handelsergebnis	0,16	0,18	0,10	0,00	-100,00
	Gesamtbetriebskosten	4,35	4,57	4,61	5,95	28,97
	Abschreibungen/Wertberichtigungen	n.a.	n.a.	0,20	7,10	3450,00
	Überschuss/Fehlbetrag	1,33	2,60	1,47	0,88	-39,88
Sun	Zinsergebnis	4,58	4,65	4,69	4,57	-2,52
	Handelsergebnis	0,15	0,11	-0,36	0,04	-110,56
	Gesamtbetriebskosten	4,87	5,14	5,90	8,36	41,80
	Abschreibungen/Wertberichtigungen	n.a.	n.a.	0,90	5,20	477,78
	Überschuss/Fehlbetrag	1,99	2,12	1,63	0,80	-51,30
WF	Zinsergebnis	18,50	19,95	20,97	24,86	18,51
	Handelsergebnis	0,57	0,54	0,54	0,28	-49,45
	Gesamtbetriebskosten	21,40	22,95	27,76	38,64	39,18
	Abschreibungen/Wertberichtigungen	n.a.	n.a.	2,60	20,80	700,00
	Überschuss/Fehlbetrag	7,67	8,48	8,06	2,65	-67,05

Quelle: Eigene Darstellung; Fitch IBCA Bankscope; Bloomberg.

Nichtsdestotrotz verdeutlichen diese Zahlen das hohe Risiko, was unweigerlich mit diesen Zukäufen verbunden ist, und bringt die Frage auf, ob die jeweiligen Transaktionspreise für die Zukäufe berechtigt waren.

Beide Positionen, ein negatives Handelsergebnis sowie hohe Abschreibungen/ Wertberichtigungen, haben einen negativen Einfluss auf die Leistungsfähigkeit einer Bank. Sie verursachen 2008 einen riesigen Verlust in Höhe von 27,7 Mrd. USD für Citi trotz positivem Zinsergebnis. Entgegen negativem Handelsergebnis und hohen Abschreibungen zeigt sich JPM 2008 als positives Gegengewicht mit dem höchsten Jahresüberschuss von über 5,6 Mrd. USD von allen Banken in der Stichprobe. Unter Berücksichtigung, dass ein Jahresfehlbetrag eine Verminderung des Eigenkapitals nach sich zieht, ist es verständlich, dass die Mehrheit der betrachteten Banken einen Rückgang ihres Eigenkapitals zwischen 2007 und 2008 hinnehmen musste.

Zusammenfassend kann man festhalten, dass die Finanzkrise einen vergleichsweise geringeren Einfluss auf die Bilanz und Gewinn-/Verlustrechnung von JPM hatte als bei anderen Banken. Verschiedene Faktoren bilden die Grundlage für den Erfolg und die Stärke von JPM und begründen ihre herausragende Reputation, die vermutlich einen positiven Einfluss auf die Marktreaktionen ihrer M&A-Transkationen hat: JPM bildete keine SIV, fuhr bereits im Jahr 2006 ihr Engagement im Subprime-Segment zurück und baute nicht wie andere Banken das strukturierte Finanzgeschäft aus. Darüber hinaus gab JPM keine Optionen mit flexiblen Hypothekenzinsen heraus, die oft zur Zahlungsunfähigkeit des Schuldners führten. Obwohl diese Bank ein großer Marktteilnehmer im Asset-Backed-Securities-Markt war, vermied sie Investitionen in CDO, da die damit verbundenen Risiken als zu hoch betrachtet wurden. Des Weiteren zielte JPM immer auf eine hohe Eigenkapitalquote von rund 8% sowie ein hohes Level an Liquidität ab, um für unerwartete Vorkommnisse gewappnet zu sein (JPM Geschäftsbericht 2008).

5.3 Forschungshypothesen, Methodologie und Datenerfassung

5.3.1 Generierung der Hypothesen – Die Rolle von Timing bei M&A-Transaktionen

Wenn angenommen wird, dass Bankmanager im Interesse ihrer Anteilseigner handeln, sollten die Anteilseigner der kaufenden Bank eine zusätzliche Wertgenerierung durch M&A-Transaktionen erfahren. In effizienten Kapitalmärkten wird diese Wertgenerierung durch Übernahmeprämien, Synergiepotenziale sowie Effizienzgewinne durch Skaleneffekte in Form von abnormalen Aktienrenditen wiedergespiegelt (Chehab (2002)). Dessen ungeachtet kommen empirische Analysen jedoch zu einem anderen Ergebnis: Die meisten Studien über US-amerikanische Bankentransaktionen dokumentieren geringe, negative abnormale Renditen für Bieterbanken (z.B. Cornett et al. (2003); DeLong & DeYoung (2005); Houston & Ryngaert (1994); Kane (2000); Madura & Wiant (1994); Siems (1996); Toyne & Tripp (1998)).

Diese älteren Studien jedoch konzentrieren sich nicht auf die Rolle, welches Timing bei M&A-Transaktionen spielen kann, und nehmen keine Unterscheidung vor, ob die Akquisitionen während einer Hochphase oder einer Krise vorgenommen wurden. Diese Studie soll diese Forschungslücke schließen. Es wird daher angenommen, dass M&A-Transaktionen in der Krise unter anderen Umständen stattfinden verglichen zu jenen Akquisitionen, die sich in "normalen" Zeiten ereignen, was sich wiederum in unterschiedlichen Kapitalmarktreaktionen ausdrückt. In Krisenzeiten z.B. sind Akquisitionen eher opportunistisch motiviert, da Zielunternehmen aufgrund niedriger Marktbewertung und einer geringeren Anzahl an potenziellen Käufern günstiger sind. Obendrein neigen die Märkte bei negativen Nachrichten dazu überzureagieren während zur gleichen Zeit die gesamte Wirtschaft einen Abschwung erleidet.

Infolgedessen werden eine Reihe von Hypothesen für JPM abgeleitet, die weitaus geringer als vergleichbare Wettbewerber durch die Krise getroffen wurde und als eine der Gewinnerbanken in der Krise gilt:

- H1a Transaktionsankündigungen durch JPM während der letzten M&A-Welle haben durchschnittlich einen negativen, abnormalen Effekt auf den Aktienpreis der Bank gemäß früherer Studien.
- H1b Transaktionsankündigungen durch JPM während der Finanzkrise zeigen durchschnittlich positive, abnormale Renditen für die Anteilseigner der Bank, da JPM keinen Reputationsverlust durch die Krise erlitt und der Markt an wertgenerierende Krisentransaktionen glaubt.
- H1c Transaktionsankündigungen durch JPM im Allgemeinen – vor und während der Finanzkrise – führen zu durchschnittlich positiven, abnormalen Renditen für die Investoren der Bank, da im Durchschnitt die positiven, abnormalen Krisenrenditen die negativen abnormalen Renditen vor der Krise überbieten.

Da Wettbewerbsbanken von JPM weitaus mehr von der Finanzkrise betroffen sind, werden unterschiedliche Hypothesen für diese Banken abgeleitet:

- H2a Transaktionsankündigungen von Wettbewerbsbanken während der letzten M&A- Welle haben durchschnittlich einen negativen, abnormalen Effekt auf die Aktienpreise dieser Banken gemäß früherer Studien.
- H2b Transaktionsankündigungen von Wettbewerbsbanken während der Finanzkrise haben durchschnittlich einen negativen, abnormalen Effekt auf die Aktienpreise dieser Banken gemäß früherer Studien. Jedoch übertreffen sie die durchschnittlich negativen, abnormalen Renditen der Transaktionen aus der Hochphase signifikant, da diese Banken einen Reputationsverlust in der Krise erlitten und mit beträchtlichen internen Problemen zu kämpfen haben.
- H2c Transaktionsankündigungen von Wettbewerbsbanken im Allgemeinen – vor und während der Finanzkrise – führen zu durchschnittlich negativen, abnormalen Renditen für die Investoren dieser Banken gemäß früherer Studien.

Da M&A-Aktivitäten von einzelnen Banken nicht nur Auswirkungen auf sich selbst haben, sondern die gesamte Branche beeinflussen können, analysiert diese Studie darüber hinaus die Reaktionen von Banken auf M&A-Ankündigungen entsprechender Wettbewerber. Frühere empirische Analysen identifizierten positive Wertgenerierungen für Unternehmen, wenn ein Wettbewerber gekauft wurde (z.B. Akhigbe & Madura (1999); Eckbo (1983, 1985 und 1992); Song & Walkling (2000); Stillman (1983)).

Die hier betrachteten abnormalen Wettbewerbsrenditen werden durch Marktmacht, Effizienz und Akquisitionswahrscheinlichkeit beschrieben. Viele M&A-Strategien von Käufern haben als erklärtes Ziel, die eigene Marktmacht auszubauen. Da die Anzahl an Wettbewerbern zunehmend abnimmt und die Marktkonzentration durch M&A-Transaktionen immer mehr zunimmt, sind geheime Absprachen unter den Marktteilnehmern leichter durchzuführen (Stigler (1964)). Diese verstärkte Marktmacht führt bei fusionierten Unternehmen sowie den restlichen Wettbewerben zu einer Steigerung des Gewinns auf Kosten von Kunden und Lieferanten (Berger et al. (1999)). Infolgedessen haben solche Transaktionen positive Werteffekte auf Wettbewerber, da sie von der verstärkten Konzentration in der Branche profitieren (Eckbo (1983)). Der zweite Faktor, Effizienz, kann sowohl negative als auch positive Werteffekte auf Wettbewerbsunternehmen haben. Wenn durch M&A eine Effizienzsteigerung im fusionierten Unternehmen erreicht wird, hat dies zur Folge, dass das Geschäftsumfeld kompetitiver und es somit für Wettbewerber schwieriger wird, ihr heutiges Leistungslevel aufrechtzuerhalten. Dies führt zu einem Verlust von Marktanteilen sowie zu negativen abnormalen Renditen (Bohl, Havrylchyk & Schiereck (2004)). Wenn jedoch diese Effizienzsteigerung einen positiven Effekt auf Wettbewerber hat, sind positive abnormale Renditen zu erwarten (Eckbo (1983)). Wettbewerber können dann von Abstrahleffekten effizienterer Vergleichsunternehmen profitieren (Claessens, Demirgüç-Kunt & Huizinga (2001)). Des Weiteren können Ankündigungen von M&A-Transaktionen darauf hinweisen, dass eine branchenspezifische Ressource als werthaltig angesehen wird, was folglich die Akquisitionswahrscheinlichkeit von Wettbewerbern erhöht (Eckbo (1992)). Da Prämien für ein Zielunternehmen unabhängig von der tatsächlichen Realisierung von Synergiepotenzialen gezahlt werden, verursachen solche Akquisitionen meist einen Branchenschock, der in zusätzlichen Akquisitionen und somit zu positiven abnormalen Renditen für Wettbewerber mündet (Akhigbe & Madura (1999); Song & Walkling (2000)). Die Argumentation dieser drei Hauptfaktoren vermutet somit positive Wertgenerierungen für Wettbewerbsunternehmen im Allgemeinen.

- H3a Transaktionsankündigungen von Wettbewerbsbanken während der letzten M&A-Welle haben durchschnittlich einen positiven abnormalen Effekt auf den Aktienpreis von JPM gemäß früherer Studien.
- H3b Transaktionsankündigungen von Wettbewerbsbanken während der Finanzkrise führen zu durchschnittlich positiven abnormalen Renditen für JPM gemäß früherer Studien. Jedoch übersteigen sie die positiven Renditen aus Transaktionen vor der Krise, da besonders zwei Faktoren, Marktmacht und Effizienzabstrahlungseffekte, durch die Krise und Akquisitionen von wichtigen Marktteilnehmern verstärkt werden. Der Markt glaubt, dass JPM fähig ist, einen Vorteil aus den Zukäufen zu ziehen.
- H3c Transaktionsankündigungen von Wettbewerbsbanken im Allgemeingen – vor und während der Finanzkrise – führen durchschnittlich zu positiven abnormalen Renditen für die Investoren von JPM gemäß früherer Studien.

Zu guter Letzt wendet die Studie die beschriebenen Faktoren für Wettbewerbsbanken an, indem sie die Aktienmarktreaktionen auf die M&A-Ankündigungen von JPM analysiert:

- H4a Transaktionsankündigungen von JPM während der letzten Fusionswelle haben durchschnittlich einen positiven abnormalen Effekt auf die Aktienpreise von Wettbewerbsbanken gemäß früherer Studien.
- H4b Transaktionsankündigungen von JPM während der Finanzkrise führen zu durchschnittlich negativen abnormalen Renditen für Wettbewerbsbanken. Da JPM zwei große und wichtige Marktteilnehmer zu günstigen Transaktionspreisen gekauft hat, wird vermutet, dass die daraus resultierenden Effizienzgewinne für JPM einen negativen Effekt auf Wettbewerber haben und die positiven Effekte aus Marktmacht und Akquisitionswahrscheinlichkeit überlagern.
- H4c Transaktionsankündigungen von JPM im Allgemeingen – vor und während der Finanzkrise – führen durchschnittlich zu negativen abnormalen Renditen für die Investoren von Wettbewerbsbanken, da die positiven Renditen aus Transaktionen vor der Krise von den negativen Krisenrenditen überlagert werden.

5.3.2 Forschungsmethodologie

In dieser Analyse wird die weitverbreitete Methode der Ereignisstudie angewandt, um zu bewerten, ob sich abnormale Werteffekte für ausgewählte US-amerikanische Universalbanken aus ihren M&A-Transaktionen vor und während der aktuellen Finanzkrise abzeichnen (Brown & Warner (1985); Dodd & Warner (1983); Kothari & Warner (2007)). Im ersten Schritt werden die abnormalen Ankündigungseffekte von Akquisitionen hinsichtlich Wertgenerierung der Anteilseigner der kaufenden Bank ermittelt. In einem zweiten Schritt soll analysiert werden, welche Effekte diese Transaktionen auf jene Wettbewerbsbanken haben, welche keine Zukäufe getätigt haben. Die abnormalen Renditen werden durch den Marktmodell-Ansatz ermittelt:

$$AR_{jt} = R_{jt} - \hat{a}_j + \hat{a}_j R_{Mt}$$

OLS-Regressionen (Methode der kleinsten Quadrate) werden für jede individuelle Aktie über eine Schätzperiode von 150 Tagen durchgeführt, wobei die Aktie die abhängige und der entsprechende Marktindex die erklärende Variable darstellen, um den Achsenabschnitt $\hat{a}_j$ und die Steigung $\hat{\beta}_j$ der Regressionen zu ermitteln. Das Ereignisfenster umfasst 61 Tage: T = [-30;+30] Tage, wobei $t = 0$ den Tag der Ankündigung der Transaktion darstellt. Die abnormalen Renditen werden über verschiedene Ereignisfenster aufsummiert, z.B. [-1;+1], [-30;+30] etc., um die kumulierten abnormalen Renditen $CAR_{j[t_1;t_2]}$ für jede n-te Aktie in der Stichprobe zu berechnen:

$$CAR_{j[t_1;t_2]} = \sum_{t_1}^{t_2} AR_{jt}$$

Zum Schluss werden die $CAR_{j[t_1;t_2]}$ über die jeweiligen Aktien aggregiert und durch n Aktien dividiert, um die kumulierten durchschnittlichen abnormalen Renditen $CAAR_{[t_1;t_2]}$ der Gruppe zu ermitteln:

$$CAAR_{[t_1;t_2]} = \frac{1}{n}\sum_{j}^{n} CAR_{j[t_1;t_2]}$$

Um die statistische Signifikanz der beobachteten CAAR festzustellen, kommt die Studie den Empfehlungen von Harrington & David (2007) nach und wendet die Teststatistik von Boehmer, Musumeci & Poulsen (1991) an. Die erwarteten Renditen werden mit der entsprechenden Methode von Mikkelson & Partch (1988) standardisiert. Sie folgt einer studentischen T-Verteilung mit zwei Freiheitsgraden.

5.3.3 Datensample und M&A-Aktivitäten von US-amerikanischen Universalbanken

Da diese Studie M&A-Transaktionen der letzten Fusionswelle und der darauffolgenden Finanzkrise untersucht, fanden die hierfür relevanten Transaktionen zwischen Januar 2003 und April 2009 statt. Sie wurden mit Hilfe der Thompson Financial SDC Datenbank (Securities Data Company – M&A Database) identifiziert. Um das angegebene Datum der Ankündigungen zu verifizieren, wurde eine zusätzlich Presse-Recherche vorgenommen. Des Weiteren verwendet die Studie Datastream (auch ein Produkt von Thomson Financial), um die Rendite der einzelnen Aktien[6], Marktindices und Marktkapitalsierungen zu ermitteln.

---

6 Für die einzelnen Aktien und Marktindices verwendet die Studie den von Datastream ermittelten Return Index (RI). Dieser Index berücksichtigt u.a. Dividendenzahlung und Kapitalmaßnahmen und trägt somit den "total return" für die Investoren Rechnung.

Die jeweiligen Transaktionen wurden gemäß den folgenden Kriterien ausgewählt:

- Ankündigungen der Transaktionen zwischen dem 1. Januar 2003 und 30. April 2009.
- Identifikation der Bieter als US-amerikanische Universalbank mit vergleichbaren Geschäftsmodellen, einer Bilanzsumme von mindestens 100 Mrd. USD in 2008 sowie Aufnahme von mindestens 1 Mrd. USD aus TARP.[7]
- Durchführung von mindestens vier Transaktionen innerhalb der festgelegten Periode sowie mindestens eine Transaktion während der Krise.
- Börsennotierung in den USA für mindestens 180 Tage vor und 30 Tage nach Ankündigung der Transaktion.
- Klassifizierung der Zielunternehmen entsprechend des TF Mid Code entweder als "bank", "credit institution", "asset management", oder "brokerage".
- Nur Berücksichtigung von abgeschlossenen Transaktionen – Status der Transaktion als "completed" vermerkt.
- Erwerb der Anteilsmehrheit (>50%) am Zielunternehmen durch die Transaktion – Durchführung eines echten Wechsels der Verfügungsrechte über eine Gesellschaft.

Nach Anwendung dieser Kriterien wurden 72 M&A-Akquisitionen identifiziert, welche von acht Universalbanken aus den USA initiiert wurden.[8] Für diese Banken wird eine Ereignis- sowie Wettbewerbsstudie durchgeführt.

Tabelle 3 und Tabelle 4 geben eine Übersicht der M&A-Aktivitäten und der Transaktionswerte der Banken, untertcilt in die zwei Zeitabschnitte vor der Krise und in der Krise. Der Zeitabschnitt vor der Krise beschreibt die letzte Fusionswelle (2003–06/2007) und die Krise selbst startete Anfang Juli 2007 und dauert bis April 2009 an.[9]

---

7 Die Bieter sind gleichzeitig die Wettbewerbsbanken, welche sich aus acht Universalbanken zusammensetzen.

8 Im Besonderen ist das zweite Kriterium sehr wichtig, da es die Vergleichbarkeit der Banken untereinander gewährleistet und die Aussagekraft der Wettbewerberrenditen unterstreicht.

9 Da die Studie das Eingeständnis Bear Stearns, dass zwei ihrer Hedgefonds wertlos seien, als Startpunkt der Krise ansieht, wird die sechste Merger-Welle bis Juli 2007 ausge-

Wie man in Tabelle 3 gut erkennen kann, waren die großen US-amerikanischen Banken während der letzten Fusionswelle sehr aktive Teilnehmer im M&A-Markt. Den 57 identifizierten Transaktionen, welche die Konsolidierung in der Branche weit vorantrieb, stehen 15 Akquisitionen während der Krise gegenüber.

Tabelle 3: M&A-Aktivitäten von US amerikanischen Universalbanken

Überblick Banken	*Anzahl der Transaktionen*							
	N	*Vor der Krise*[a]	*In der Krise*[b]	*Ø N p.a.*	*Ø N vor der Krise p.a.*	*Ø N in der Krise p.a.*	*National*	*International*
BofA	10	8	2	1,58	1,78	1,09	10	-
Capital	5	4	1	0,79	0,89	0,55	4	1
Citi	20	17	3	3,16	3,78	1,64	10	10
Fifth Third	4	2	2	0,63	0,44	1,09	4	-
JPM	10	8	2	1,58	1,78	1,09	9	1
PNC	8	6	2	1,26	1,33	1,09	8	-
Sun	5	4	1	0,79	0,89	0,55	5	-
WF	10	8	2	1,58	1,78	1,09	10	-
Total	72	57	15	11,37	12,67	8,18	60	12
	100%	*79,2%*	*20,8%*	-	-	-	*83,3%*	*16,7%*

Quelle: Eigene Darstellung; Thomson Financial SDC.
[a]Daten vor der Krise beschreiben den Zeitabschnitt der letzten Merger-Welle, die sich von Beginn 2003 bis Ende Juni 2007 erstreckte.
[b]Daten in der Krise beschreiben den Zeitabschnitt, der im Juli 2007 mit dem Eingeständnis Bear Stearns begann, dass zwei ihrer Hedgefonds wertlos seien (Creswell & Bajaj (2007)) und bis heute andauert (April 2009).

Der Jahresdurchschnitt von Transaktionen vor der Krise liegt bei 12,7; der von Transaktionen in der Krise nur bei 8,2, was wiederum die intensive Aktivität vor der Krise hervorhebt. Citi war bei weitem die aggressivste Bieterbank mit 20 Transaktionen, gefolgt von BofA, JPM und WF mit "nur" jeweils zehn Akquisitionen. Dieses aggressive M&A-Vorgehen kann den derzeitigen Misserfolg von Citi erklären: Integrationen von 20 Finanzinstituten verlangt eine hohe Aufmerksamkeit und kontinuierliche Überwachung des Managements. Als Fol-

---

dehnt. Damals erwarteten die Marktteilnehmer zunächst, dass der Zusammenfall des amerikanischen Häusermarktes das restliche Finanzsystem nicht tangieren würde. Aus diesem Grund war das Ausmaß der Subprime-Krise überraschend, obwohl die Anzeichen der gewaltigen Krise schon im zweiten Halbjahr 2006 erkennbar waren.

ge leidet Citi extrem unter der Krise, da sie neben schwerwiegenden organisatorischen und operationellen Problemen gekaufte Unternehmen integrieren und gleichzeitig hohe Verluste durch ihre Verwicklung in strukturierte Finanzprodukte abfedern muss.

Tabelle 4 führt die Volumina der entsprechenden M&A-Transaktionen an. Jedoch muss angemerkt werden, dass nicht alle Transaktionsvolumina offengelegt wurden und somit das Ergebnis verzerrt ist. Insbesondere ist die angegebene US-Dollarsumme der Citi-Transaktionen zu niedrig, da neun von 20 Transaktionen keine Akquisitionsbeträge aufweisen. Nichtsdestotrotz zeigen die Zahlen, dass dem hohen Transaktionsvolumen vor der Krise mit 229,3 Mrd. USD ein niedriges Krisenvolumen von nur 78,6 Mrd. USD gegenübersteht.

Berücksichtigt man jedoch die unterschiedliche, zeitliche Dauer der zwei Periodenabschnitte ist das durchschnittliche Jahrestransaktionsvolumen in der Krise zweimal so hoch wie die jährliche Durchschnittssumme vor der Krise. Zwei Institute, welche für sich keinen Preisvorteil aus der Krise ziehen konnten, verursachen dieses Paradox: BofA und WF übten sehr teure Krisentransaktionen mit 52,9 Mrd. USD bzw. 15,1 Mrd. USD aus. Insbesondere die Transaktion von Merrill Lynch durch BofA von 47,8 Mrd. USD war sehr teuer, vor allem wenn man die hohen damit verbundenen Risiken, die rasch durchgeführte Due Diligence sowie den verringerten Marktwert Merrill Lynchs im Verhältnis zum gezahlten Transaktionspreis im Hinterkopf behält.

Ferner investierte BofA bereits die höchste Summe von 109,4 Mrd. USD während der letzten Fusionswelle im Vergleich zu allen anderen Stichprobenbanken. Im Gegensatz zu der Vergangenheit, in der die Bank eine konservativere Akquisitionspolitik pflegte und sich Zeit nahm, gekaufte Unternehmen sorgfältig zu integrieren, wurden in den letzten Jahren immer mehr Transaktionen zu immer höheren Preisen getätigt. In Krisenzeiten weitere, sogar insolvente Banken in den Gesamtkonzern einzufügen, verlangt zusätzlich hohe Aufmerksamkeit des Managements und trägt sehr hohe Risiken in sich (Karnitschnig, Mollenkamp & Fitzpatrick (2008)).

Tabelle 4: Transaktionsvolumen von US amerikanischen Universalbanken

	Anzahl der Transaktionen mit veröffentlichten Summen[a]			*Transaktionsvolumen in Mrd. USD*						
Überblick Banken	*N*	*Veröffentlicht vor der Krise*[b]	*Veröffentlicht in der Krise*[c]	*Total*	*Vor der Krise*	*In der Krise*	*Ø Vol.*	*Ø Vol. p.a.*	*Ø Vol. vor der Krise*	*Ø Vol. in der Krise*
BofA	6	4 (8)	2 (2)	162,28	109,37	52,91	27,05	4,27	6,08	14,43
Capital	5	4 (4)	1 (1)	20,83	20,31	0,52	4,17	0,66	1,13	0,28
Citi	9	8 (17)	1 (3)	15,16	14,48	0,68	1,68	0,27	0,40	0,37
Fifth Third	3	2 (2)	1 (2)	3,06	3,06	n.a.	1,02	0,16	0,34	n.a.
JPM	8	6 (8)	2 (2)	66,80	63,72	3,08	8,35	1,32	2,36	0,84
PNC	6	4 (6)	2 (2)	13,87	7,69	6,18	2,31	0,36	0,43	1,69
Sun	4	3 (4)	1 (1)	7,59	7,44	0,15	1,90	0,30	0,55	0,08
WF	6	5 (8)	1 (2)	18,36	3,25	15,11	3,06	0,48	0,14	8,24
Total	47	36 (57)	11 (15)	307,95	229,32	78,63	6,55	1,03	1,42	3,90

Quelle: Eigene Darstellung; Thomson Financial SDC.

[a]Zahlen in Klammern bilden die komplette Anzahl der Transaktionen des entsprechenden Zeitabschnitts ab.

[b]Daten vor der Krise beschreiben den Zeitabschnitt der letzten Merger-Welle, die sich von Beginn 2003 bis Ende Juni 2007 erstreckte.

[c]Daten in der Krise beschreiben den Zeitabschnitt, der im Juli 2007 mit dem Eingeständnis Bear Stearns be- gann, dass zwei ihrer Hedgefonds wertlos seien (Creswell & Bajaj (2007)) und bis heute andauert (April 2009).

Im Hinblick auf die Akquisitionsstrategie von JPM vollzog diese Bank vor der Krise Akquisitionen zu vernünftigen Preisen und kaufte zwei sehr wichtige Marktteilnehmer in der Krise zu niedrigen Preisen. Nur Capital, Citi und Sun bezahlten durchschnittlich in der Krise weniger. Jedoch waren ihre Investitionen nicht so bedeutend wie jene von JPM (Kauf von Bear Stearns und Washington Mutual). Verglichen mit dem tatsächlich gezahlten Kaufpreis waren diese Transaktionen eher "Geschenke" als richtige Akquisitionen. Aus diesem Grund lässt sich festhalten, dass JPM die Krise für ihre Expansion genutzt und opportunistisch wichtige Wettbewerber zu niedrigen Preisen gekauft hat. Außerdem zeigte JPM in der Vergangenheit kein abnormales aggressives M&A-Verhalten. Eine Aussage von JPM's Vorstandsvorsitzenden spiegelt dieses überlegte M&A-Verhalten perfekt wider: "our goal is to be the best not necessarily the biggest [...]. Ultimately, this is also the only real reason to do a merger – the client gets something better" (JPM Geschäftsbericht 2008, S.8).

5.4 Empirische Ergebnisse

5.4.1 Kurzfristige Werteffekte für JPM und Wettbwerbsbanken

Um ein umfassendes Bild der Wertgenierung für die amerikanische Bankenbranche durch M&A-Aktivitäten während der letzten Fusionswelle und der derzeitigen Finanzkrise zu erhalten, werden im ersten Schritt die kumulierten durchschnittlichen abnormalen Renditen für JPM ermittelt. Die entsprechenden Ergebnisse für JPM, die Finanzinstitute zwischen 2003 und heute gekauft hat, sind in Tabelle 5 aufgeführt.

Beginnend mit den Ergebnissen der acht Transaktionen vor der Finanzkrise (Panel I) wird Hypothese *H1a* teilweise bestätigt. Für drei Intervalle werden signifikant negative Werte aufgezeigt. Jedoch präsentieren zwei Ereignisfenster ([-20;+20]; [-1;+1]) signifikant positive Ergebnisse in Höhe von +0,27% bzw. +0,08%. Insgesamt gesehen stimmen diese gemischten Ergebnisse mit früheren US-amerikanischen Ereignisstudien über die Bankenbranche überein, die auch signifikant negative abnormale Renditen für Bieterbanken im Durchschnitt finden (z.B. Madura & Wiant (1994); Siems (1996); Kane (2000)). Ferner kann festgehalten werden, dass beide Ereignisfenster mit signifikant positiven CAAR, die Periode vor und nach der Ankündigung umfassen, wohingegen zwei der drei Ereignisfenster mit signifikant negativen CAAR nur die Periode am Tag der Ankündigung und danach einschließen ([0;+3]; [0;+30]). Dieses Muster kann dahingehend interpretiert werden, dass der Markt die Transaktionen von JPM vor der offiziellen Ankündigung als positiv bewertet und nach der Ankündigung in negative CAAR umschwenkt. Die negativen Bewertungen der Transaktionen von JPM am Tage der Ankündigung und die Zeit danach charakterisieren somit die Markteinschätzung, dass möglicherweise zu teure Übernahmeprämien gezahlt wurden und denkbare Synergieeffekte dadurch nicht mehr erreicht werden können.

Panel II von Tabelle 5 zeigt eine Übersicht der CAAR der Krisentransaktionen von JPM. Obwohl die Renditen aller Ereignisfenster positive Werte aufzeigen, kann Hypothese *H1b* nicht bestätigt werden, da diese nicht statistisch signifikant sind (dies ist bei einer Stichprobengröße von N = 2 jedoch nicht überraschend). Nichtsdestotrotz scheint der Markt aufgrund der durchweg positiven und hohen CAAR an die Fähigkeiten von JPM zu glauben, diese Transaktionen erfolgreich umzusetzen und die Marktmacht der Bank auszubauen. Nicht ohne Grund wurde das Management von JPM zweimal von der Notenbank aufgerufen, insolvente Banken zu kaufen, da sie eine starke Bilanz und eine überzeigende Leistungsfähig- und Beständigkeit in der Krise unter Beweis gestellt hat. Aktionäre scheinen diese Vorgänge als ein Gütesiegel für JPM anzusehen, deren Aktien konsequenter Weise mit positiven CAAR trotz der rasch durchgeführten Due Diligence und der damit verbundenen Risiken reagieren. JPM vereinigt dahingehend die Interessen der Aktionäre durch ihre M&A-Aktivitäten, da diese Bank für ihren starken Fokus auf wertgenerierende Akquisitionen durch schonungslose Kostenreduktion und Synergierealisierung in allen Geschäftsbereichen bekannt ist (Sidel (2008); vergleiche positive CAAR des Panels I).

Tabelle 5: CAAR von JPM

	Panel I: Transaktionen vor der Krise (N=8)			*Panel II: Transaktionen in der Krise (N=2)*			*Panel III: Alle Transaktionen (N=10)*		
Ereignisfenster	*CAAR (%)*	*z-Wert*	*Std.abw. (%)*	*CAAR (%)*	*z-Wert*	*Std.abw. (%)*	*CAAR (%)*	*z-Wert*	*Std.abw. (%)*
[-30;+30]	0,23	0,09	11,50	9,21	1,66	9,68	2,03	0,59	11,30
[-20;+20]	0,27 **	-0,04	9,67	9,02	4,26	5,92	2,02	0,58	9,50
[-5;+5]	-0,09 *	-0,09	2,86	11,09	5,11	6,82	2,15	1,10	5,81
[-3;+3]	0,26	0,53	1,91	9,70	6,55	1,55	2,15	1,62	4,35
[-1;+1]	0,08 *	-0,12	0,84	9,69	35,03	3,06	2,00	1,42	4,25
[0]	0,05	0,35	0,44	6,91	1,80	3,39	1,42	1,33	3,13
[0;+1]	-0,01	-0,20	1,01	9,21	12,85	2,28	1,84	1,31	4,06
[0;+3]	0,00 *	0,14	1,35	10,46	13,75	2,88	2,09	1,41	4,67
[0;+20]	0,05	0,14	4,43	12,36	23,27	4,43	2,51	1,25	6,66
[0;+30]	-0,47 *	-0,14	6,08	14,00	8,59	7,16	2,43	0,96	8,47

Quelle: Eigene Berechnungen; Return Index Daten – Thomson Financial DataStream.
Diese Tabelle zeigt die kumulierten, durchschnittlichen, abnormalen Renditen für JPM. Abnormale Renditen wurden durch den Gebrauch der OLS-Regression ermittelt. Die OLS-Parameter wurden durch eine Schätzperiode von 150 Handelstagen vor Beginn des Ereignisfensters [-30;+30] berechnet. Für den Marktindex wird der US Bankenindex herangezogen. Statistische Signifikanz wird durch den Test von Boehmer et al. (1991) ermittelt. Panel I beinhaltet die Transaktionen vor der Krise (N = 8), Panel II jene in der Krise (N = 2) und Panel III beinhaltet alle Transaktionen (N = 10).
***, **, * kennzeichnen die statistische Signifikanz für ein Niveau von 1%, 5% bzw. 10%.

Des Weiteren zeigen die durchschnittlich abnormalen Renditen aller zehn Transaktionen nur positive Werte. Somit werden die negativen CAAR der Transaktionen vor der Krise kompensiert und eine Wertgenerierung für die Aktionäre kann insgesamt angenommen werden (Panel III, Tabelle 5).

Aufgrund der Abwesenheit von statistischer Signifikanz auf allen definierten Niveaus kann jedoch Hypothese *H1c* nicht bestätigt werden. Die ermittelten CAAR der 49 Transaktionen vor der Krise zeigen für die Wettbewerbsbanken bei allen Ereignisfenstern ausschließlich negative Ergebnisse auf (Panel I, Tabelle 6). Diese negativen Renditen erstrecken sich von -0,6% für das Intervall [-3;+3] bis zu -1,4% für das Ereignisfenster [-30;+30] und weisen somit negativere Werte als jene für die Anteilseigner von JPM im gleichen Zeitraum auf. Da jedoch die Ergebnisse der Wettbewerbsbanken gemäß des entsprechenden Signifikantests nicht aussagekräftig sind, wird Hypothese *H2a* nicht bestätigt. Es gibt daher keinen Beweis, ob Aktionäre der kaufenden Wettbewerbsbanken aufgrund dieser M&A-Transaktionen eine Wertgenerierung oder -vernichtung erfahren.

Tabelle 6: CAAR von Wettbewerbsbanken

	Panel I: Transaktionen vor der Krise (N=49)			*Panel II: Transaktionen in der Krise (N=13)*			*Panel III: Alle Transaktionen (N=62)*		
Ereignisfenster	*CAAR (%)*	*z-Wert*	*Std.abw. (%)*	*CAAR (%)*	*z-Wert*	*Std.abw. (%)*	*CAAR (%)*	*z-Wert*	*Std.abw. (%)*
[-30;+30]	-1,40	-1,54	4,84	-3,82	-2,09	9,88	-1,92	-2,38	6,23
[-20;+20]	-1,26	-1,59	4,25	-1,08	-1,13	9,36	-1,22	-1,97	5,63
[-5;+5]	-0,70	-1,40	3,13	-1,40	-1,52	5,53	-0,85	-1,98	3,72
[-3;+3]	-0,56	-1,58	2,59	-1,26	-1,02	6,10	-0,71	-1,90	3,57
[-1;+1]	-0,84	-2,46	2,31	0,34	-0,38	4,27	-0,59	-2,31	2,84
[0]	-0,75	-2,13	2,24	-0,50	-1,08	4,40	-0,70	-2,39	2,80
[0;+1]	-0,78	-1,96	2,56	0,02	-0,61	4,17	-0,61	-2,03	2,95
[0;+3]	-0,60	-1,54	2,54	0,29	-0,46	6,66	-0,41	-1,52	3,75
[0;+20]	-0,92	-1,61	3,36	-1,05	-0,93	8,68	-0,95	-1,86	4,89
[0;+30]	-0,94	-1,37	3,76	-1,48	-1,10	9,13	-1,06	-1,76	5,27

Quelle: Eigene Berechnungen; Return Index Daten – Thomson Financial DataStream.
Diese Tabelle zeigt die kumulierten, durchschnittlichen, abnormalen Renditen der Wettbewerbsbanken. Abnormale Renditen wurden durch den Gebrauch der OLS-Regression ermittelt. Die OLS-Parameter wurden durch eine Schätzperiode von 150 Handelstagen vor Beginn des Ereignisfensters [-30;+30] berechnet. Für den Marktindex wird der US Bankenindex herangezogen. Statistische Signifikanz wird durch den Test von Boehmer et al. (1991) ermittelt. Panel I beinhaltet die Transaktionen vor der Krise (N = 49), Panel II jene in der Krise (N = 13) und Panel III beinhaltet alle Transaktionen (N = 62).
***, **, * kennzeichnen die statistische Signifikanz für ein Niveau von 1%, 5% bzw. 10%.

Des Weiteren bestätigt sich auch Hypothese *H2b* nicht, da CAAR der 13 Krisentransaktionen positive sowie auch negative Werte aufzeigen (Panel II, Tabelle 6). Jedoch belegt keiner dieser Werte eine statische Signifikanz. Die Marktteilnehmer scheinen die Bieterbanken nicht mit negativen Renditen abzustrafen, wenn diese trotz hoher Abschreibungen, geringerem Gewinn oder sogar Verlust, Managementfehlern und schlechter Reputation Finanzinstitute während der Krise aufkaufen. Die ausgewiesenen positiven Ergebnisse in Panel II vermitteln sogar den Eindruck, dass einige Banken positive durchschnittliche abnormale Renditen generieren, welche die negativen Ergebnisse von anderen Banken kompensieren. Da *H2a* und *H2b* nicht bestätigt werden, bewahrheitet sich als

Konsequenz auch Hypothese *H2c* nicht, obwohl alle 62 Transaktionen negative Renditen nachweisen (Panel III, Tabelle 6).

Um die Reaktionen von Banken auf Transaktionen von Wettbewerbsbanken festzustellen, berücksichtigt die Studie im Folgenden nur Transaktionen innerhalb der USA. Somit wird die Vergleichbarkeit der Ergebnisse mit anderen Studien sowie die Aussagekraft der drei definierten Faktoren Marktmacht, Effizienz und Akquisitionswahrscheinlichkeit gewahrt. Aus diesem Grund werden internationale Transaktionen von Citi (10 Transaktionen), Capital (1 Transaktion) sowie JPM (1 Transaktion) in der Wettbewerbsanalyse nicht berücksichtigt.

Panel I in Tabelle 7 gibt eine Übersicht der negativen CAAR von JPM auf die Transaktionen von Wettbewerbsbanken vor der Krise. Da positive, abnormale Renditen vermutet wurden, führen diese Erkenntnisse zu der Ablehnung von Hypothese *H3a.* Aus diesem Grund bestätigen die Reaktionen von JPM auf die 40 Transaktionen von Wettbewerbsbanken nicht die Ergebnisse früherer Studien (z.B. Eckbo (1985); Song & Walkling (2000); Stillman (1983)). In den vergangenen Jahren jedoch verschob sich die Sichtweise wissenschaftlicher Untersuchungen von verschiedenen Industrien hin zur Erforschung von einzelnen ausgewählten Branchen innerhalb einer Studie. Diese Analysen von Einzelbranchen ergaben empirische Evidenzen von negativen abnormalen Renditen für die jeweiligen Wettbewerbsunternehmen (Akdoğu (2003); Akhigbe & Martin (2002)). Die Ergebnisse dieser Studie bestätigen somit die neueren Analysen, da die Durchschnittsrenditen für das Drei-Tage-Ereignisfenster [-1;+1] -0,03% und für das Zwei-Tage-Ereignisfenster [0;+1] -0,08% mit einer statistischen Signifikanz von 10% bzw. 5% betragen.

Die Aktionäre von JPM erfahren durch die Transaktionen von Wettbewerbern somit eine geringe Wertvernichtung. Die Reaktionen von JPM auf die Krisentranskationen von Wettbewerben zeigen zwei signifikant positive CAAR (Panel II, Tabelle 7), die Hypothese *H3b* bestätigen. Da sich viele wichtige Marktteilnehmer durch die Krise gezwungen sahen, sich zum Verkauf anzubieten (was ohne die Finanzkrise wahrscheinlich nie passiert wäre), wurde die Marktkonzentration in der amerikanischen Bankenbranche verschärft, die Marktmacht der übrigen Finanzinstitute erhöht und somit die Effizienz der gesamten Industrie verbessert. Diese Folgen drücken sich entsprechend in den positiven Resultaten für JPM aus. Hinsichtlich aller 51 Transaktionen von Wettbewerbsbanken sieht sich Hypothese *H3c* nicht bestätigt, da die entsprechenden CAAR für JPM durchweg negative Werte aufzeigen (Panel II, Tabelle 7). Die positiven Ergebnisse der Krisentransaktionen werden von den negativen Werten der Akquisitionen vor der Krise kompensiert.

Tabelle 7: CAAR von JPM gemäß Transaktionen durch Wettbewerbsbanken

	Panel I: Transaktionen vor der Krise (N=40)			*Panel II: Transaktionen in der Krise (N=11)*			*Panel III: Alle Transaktionen (N=51)*		
Ereignisfenster	*CAAR (%)*	*z-Wert*	*Std.abw. (%)*	*CAAR (%)*	*z-Wert*	*Std.abw. (%)*	*CAAR (%)*	*z-Wert*	*Std.abw. (%)*
[-30;+30]	-1,79	-1,27	6,64	3,31	0,87	8,76	-0,69	-0,36	7,36
[-20;+20]	-1,54	-1,46	5,06	3,30	1,15	8,27	-0,50	-0,44	6,14
[-5;+5]	-0,64	-1,09	2,19	1,84	0,67	6,74	-0,10	-0,41	3,72
[-3;+3]	-0,48	-0,56	2,16	0,19 *	0,11	3,64	-0,33	-0,45	2,52
[-1;+1]	-0,03 *	0,09	1,10	0,01	-0,65	1,83	-0,02	-0,17	1,27
[0]	-0,05	-0,15	0,67	-0,74	-2,34	1,23	-0,20	-1,11	0,86
[0;+1]	-0,08 **	-0,02	0,92	-0,47	-1,03	2,59	-0,16	-0,56	1,42
[0;+3]	-0,31	-0,39	1,52	-0,46	-0,46	3,48	-0,34	-0,58	2,06
[0;+20]	-1,06	-1,37	3,28	0,35 *	0,10	3,99	-0,63	-0,80	4,39
[0;+30]	-1,31	-1,61	3,82	1,38	0,67	5,47	-0,73	-0,80	4,32

Quelle: Eigene Berechnungen; Return Index Daten – Thomson Financial DataStream.
Diese Tabelle zeigt die kumulierten, durchschnittlichen, abnormalen Renditen von JPM auf die Transaktionen von Wettbewerbsbanken. Abnormale Renditen wurden durch den Gebrauch der OLS-Regression ermittelt. Die OLS-Parameter wurden durch eine Schätzperiode von 150 Handelstagen vor Beginn des Ereignisfensters [-30;+30] berechnet. Für den Marktindex wird der US Bankenindex herangezogen. Statistische Signifikanz wird durch den Test von Boehmer et al. (1991) ermittelt. Panel I beinhaltet die Transaktionen der Wettbewerbsbanken vor der Krise auf JPM (N = 40), Panel II jene in der Krise auf JPM (N = 11) und Panel III beinhaltet alle Transaktionen von Wettbewerbsbanken auf JPM (N = 51).
***, **, * kennzeichnen die statistische Signifikanz für ein Niveau von 1%, 5% bzw. 10%.

Diese Ergebnisse führen zu der Interpretation, dass die gesamten Transaktionen der Wettbewerbsbanken einen negativen Effekt auf die Wertgenerierung von JPM haben, da diese Akquisitionen womöglich zu einer Effizienzsteigerung bei den fusionierten Unternehmen geführt hat, es jedoch zu keinen positiven Abstrahlungseffekten für JPM gekommen ist. Die Ergebnisse in (Panel III Tabelle 7) bestätigen wie die in Panel I die negativen Ergebnisse von Akdoğu (2003) und Akhigbe & Martin (2002).

Tabelle 8: CAAR von Wettbewerbsbanken gemäß Transaktionen durch JPM

	Panel I: Transaktionen vor der Krise (N=49)			Panel II: Transaktionen in der Krise (N=14)			Panel III: Alle Transaktionen (N=63)		
Ereignisfenster	CAAR (%)	z-Wert	Std.abw. (%)	CAAR (%)	z-Wert	Std.abw. (%)	CAAR (%)	z-Wert	Std.abw. (%)
[-30;+30]	-0,93	-1,36	6,64	-0,38	-0,39	11,41	-0,81	-1,35	7,84
[-20;+20]	-0,57	-1,57	7,25	-1,22	-0,65	11,38	-0,72	-1,65	8,24
[-5;+5]	-0,75	-1,89	3,46	-2,92	-0,49	13,34	-1,24	-1,59	6,89
[-3;+3]	-0,36	-1,43	2,28	-1,46 **	0,02	10,68	-0,61	-0,99	5,31
[-1;+1]	-0,35	-1,84	1,37	-1,78	-1,15	3,66	-0,67	-2,18	2,15
[0]	-0,19	-2,30	0,73	-2,18	-2,49	2,80	-0,63	-3,24	1,66
[0;+1]	-0,23	-1,57	1,21	-2,03	-1,52	3,38	-0,63	-2,18	2,02
[0;+3]	-0,06	-0,38	1,72	-3,33	-0,79	10,05	-0,79	-0,84	5,04
[0;+20]	0,04	-0,83	4,39	-4,53	-1,62	0,03	-0,98	-1,69	5,92
[0;+30]	-0,02	-0,73	4,79	-4,31	-1,08	11,65	-0,97	-1,28	7,03

Quelle: Eigene Berechnungen; Return Index Daten – Thomson Financial DataStream.
Diese Tabelle zeigt die kumulierten, durchschnittlichen, abnormalen Renditen der Wettbewerbsbanken auf die Transaktionen durch JPM. Abnormale Renditen wurden durch den Gebrauch der OLS-Regression ermittelt. Die OLS-Parameter wurden durch eine Schätzperiode von 150 Handelstagen vor Beginn des Ereignisfensters [-30;+30] berechnet. Für den Marktindex wird der US Bankenindex herangezogen. Statistische Signifikanz wird durch den Test von Boehmer et al. (1991) ermittelt. Panel I beinhaltet die Transaktionen durch JPM vor der Krise auf Wettbewerbsbanken (N = 49), Panel II jene in der Krise auf Wettbewerbsbanken (N = 14) und Panel III beinhaltet alle Transaktionen durch JPM auf Wettbewerbsbanken (N = 63).
***, **, * kennzeichnen die statistische Signifikanz für ein Niveau von 1%, 5% bzw. 10%.

Hypothese *H4a* kann durch die kumulierten durchschnittlichen abnormalen Renditen der Wettbewerbsbanken auf Reaktion von Transaktionen durch JPM vor der Krise nicht verifiziert werden, da diese über alle Ereignisfenster negative Ergebnisse aufweisen (Panel I, Tabelle 8). Wie für Hypothese *H4a* bestätigen diese Ergebnisse nicht die Erkenntnisse von Song & Walkling (2000) oder Stillman (1983), jedoch stimmen sie mit den Resultaten von Akdoğu (2003) und Akhigbe & Martin (2002) überein. Allerdings ist die Aussagekraft dieser negativen Renditen aufgrund des Fehlens der statistischen Signifikanz beschränkt. Nichtsdestotrotz beweisen sie eine Tendenz, dass der Kapitalmarkt die Transaktionen von JPM als eine potenzielle Bedrohung für Wettbewerbsbanken ansieht.

Die Ergebnisse von (Panel II, Tabelle 8) bestätigen Hypothese *H4b*, da die Renditen der Krisentransaktionen negativer als jene von Transaktionen vor der Krise sind. Darüber hinaus verstärkt das Ereignisfenster [-3;+3] mit einem statistisch signifikanten Wert von -1,5% die Gültigkeit dieser Hypothese. Der Markt scheint die zwei Krisentransaktionen von JPM als eine zukünftige Bedrohung der Wettbewerbsfähigkeit von Wettbewerbsbanken anzusehen, da JPM zwei sehr wichtige Marktteilnehmer zu sehr geringen Akquisitionspreisen gekauft hat. Aus diesem Grund überlagern die negativen Werte eines heranwachsenden, übermächtigen Marktteilnehmers, wie JPM es werden könnte, die positiven Effekte aus Marktmarkt für die gesamte Bankenbranche, Akquisitionswahrscheinlichkeit und Effizienzsteigerung. Zu guter letzt wird Hypothese *H4c* nicht durch entsprechende Ergebnisse der abnormalen Renditen von Wettbewerbsbanken bestätigt, da sie für alle M&A-Transaktionen von JPM nicht signifikant sind (Panel III, Tabelle 8).

5.5 Zusammenfassung

Für diese Studie wurde ein Datensample von 72 M&A-Transaktionen von US amerikanischen Universalbanken erstellt, welches die letzte Fusionswelle und die derzeitige Finanzkrise umfasst. Die Analyse trägt zusätzliche Ergebnisse zu der bereits bestehenden Forschung über M&A-Akquisitionen in der amerikanischen Bankenlandschaft bei, indem sie die Effekte von Transaktionsankündigungen der letzten M&A-Welle mit jenen aus der Krise vergleicht. Hierbei wird im speziellen der Einfluss des Timings von solchen Transaktionen beobachtet. Da sich JPM als ein Krisengewinner auf Basis von überzeugenden Finanzkennzahlen herauskristallisiert hat, wurden für diese Studie entsprechende Hypothesen für JPM und deren Wettbewerbsbanken abgeleitet.

Die Ergebnisse der Transaktionen von JPM vor der Krise stimmen mit jenen von früheren Analysen überein und bestätigen die Hypothese, dass Aktionäre von JPM im Durchschnitt negative, abnormale Renditen, sprich eine Wertvernichtung aufgrund dieser Transaktionen, erfahren. Die vergleichbaren Ergebnisse von Wettbewerbsbanken lassen keine einheitliche Interpretation zu. Obwohl die Renditen für Anteilseigner von JPM in der Krise hohe positive Werte ergeben, validieren sie aufgrund der fehlenden Signifikanz nicht die getroffene Annahme. Die kumulierten durchschnittlichen abnormalen Renditen der Wettbewerbsbanken aus Krisentransaktionen spiegeln wiederum nur gemischte Ergebnisse ohne statistische Signifikanz wider. Bei Betrachtung der Transaktionen von Wettbewerbsbanen, bei denen nur insolvente Banken gekauft wurden, ergeben sich jedoch signifikant positive CAAR.

Hinsichtlich der Effekte auf Wettbewerber analysiert die Studie negative, abnormale Renditen für JPM hervorgerufen durch Transaktionen der Wettbewerbsbanken vor der Krise. Die entsprechenden Renditen für Wettbewerbsbanken weisen das gleiche Vorzeichen auf. Die Effekte für JPM, hervorgerufen durch die Transaktionen von Wettbewerbsbanken in der Krise, bestätigt die abgeleitete Hypothese, da diese Akquisitionen signifikant positive Werte für JPM aufweisen. Diese Transaktionen haben somit einen positiven Effekt auf die Wertgenerierung der Anteilseigner von JPM. Die Ergebnisse von Wettbewerbsbanken auf die Krisentransaktionen von JPM bestätigen wiederum ebenfalls die getroffene Annahme, indem sie signifikant negative Werte aufweisen. Die Interpretation diese Resultate jedoch ist eine andere, da die negativen Werte eine Wertvernichtung für die Anteilseigner der Wettbewerbsbanken signalisieren.

Zusammenfassend lässt sich sagen, dass diese Studie die Wahrnehmung des Aktienmarkts hinsichtlich M&A-Transaktionen innerhalb der Bankenbranche in Zeiten einer Hochkonjunktur und einer Krise quantifiziert. Sie wird im speziellen anhand einer Bank, die von dieser Krise profitiert, und Wettbewerbsbanken, die unter ihr leiden, durchgeführt. Die Ergebnisse bestätigen die angenommene Wertgenerierung für eine leistungsfähige Bank wie JPM, die aufgrund ihres nachhaltigen Geschäftsmodells durch den Aktienmarkt mit durchschnittlich positiven abnormalen Renditen belohnt wird. Andere Banken können aus diesem Grund viel von JPM lernen, welche sich als eine Bank mit starkem Bezug zu ihrem Kerngeschäft und einer nachhaltigen Strategie, Gewinne zu erwirtschaften, darstellt.

5.6 Referenzen

Akdoğu, E. (2003). Gaining a Competitive Edge Through Acquisitions: Evidence from the Telecom Industry. Working Paper, Washington University, St. Louis.

Akhigbe, A., Madura, J. (1999). The Industry Effects Regarding the Probability of Takeovers. The Financial Review, 34(3), 1–17.

Akhigbe, A., Martin, A. D. (2002). Do Microsoft Acquisitions Benefit the Computer Industry? Financial Analysts Journal, 58(4), 19–27.

Andrade, G., Mitchell, M., Stafford, E. (2001). New Evidence and Perspectives on Mergers. Journal of Economic Perspectives, 15(2), 103–120.

Berger, A. N., Demsetz, R. S., Strahan, P. E. (1999). The Consolidation of the Financial Services Industry: Causes, Consequences, and Implications for the Future. Journal of Banking & Finance, 23(2-4), 135–194.

Blundell-Wignall, A., Atkinson, P., Lee, S. H. (2008). The Current Financial Crisis: Causes and Policy Issues. Abgerufen am 12. August 2009, von der OECD Internetseite: http://www.oecd.org/dataoecd/47/26/41942872.pdf.

Boehmer, E., Musumeci, J., Poulsen, A. B. (1991). Event-study methodology under conditions of event induced variance. Journal of Financial Economics, 30(2), 253–272.

Bohl, M. T., Havrylchyk, O., Schiereck, D. (2004). Foreign Acquisitions and Industry Wealth Effects of Privatization: Evidence from the Polish Banking Industry. Working Paper, Europa Universität, Viadrina Frankfurt (Oder).

Brown, S. J., Warner, J. B. (1985). Using Daily Stock Returns: The Case of Event Studies. Journal of Financial Economics, 14(1), 3–31.

Chehab, A. (2002). Market Reaction to Large Bank Merger Announcements in Oligopolies. Journal of Economics and Finance, 26(1), 63–76.

Claessens, S., Demirgüç-Kunt, A., Huizinga, H. (2001). How does foreign entry effect domestic banking markets? Journal of Banking & Finance, 25(5), 891–911.

Cornett, M. M., De, S. (1991). Common Stock Returns in Corporate Takeover Bids: Evidence from Interstate Bank Mergers. Journal of Banking & Finance, 15(2), 273–295.

Cornett, M. M., Hovakimian, G., Palia, D., Tehranian, H. (2003). The impact of the manager-shareholder conflict on acquiring bank returns. Journal of Banking & Finance, 27(1), 103–131.

Creswell, J., Bajaj, V. (2007). $3.2 Billion Move by Bear Stearns to Rescue Fund, 23. Juli 2007. The New York Times. Abgerufen am 23. August 2009, von http://www. nytimes.com/2007/06/23/business/23bond.html.

Dash, E. (2009). Citigroup Reports Big Loss and a Breakup Plan, 16. Januar 2009. The New York Times. Abgerufen am 16. Oktober 2009, von http://www.nytimes.com/ 2009/01/17/business/17citi.html?_r=1.

DeLong, G. L., DeYoung, R. (2005). Learning by Observing: Information Spillovers in the Execution and Valuation of Commercial Bank M&As. Working Paper No. 2004-17, Federal Reserve Bank of Chicago.

Dodd, P., Warner, J. B. (1983). On corporate governance: A study of proxy contests. Journal of Financial Economics, 11(1-4), 401–439.

Eckbo, B. E. (1983). Horizontal Mergers, Collusion, and Stockholder Wealth. Journal of Financial Economics, 11(1), 241–273.

Eckbo, B. E. (1985). Mergers and the Market Concentration Doctrine: Evidence from the Capital Market. Journal of Business, 58(3), 325–349.

Eckbo, B. E. (1992). Mergers and the Value of Antitrust Deterrence. The Journal of Finance, 47(3), 1005–1029.

Fitzpatrick, D., Roth, A., Enrich, D. (2008). With WaWith Wachovia Sale Looking Likely, A Makeover for Charlotte, U.S. Banking, 29. September 2008. The Wall Street Journal. Abgerufen am 28. April 2009, von http://online.wsj.com/article/SB 122264672505784021.html.

Gaughan, P. A. (2002). Mergers, Acquisitions, and Corporate Restructurings (3rd ed.). New York: John Wiley & Sons.

Harper, C., Torres, C. (2008). Goldman, Morgan Stanley Bring Down Curtain on an Era, 22. September 2008. Bloomberg. Abgerufen am 30. Mai 2009, von http://www. bloomberg.com/apps/news?pid=20601068.

Harrington, S. E., David, D. G. (2007). All Events Induce Variance: Analyzing Abnormal Returns When Effects Vary across Firms. Journal of Financial & Quantitative Analysis, 42(3), 229–256.

Houston, J. F., Ryngaert, M. D. (1994). The overall gains from large bank mergers. Journal of Banking & Finance, 18(6), 1155–1176.

Hudgins, S. C., Seifert, B. (1996). Stockholder Returns and International Acquisitions of Financial Firms: An Emphasis on Banking. Journal of Financial Services Research, 10(2), 163–180.

International Monetary Fund (IMF) (2007). Global Financial Stability Report, April 2007.

JPMorgan Chase Co. (2008). Annual Report 2008. Abgerufen am 18. August 2009, von http://investor.shareholder.com/jpmorganchase/annual.cfm.

Kane, E. J. (2000). Incentives for Banking Megamergers: What Motives Might Regulators Infer from Event-Study Evidence? Journal of Money, Credit, and Banking, 32(3), 671–701.

Karnitschnig, M., Mollenkamp, C., Fitzpatrick, D. (2008). Bank of America to Buy Merrill, 15. September 2008. The Wall Street Journal. Abgerufen am September 10, 2009, von http://online.wsj.com/article/SB1221422 78543033525.html.

Kothari, S. P., Warner, J. B. (2007). Econometrics of Event Studies. In B. E. Eckbo (Ed.), Handbook of Corporate Finance: Empirical Corporate Finance, Volume A (S. 3–37). North-Holland.

Lahart, J. (2007). Egg Cracks Differ in Housing, Finance Shells, 24. Dezember 2007. The Wall Street Journal. Abgerufen am 16. Juli 2009, von http://online.wsj.com/article/SB119845906460548071.html?mod=google news_wsj.

Levy, A., Hester, E. (2008). JPMorgan Buys WaMu Deposits; Regulators Seize Thrift, 26. September 2008. Bloomberg. Abgerufen am 12. August 2009, von http://www. bloomberg.com/apps/news?pid=20601087&sid=aWxl iUXHsOoA&refer=home.

Madura, J., Wiant, K. J. (1994). Long-Term Valuation Effects of Bank Acquisitions. Journal of Banking & Finance, 18(6), 1135–1154.

Mikkelson, W. H., Partch, M. M. (1988). Withdrawn Security Offerings. Journal of Financial and Quantitative Analysis, 23(2), 119–133.

Rakshit, M. (2008). The Subprime Crisis. ICRA Bulletin on Money & Finance, 29 (May 2008), 75–124.

Shiller, R. J. (2007). Understanding Recent Trends in House Prices and Home Ownership. Jackson Hole Symposium, Kansas City Fed, 1–41.

Sidel, R. (2008). How J.P. Morgan Does "Merger in Reverse" - Fast Work to Absorb Bear Stearns Comes After Hurried Deal, The Wall Street Journal, 24. Mai 2008. Abgerufen am 9. Juli 2007, von: http://www.shareholder-forum.com/BSC/Library/20080524_ WSJ.htm.

Siems, T. F. (1996). Bank Mergers and Shareholder Wealth: Evidence from 1995's Megamerger Deals. Financial Industry Studies of the Federal Reserve Bank of Dallas, 1–12.

Song, M. H., Walkling, R. A. (2000). Abnormal Returns to Rivals of Acquisition Targets: A Test of the 'Acquisition Probability Hypothesis'. Journal of Financial Economics, 55(2), 143–171.
Stigler, G. J. (1964). A Theory of Oligopoly. The Journal of Political Economy, 72(1), 44–61.
Stillman, R. (1983). Examining Antitrust Policy Towards Horizontal Mergers. Journal of Financial Economics, 11(1), 225–240.
Toyne, M. F., Tripp, J. D. (1998). Interstate Bank Mergers and Their Impact on Shareholder Returns: Evidence from the 1990s. Quarterly Journal of Business and Economics, 37(4), 48–58.
Whalen, R. C. (2008). The Subprime Crisis - Cause, Effect and Consequences. Working Paper, Networks Financial Institute, Indiana State University, USA.

6 Der M&A-Erfolg der Deutschen Bank: Eine Empirische Analyse mit Besonderem Fokus auf Sal. Oppenheim

Malte Raudszus und Prof. Dr. Dirk Schiereck

6.1 Einleitung

Getrieben durch veränderte Rahmenbedingungen im politischen, wirtschaftlichen und technologischen Umfeld befindet sich der europäische Bankensektor seit Mitte der 1980er Jahre in einem Umbruch. Als Reaktion auf die vielfältigen Veränderungen lässt sich in nahezu allen europäischen Ländern ein ausgeprägter Konsolidierungsprozess erkennen, der sich zunächst bis zum Beginn des Börseneinbruchs im Jahr 1999 kontinuierlich verstärkte. Das M&A-Transaktionsvolumen im europäischen Bankensektor stieg zwischen 1990 und 1999 um etwa 23% pro Jahr an. Die Zahl selbständiger Banken in Europa hat sich zwischen 1985 und 2002 primär durch M&A um fast 40% von 12.679 auf 7.756 reduziert.[1] Nach einer Phase mit geringen Transaktionsvolumina nahm die M&A-Aktivität ab 2002 erneut stark zu und verzeichnete im Jahr 2007 einen weiteren Höhepunkt, ehe die aktuelle Finanzkrise den europäischen Bankensektor traf und den Konsolidierungsprozess bremste.

Die dargestellten Entwicklungen unterstreichen die große Bedeutung von M&A im europäischen Bankensektor sowie für den deutschen Branchenprimus Deutsche Bank AG. Die hohe Anzahl der durchgeführten M&A-Transaktionen besagt jedoch nicht, inwiefern und unter welchen Bedingungen sie einen ökonomischen Mehrwert geschaffen haben. Trotz der aufgezeigten Evidenz sind bislang nur wenige Untersuchungen zum Erfolg von M&A im europäischen Bankensektor verfügbar. Im Gegensatz zu den USA, wo Bank-Fusionen schon seit längerem im Detail untersucht werden, sind die ersten Studien mit Fokus auf den europäischen Bankensektor erst in den letzten Jahren erschienen. Darüber hinaus stehen die empirischen Ergebnisse zum Erfolg von Banken-Zusammenschlüssen im Widerspruch zur dynamischen Entwicklung der M&A-Transaktionen während der letzten Jahre: „Laut umfangreichen Forschungsergebnissen, vornehmlich aus den USA, schaffen M&A-Transaktionen im Ban-

1 Vgl. Beitel & Schiereck (2003), S. 501; Lorenz (2006), S. 1.

kensektor keinen Wert für die Aktionäre akquirierender Unternehmen. Im Gegenteil stellen einige Studien sogar signifikant negative Kapitalmarktreaktionen auf die Ankündigung von M&A-Transaktionen fest."[2] Vor dem Hintergrund teilweise auch widersprüchlicher Ergebnisse zum M&A-Erfolg sowie zu der geringen Anzahl empirischer Belege erscheint eine detaillierte Analyse des M&A-Erfolgs der Deutschen Bank und ihrer Wettbewerber sowie der zugrunde liegenden Erfolgsdeterminanten vielversprechend. Im Rahmen dieser Arbeit erfolgt eine kapitalmarktorientierte Betrachtung des M&A-Erfolgs der Deutschen Bank sowie ihrer nationalen und internationalen Wettbewerber. Maßstab für den Erfolg einer M&A-Transaktion ist hierbei der ökonomische Erfolg aus Sicht der Aktionäre, der an der realisierten Wertschaffung in Form einer entsprechenden Steigerung des Unternehmenswertes durch die Transaktion gemessen wird. Dabei soll neben einer übergreifenden Erfolgsbeurteilung der Transaktionen der Deutschen Bank und ihrer Wettbewerber die aktuelle Übernahme der Privatbank Sal. Oppenheim als Fallbeispiel näher beleuchtet werden. Zudem werden Ergebnisunterschiede in Abhängigkeit von spezifischen Eigenschaften der Käufer- und Zielunternehmen, von transaktionsspezifischen Kriterien sowie von makroökonomischen Faktoren identifiziert. Auf diese Weise können die Erkenntnisse vorliegender Studien um aktuelle Erkenntnisse zu M&A-Erfolg während der jüngsten Übernahmewelle sowie der aktuellen Finanzkrise erweitert werden.

Dieser Aufsatz gliedert sich in fünf Teile: Auf die Einleitung folgt im zweiten Teil, dem Literaturüberblick, eine Darlegung der theoretischen Basis. Im Vordergrund stehen die Konsolidierung im europäischen Banksektor sowie ihre wesentlichen Ursachen. Es folgt eine Zusammenfassung des aktuellen Stands der empirischen Forschung zum Erfolg von M&A im Bankensektor. Eine Detailbetrachtung der Entwicklung der Deutschen Bank AG rundet Teil zwei ab. Der dritte Teil gibt eine Übersicht zu den identifizierten Stichproben und der methodischen Vorgehensweise. Die Ergebnisse der Arbeit werden in Teil vier präsentiert. Einleitend werden Charakteristika ausgewählter Transaktionen der Deutschen Bank mit besonderem Fokus auf Sal. Oppenheim erörtert. Es folgen die kurzfristigen Ankündigungseffekte auf M&A-Ankündigungen der Deutschen Bank und ihrer Wettbewerber, woran sich eine Analyse der Determinanten, die die identifizierten Werteffekte treiben, anschließt. Die Ergebnisse der

---

2 Die Ergebnisse dieser kapitalmarktorientierten Erfolgsmessung werden zudem von weiteren Studien gestützt, die infolge von M&A-Transaktionen ebenfalls keine signifikanten Performanceverbesserungen feststellen. Vgl. z.B. Beitel (2002), oder Beitel & Schiereck (2003).

multivariaten Regressionsanalyse zu Werteffekttreibern schließen den Teil ab. Teil fünf des Aufsatzes fasst die Erkenntnisse zusammen und diskutiert Implikationen.

6.2 Literaturüberblick

6.2.1 Konsolidierung in der Bankenbranche

Die hohe Konsolidierungsdynamik im europäischen Bankensektor seit Mitte der 1980er Jahre wurde bereits erwähnt. Im Anschluss an die große Baisse an den Kapitalmärkten im Jahr 2000 fiel jedoch insbesondere das Transaktionsvolumen wieder stark ab. Ab dem Jahr 2002/03 erholten sich die Kapitalmärkte und im Einklang damit stieg auch die M&A-Aktivität im Bankensektor wieder kontinuierlich an. Im Jahr 2007 lag das Transaktionsvolumen europäischer Banken bei mehr als 260 Mrd. USD und hatte einen Anteil von ungefähr zwei Dritteln am weltweiten Transaktionsvolumen. Ab dem Jahr 2008 zeigten sich die ersten Auswirkungen der sich entwickelnden Finanzkrise und das Transaktionsvolumen sank wieder deutlich, dieses Mal sogar bis auf das Niveau der frühen 1990er Jahre.

Die verstärkte M&A-Aktivität der letzten Jahre lässt sich auf verschiedene Einflussfaktoren zurückführen.[3] Die Deregulierungsmaßnahmen der EU während den letzten beiden Jahrzehnten werden häufig an erster Stelle als Treiber für den Konsolidierungsprozess genannt. Verschiedene Studien belegen den Einfluss der Deregulierung eines Marktes auf Übernahmeaktivitäten. Mit Fokus auf 51 Industrien im Zeitraum von 1982 bis 1989 finden beispielsweise Mitchell und Mulherin (2000) Belege dafür, dass ein Großteil der M&A-Aktivität durch das Auftreten spezifischer Schocks, zu denen sie insbesondere Deregulierungsmaßnahmen zählen, erklärt werden kann. Andrade, Mitchell und Stafford (2001), die die branchenübergreifende M&A-Aktivität in den 1990er Jahre untersuchen, belegen, dass Deregulierungen für fast die Hälfte der M&A-Aktivität verantwortlich sind.[4]

Die Einführung des Euro als gemeinsame europäische Währung hat die Konsolidierungswelle im europäischen Bankenmarkt ebenfalls weiter vorange-

---

3 Vgl. hierzu insbesondere Lorenz (2006), S. 42-49; Mußhoff (2008), S. 62-75; Beitel (2002), S. 49-59.

4 Vgl. Mitchell & Mulherin (1996), S. 212-216 sowie Andrade et al. (2001), S. 104.

trieben. Langfristig ist mit fallenden Kosten für grenzüberschreitende Finanztransaktionen zu rechnen, was auch den Wettbewerb um private und mittelständische Kunden erhöhen wird. Vorteile lokaler Banken fallen weg und europaweit sind die angebotenen Konditionen sowie die beste Performance ausschlaggebend.[5] Um ihre Marktposition trotz des erhöhten Wettbewerbs-drucks zu behaupten, können Banken den dargestellten Entwicklungen mit Übernahmen anderer Institute begegnen.[6]

Der weitreichende technologische Wandel der letzten beiden Jahrzehnte, insbesondere in der Informations- und Kommunikationstechnologie, hat die Produkte und internen Prozesse der Banken sowie die Beziehung zu ihren Kunden wesentlich verbessert. Durch die extrem hohen Fixkosten für die notwendige Infrastruktur steigt jedoch die Bedeutung von Skaleneffekten im Banksektor deutlich.[7]

Die fortschreitende Globalisierung der Weltwirtschaft bedingt, dass Bankdienstleistungen vermehrt grenzüberschreitend erbracht werden müssen. Gerade der Vertrieb komplexerer Produkte, insbesondere im Bereich Investment Banking, verlangt, dass die Banken global vertreten sind. M&A ist dabei häufig der einzige Weg, um schnell extern wachsen zu können und lokales Know-how zu erwerben.[8]

6.2.2 Stand der Forschung zum Erfolg von Banken-M&A

Eine erste Übersicht zu grundlegenden Ergebnissen kapitalmarktbasierter Studien zu M&A im Bankensektor geben Beitel und Schiereck (2003), die Auswertung von 48 Studien vorstellen, von denen die meisten ihren Fokus auf dem US-Bankenmarkt haben.[9] Insgesamt kommen 13 Studien zu einem positiven Gesamtergebnis für alle beteiligten Aktionärsgruppen aber nur fünf Studien identifizieren einen Mehrwert für die Aktionäre der Käuferbanken. Zusammenfassend kommen Beitel und Schiereck (2003) zu dem Schluss, dass in der Mehrzahl der M&A-Transaktionen im Bankensektor kein Wert für Käuferbanken geschaffen wird. Die Aktionäre der gekauften Banken erfahren jedoch im Allgemeinen ei-

5 Vgl. Gardener et al. (1998), S. 93f.; Brabänder (2006), S. 139; Dermine (2002), S. 8.
6 Vgl. Lorenz (2006), S. 44; Davidson et al. (1998), S. 73.
7 So veranschlagte bspw. die Deutsche Bank für die Jahre 2000 und 2001 ein technologiebezogenes Investitionsvolumen von ca. 1 Mrd. EUR. Vgl. Beitel (2002), S. 51.
8 Vgl. Lorenz (2006), S. 48.
9 Vgl. Beitel & Schiereck (2003), S. 506-509.

nen deutlichen Wertzuwachs und auch aus Sicht der gemeinsamen Einheit des Käufer- und Zielunternehmens wird ein Mehrwert geschaffen.[10]

In der Literatur betrachtet man mehr als 50 Erfolgsdeterminanten für die Wertschaffung durch M&A. Einige Kerndeterminanten, die im Rahmen dieser Arbeit auftreten, werden näher erläutert. Die Performance der beteiligten Unternehmen vor der Transaktion wird in einer Reihe von Studien als Erfolgsdeterminante untersucht. Zum einen wird argumentiert, dass eine hohe Managementqualität einer Käuferbank mit guter Performance auf das Zielunternehmen übertragen werden kann und so zu einer positiven Entwicklung beider Unternehmen führt.[11] Die zweite Sichtweise unterstellt im Gegensatz dazu, dass sich bei unprofitablen Käufern leichter Synergiepotenziale realisieren lassen, da sie aufgrund ihrer wirtschaftlichen Lage zu deren Realisierung gezwungen sind.[12] Ein Großteil der bestehenden Studien stützt die zweite Argumentation und stellt fest, dass M&A kurzfristig erfolgreicher ist, wenn die Käuferbanken im Vergleich zum Branchendurchschnitt schlechte Performer sind.[13]

Auch die Kapitalmarktbewertung als Spiegel der erwarteten Performance der beteiligten Unternehmen kann die Bewertung des M&A-Erfolgs beeinflussen.[14] Zunächst wird argumentiert, dass eine hohe Kapitalmarktbewertung des Käufers Zeichen eines guten Managements ist, was nach den oben skizzierten Zusammenhängen zu einer positiveren Bewertung der Übernahme führt. Analog kann eine niedrige Kapitalmarktbewertung des Targets auf ein ineffizientes Management schließen lassen, wodurch ein hohes Wertsteigerungspotenzial und somit eine positivere Bewertung der Transaktion vermutet werden kann. Konträr dazu lässt eine niedrige Kapitalmarktbewertung der Käuferbank auf ein höheres Restrukturierungs- und Optimierungspotenzial schließen, was ebenfalls in einer besseren Bewertung resultieren sollte.[15]

---

10 Vgl. Beitel & Schiereck (2003), S. 507 für eine detaillierte Übersicht der Ergebnisse aller Studien.

11 Vgl. Beitel et al. (2004), S. 113; DeLong (2003), S. 11.

12 Vgl. Morck et al. (1990), S. 33; Akhavein et al. (1997), S. 119; Madura & Wiant (1994), S. 1147f.

13 Vgl. z.B. Akhavein et al. (1997), S. 123; DeLong (2003), S. 19; Madura & Wiant (1994), S. 1150ff.; Berger & Mester (1997), S. 936. Vgl. auch Lorenz (2006), S. 132f. für gegensätzliche Ergebnisse.

14 Vgl. Lorenz (2006), S. 116.

15 Vgl. Lorenz (2006), S. 116; Madura & Wiant (1994), S. 1147.

Der Faktor Größe beeinflusst in erheblichem Maß die Möglichkeit, durch eine Transaktion Synergien und Skaleneffekte zu realisieren. Dass sich die Obergrenze für positive Skaleneffekte, auch als optimale Betriebsgröße bezeichnet, deutlich erhöht hat, weist auf ein gestiegenes Synergiepotenzial für große M&A-Transaktionen hin.[16] Auf der anderen Seite sind die im Rahmen der Übernahme zu erwartenden Skaleneffekte für kleinere Käufer- und Zielunternehmen relativ gesehen größer. Zudem ist die Integration weniger aufwendig.[17] Während mehrere Studien zu dem Ergebnis kommen, dass Übernahmen von größeren Targets negative Auswirkungen auf den Erfolg der Transaktion haben, existieren ebenfalls zahlreiche Studien, die das Gegenteil belegen.[18]

Der geographische Fokus einer Transaktion, national oder grenzüberschreitend, wurde umfassend hinsichtlich seines Einflusses auf den Erfolg einer Transaktion untersucht.[19] Für eine positivere Bewertung von grenzüberschreitenden Transaktionen sprechen zunächst größere Diversifikationseffekte.[20] Darüber hinaus ermöglichen grenzüberschreitende Transaktionen einen schnellen Marktzutritt und somit eine zügige Verbreiterung der Kundenbasis und den Erwerb zukünftiger Wachstumspotenziale.[21] Bei nationalen Übernahmen ist hingegen durch die bestehenden Überlappungen von einem höheren Synergiepotenzial auszugehen.[22] Demgegenüber lassen sich Synergiepotenziale bei grenzüberschreitenden Transaktionen aufgrund von kulturellen, sprachlichen und rechtlichen Differenzen vermutlich nur auf einem niedrigeren Niveau realisieren.[23]

Operative Synergien in Form von Skalen- und Verbundeffekten lassen sich besser zwischen Partnern der gleichen Branche und Wertschöpfungsstufe heben,

---

16 Vgl. DeLong (2003), S. 12; Berger & Mester (1997), S. 928.

17 Vgl. Tourani-Rad & van Beek (1999), S. 534; Beitel & Schiereck (2001), S. 23.

18 Vgl. Karceski et al. (2005), S. 2060ff.; Cybo-Ottone & Murgia (2000), S. 851 und Mußhoff (2008), S. 301f. für eine negative Korrelation zwischen Transaktionserfolg und Größe des Targets sowie Piloff (1996), S. 307f. und DeLong (2001), S. 249f. für gegenteilige Belege.

19 Vgl. insbesondere Amihud et al. (2002) für eine umfassende Studie über die Auswirkungen von grenzüberschreitenden Bank-Übernahmen auf das Risiko und den Wert der beteiligten Banken.

20 Vgl. Amihud et al. (2002), S. 857f.; Beitel (2002), S. 136; Beitel & Schiereck (2001), S. 16.

21 Vgl. Mußhoff (2008), S. 27.

22 Vgl. Beitel et al. (2004), S. 112; Mußhoff (2008), S. 282; Cybo-Ottone & Murgia (2000), S. 834.

23 Vgl. Lorenz (2006), S. 49; Seth et al. (2002), S. 924; Amihud et al. (2002), S. 858.

womit auch der operative Fokus einer Transaktion als Erfolgsdeterminante nachvollziehbar ist.[24] Eine höhere Marktmacht, die in erster Linie durch eine Erhöhung des Marktanteils erzielt werden kann, ermöglicht einem Unternehmen die Menge der abgesetzten Produkte und Dienstleistungen sowie den Preis und andere Wettbewerbsparameter zum eigenen Vorteil zu kontrollieren.[25] Die Annahme, dass somit horizontale Transaktionen im Durchschnitt erfolgreicher sind als andere Transaktionsrichtungen, wird durch eine Reihe von Forschungsergebnissen bestätigt.[26]

6.2.3 Die Deutsche Bank AG

Während des Untersuchungszeitraums dieser Arbeit von 1989 bis 2009 stand die Entwicklung der Deutschen Bank weitgehend im Zeichen der fortschreitenden Globalisierung. Im Jahr 1989 übernahm die Deutsche Bank zunächst für 2,6 Mrd. DM (rund 1,5 Mrd. USD) die britische Merchant Bank Morgan Grenfell Group aus London, mit der der Einstieg in das globale Kapitalmarktgeschäft gelingen sollte. Nach der deutschen Wiedervereinigung gelang ihr Ende 1990 die Übernahme der Deutschen Kreditbank der DDR. 1993 folgten die Akquisitionen der Banco de Madrid S.A. und der Banca Popolare die Lecco SpA, die ihren Schwerpunkt im Privatkundengeschäft hatten. 1998 wurden die Übernahmen der belgischen Filialen der französischen Crédit Lyonnais und von Bankers Trust, mit der der Durchbruch im amerikanischen Kapitalmarktgeschäft gelingen sollte, angekündigt. Mit einem Transaktionswert von ca. 9 Mrd. USD ist die Übernahme von Bankers Trust bis heute die größte Transaktion der Deutschen Bank.[27] Bis zum Jahr 2000 wurden zudem neue Filialen in Rio de Janeiro, Belo Horizonte, Prag, Zagreb und Kalkutta eröffnet. Am 3. Oktober 2001 wurde die Aktie der Deutsche Bank auch am New York Stock Exchange aufgenommen. Weitere wesentliche Transaktionen, die im Rahmen dieser Arbeit noch näher beleuchtet werden, waren in den letzten Jahren die Übernahme der Berliner

---

24 Vgl. auch Beitel (2002), S. 134; DeLong (2003), S. 10; Houston & Ryngaert (1994), S. 1164.

25 Vgl. Akhavein et al. (1997), S. 102; DeLong (2003), S. 15; Piloff & Sanotmero (2007), S. 7.

26 Vgl. z.b. DeLong (2001), S. 236; Piloff (1996), S. 307; Houston & Ryngaert (1994), S. 1169 oder Beitel & Schiereck (2001), S. 16f.

27 Für eine umfassende Darstellung der Übernahme des Bankers Trust siehe Kobrak (2008), S. 331ff.

Bank AG (2006), der Norisbank AG (2006), der Sal. Oppenheim jr. & Cie KGaA (2009) sowie der Erwerb eines Anteils an der Postbank AG (2008).

Auf dem deutschen Inlandsmarkt besitzt die Deutsche Bank seit den 1990er Jahren ihre Marktstellung als führendes Bankinstitut.[28] Keine andere Bank in Deutschland konnte in der Vergangenheit ein so engmaschiges Netz in der deutschen Industrie knüpfen.[29] Während der aktuellen Finanzkrise war die Deutsche Bank eine der wenigen Banken, die keine Staatshilfen benötigte und bereits 2009 wieder einen Nachsteuergewinn von fünf Milliarden Euro auswies.[30] Im Zins- und Devisengeschäft wird die Deutsche Bank auch heute noch zu den international erfolgreichsten Banken gezählt.[31] Auch im Privatkundengeschäft gelang es ihr sich in den letzten Jahren zumindest im deutschen Markt erfolgreich zu positionieren. Ein entscheidender Anteil daran wird den Übernahmen der Berliner Bank und der Norisbank zugesprochen, die ähnlich der Übernahme von Sal. Oppenheim näher zu erläutern sind. Die zu forcierende Internationalität der Deutschen Bank, die sich beispielsweise durch ihre ausbaufähige Marktposition in den USA zeigt, beschreibt eines der primären Handlungsfelder für die Zukunft.

6.3 Stichproben und Untersuchungsmethodik

6.3.1 Auswahl der Stichproben

Die M&A-Transaktionen der Deutschen Bank und ihrer Wettbewerber im Zeitraum vom 01.01.1989 bis zum 31.12.2009 wurden mit Hilfe der Thomson Financial SDC Datenbank identifiziert. Die Daten zur Markt- und Aktienperformance wurden von der Finanzdatenbank Datastream bezogen. Die für die nachfolgende empirische Untersuchung identifizierten M&A-Transaktionen müssen die folgenden Kriterien erfüllen:

- Die Käuferbank ist die Deutsche Bank AG oder einer ihrer in Deutschland, Europa, den USA oder Asien ansässigen Wettbewerber. Alle einbe-

28 Vgl. Hiller von Gaertringen (2006), S. 59.

29 Vgl. Hiller von Gaertringen (2006), S. 17f. sowie die Ausführungen im vorangegangenen Kapitel.

30 Vgl. Deutsche Bank (2010), S. 51.

31 Vgl. hierzu und zu den nachfolgenden Einschätzung Hiller von Gaertringen (2006), S. 88-93 sowie Deutsche Bank (2010).

zogenen Wettbewerber sind börsennotiert und mit einem Standard Industrial Classification (SIC) Code von 6000 (Banks) oder, im Falle von US-Unternehmen, 6021 (National Commercial Banks) oder 6022 (State Commercial Banks) klassifiziert;

- die Aktienkursinformationen sind für den Zeitraum von 210 Handelstagen vor bis zu 10 Tagen nach der jeweiligen betrachteten Transaktion verfügbar;
- im Zeitraum von 10 Handelstagen vor der Transaktion bis 10 Tage danach kündigte die jeweilige Käuferbank nur die betrachtete Transaktion an;
- die Transaktion ist abgeschlossen;
- das Transaktionsvolumen überschreitet 1 Million USD.

Insgesamt erfüllen 41 Transaktionen der Deutschen Bank, 40 Transaktionen der nationalen Wettbewerber, 339 Transaktionen der europäischen Wettbewerber sowie 281 Transaktionen der US-amerikanischen Wettbewerber und 42 Transaktionen asiatischer Banken diese Kriterien.

Für die Deutsche Bank wurden für den Untersuchungszeitraum von 1989 bis 2009 insgesamt 41 Transaktionen mit einem Transaktionsvolumen von rund 27 Mrd. USD für die nachfolgende empirische Untersuchung identifiziert. 16 der Zielunternehmen aus dieser Stichprobe waren ebenfalls börsennotiert und können für die nachfolgende kapitalmarktorientierte Analyse mit ihren Kursdaten ebenfalls herangezogen werden. Rund ein Viertel der Transaktionen fand auf nationaler Ebene statt. Insgesamt 31 der 41 Transaktionen mit einem Volumen von knapp 20 Mrd. USD waren grenzüberschreitend. Die Zahl der horizontalen Transaktionen liegt bei 15. Alle anderen Transaktionen zielten hingegen auf Unternehmen ab, deren Kerngeschäfte vertikal oder lateral zur Wertschöpfungskette der Deutschen Bank liegen. Die meisten Transaktionen der Stichprobe fanden zu den Boomzeiten des M&A-Marktes zwischen 2000 und 2006 statt (5 Transaktionen pro Jahr). Tabelle 1 zeigt die zehn größten Transaktionen der Deutschen Bank in der Stichprobe sowie ihren Anteil am gesamten Transaktionsvolumen der Stichprobe.

Für die vier deutschen Wettbewerber wurden insgesamt 40 Transaktionen für den Zeitraum von 1989 bis 2009 identifiziert. Ihr Transaktionsvolumen beläuft sich auf insgesamt rund 40 Mrd. USD. Den größten Anteil an der Stichprobe hat die Commerzbank AG mit 20 Transaktionen und einem Anteil am Transaktionsvolumen von 41,92%, gefolgt von der Bayerischen Vereinsbank AG (7

Transaktionen; 33,26%), der Bayerischen Hypo-und Vereinsbank AG (10 Transaktionen; 21,51%) und der Dresdner Bank (3 Transaktionen; 3,32%).

Die Stichprobe der europäischen Wettbewerber umfasst insgesamt 29 europäische Großbanken, für die 339 Übernahmen mit einem Volumen von rund 373 Mrd. USD identifiziert wurden. Die meisten Transaktionen wurden dabei für die Banco de Santander SA (37), die Société Générale SA (33) und die ABN-AMRO NV (21) verzeichnet. Insgesamt konnten für 14 Unternehmen zehn oder mehr Transaktionen berücksichtigt werden. Den größten Anteil am gesamten Transaktionsvolumen besitzen die Banca Intesa SpA (14,02%), die Royal Bank of Scotland Group (10,99%) und die Banco de Santander SA (10,21%).

Für die nordamerikanische Stichprobe wurden 23 Banken aus Kanada und den USA ausgewählt. Im Untersuchungszeitraum konnten für diese Banken insgesamt 281 Transaktionen mit einem Volumen von ca. 528 Mrd. USD berücksichtigt werden. Die meisten Transaktionen entfallen auf die Fifth Third Bancorp. (28), die Regions Financial Corp. (24) und die Citigroup Inc. (20). Den größten Anteil am gesamten Transaktionsvolumen haben die Bank of America mit 34,78%, die Citigroup mit 13,46% und JPMorgan Chase & Co. mit 13,07%.

Die asiatische Stichprobe umfasst neun Banken, von denen sieben ihren Sitz in Japan haben. Je eine Bank stammt aus China und Hong Kong. Bei 42 ausgewählten Transaktionen beläuft sich das Transaktionsvolumen dieser Stichprobe auf 118 Mrd. USD und liegt damit deutlich über dem der Stichprobe der Deutschen Bank AG und der deutschen Wettbewerber, für die in etwa genauso viele Transaktionen berücksichtigt wurden. Den größten Anteil an der Stichprobe besitzt die Mitsubishi UFJ Financial Group mit 7 Transaktionen und einem Volumen von mehr als 57 Mrd. USD (48,54%). 30,58% des Transaktionsvolumen entfallen darüber hinaus auf die Mitsubishi Bank Ltd. und 10,15% auf die Bank of Tokyo-Mitsubishi Ltd.

Um bei der Analyse der Erfolgsdeterminanten sowie der multivariaten Regressionsanalyse einen Vergleich zu den Ergebnissen der Stichprobe der Deutschen Bank AG ziehen zu können, wird diese ebenfalls für eine Stichprobe der Wettbewerber generiert. Diese Stichprobe setzt sich aus deutschen und europäischen Wettbewerbern zusammen und umfasst 33 Unternehmen, 379 Transaktionen und ein Transaktionsvolumen von ca. 413 Mrd. USD.

Tabelle 1: Die 10 größten Transaktionen der Deutschen Bank in der Stichprobe

Nr.	Datum der Ankündigung	Name des Targets	Land des Targets	Transaktionswert (in Mio. USD)	Anteil (in %)
1	30.11.1998	Bankers Trust New York Corp.	USA	9.082,072	33,68%
2	12.09.2008	Deutsche Postbank AG	Deutschland	3.839,044	14,24%
3	24.09.2001	Zurich Scudder Investments Inc.	USA	2.500,000	9,27%
4	05.08.2009	Sal Oppenheim jr & Cie SCA	Luxemburg	1.913,735	7,10%
5	27.11.1989	Morgan Grenfell Group PLC	UK	1.482,475	5,50%
6	12.10.2000	National Discount Brokers	USA	898,645	3,33%
7	21.06.2006	Berliner Bank AG	Deutschland	862,123	3,20%
8	21.12.2000	Societe Edification Logement	Frankreich	707,604	2,62%
9	08.07.1998	Credit Lyonnais Belgium	Belgien	593,812	2,20%
10	04.08.2006	Norisbank AG	Deutschland	537,813	1,99%
Σ				**22.417,323**	**83,13%**

6.3.2 Die angewandte Untersuchungsmethodik

Um die Auswirkung von M&A auf den Wohlstand der Aktionäre zu messen, wird die Methodik einer Ereignisstudie unter Verwendung von täglichen Finanzmarktdaten angewandt. Die Methodik wird bspw. von MacKinlay (1997) umfassend präsentiert. Der Fokus einer Ereignisstudie liegt auf der Berechnung von durchschnittlichen kumulierten abnormalen Renditen. Diese resultieren aus der Differenz zwischen der tatsächlichen Rendite am Ereignistag und der erwarteten Rendite ohne Auftreten des betrachteten Ereignisses.[32] Das Ereignisdatum t_0 wird als das Datum der öffentlichen Ankündigung gemäß der Thomson Financial SDC Datenbank definiert. Als Ereignisperiode wird primär der Tag der Ankündigung [0] sowie das [-1;+1]-Intervall, d.h. die Periode von einem Tag vor bis einen Tag nach dem Ankündigungsdatum, betrachtet. Um auch die möglichen Effekte vor und nach diesem kurzen Ereignisfenster erfassen zu können, werden zudem die Kursreaktionen für die Intervalle [-2;+2], [-5;+5], [-10;+10], [-4;+2] und [-2;+4] ermittelt. Für die Berechnung der erwarteten täglichen Renditen wurde eine Schätzperiode von 200 Handelstagen (210 bis 11 Handelstage vor dem Ereignisdatum) gewählt. Die Ereignisperiode selbst ist grundsätzlich

32 Vgl. MacKinlay (1997), S. 13; Brown & Warner (1985), S. 25; Cable & Holland (1999), S. 81.

nicht in diesem Zeitraum enthalten, um mögliche Einflüsse des Ereignisses auf die Schätzung der Modellparameter auszuschließen.[33]

Die erwarteten Renditen ohne Auftreten eines Ereignisses werden mit Hilfe des Marktmodells berechnet. Das Marktmodell ist das gebräuchlichste statistische Modell für die Berechnung von erwarteten Renditen.[34] Es setzt die Rendite jedes gegebenen Wertpapiers in Beziehung zur Rendite eines wählbaren Marktindexes. In dieser Arbeit wird ein weltweiter Bankenindex von Datastream ("WORLD-DS Banks") genutzt. Bei Verwendung des Marktmodells werden die erwarteten Aktienrenditen eines Wertpapiers i am Tag t $(E(R_{it}))$ folgendermaßen berechnet:

$$E(R_{it}) = \alpha_i + \beta_i \; R_{mt}$$

wobei R_{mt} die Rendite für den Marktindex m am Tag t beschreibt; α_i und β_i sind die Modellparameter für ein Wertpapier i und werden mit Hilfe einer OLS-Regression geschätzt. Die durchschnittlichen kumulierten abnormalen Renditen *(cumulated average abnormal returns,* $CAAR_{[t2;t3]}$) für alle Wertpapiere während des Ereignisintervalls $[t_2;t_3]$ berechnen sich analog zu:

$$CAAR_{[t2;t3]} = \sum_{t=t_2}^{t_3} \frac{1}{n} \sum_{i=1}^{n} AR_{it}$$

wobei sich die AR_{it} aus der Differenz zwischen den tatsächlich realisierten Renditen und den erwarteten Renditen an den einzelnen Tagen der Ereignisperiode ergeben.

6.4 Ergebnisse

6.4.1 Überblick zur M&A-Strategie der Deutschen Bank mit Fokus auf Sal. Oppenheim

Der erste Teil der Ergebnisübersicht beschäftigt sich mit der Erfolgsbewertung ausgewählter Transaktionen der Deutschen Bank. Hierbei steht insbesondere die Übernahme der größten europäischen Privatbank Sal. Oppenheim im Jahr 2009

33 Vgl. MacKinlay (1997), S. 15.

34 Vgl. Beitel & Schiereck (2003), S. 503.

im Fokus. Als Vergleich werden zudem vier weitere wichtige Transaktionen aus der Stichprobe der Deutschen Bank analysiert.

Die Übernahme der britischen Geschäftsbank Morgan Grenfell im November 1989 sollte der Deutschen Bank den Einstieg in das globale Kapitalmarktgeschäft ermöglichen. Die Akquisition war innerhalb des damaligen Vorstands höchst umstritten und wird rückblickend als weitgehend erfolglos bewertet.[35] Die Übernahme von Bankers Trust New York im November 1998 ist bis heute die größte Übernahme in der Geschichte der Deutschen Bank. Auch sie sollte dem Ausbau des Bereichs Investment Banking dienen und für den Durchbruch im amerikanischen Kapitalmarktgeschäft sorgen.[36] Neben diesen beiden internationalen und auf das Kapitalmarktgeschäft abzielenden Übernahmen werden zudem zwei nationale Übernahmen betrachtet, die auf die Stärkung des Privatkundengeschäfts abzielten. Diesbezüglich wird den Akquisitionen der Berliner Bank sowie der auf Ratenkredite spezialisierten Norisbank im Jahr 2006 ein entscheidender Beitrag zugesprochen, der die Deutsche Bank im Wettbewerb um die deutschen Privatkunden wettbewerbsfähiger machte.[37] Schließlich liegt der Schwerpunkt der Betrachtung auf der Übernahme von Sal. Oppenheim, die im August 2009 angekündigt wurde und mit einem Transaktionswert von rund 1,9 Mrd. USD die viertgrößte Transaktion in der Stichprobe der Deutschen Bank ist. Das vorrangige Interesse der Deutschen Bank gilt dabei der Vermögensverwaltung der Privatbank. Der genannte Übernahmepreis beinhaltet jedoch auch den Erwerb der BHF Bank sowie des Investment Banking-Bereichs der Privatbank, die beide weiterveräußerst werden sollen.[38] Für den Bereich "Asset and Wealth Management" ist ein gewisser Nachholbedarf seitens der Deutschen Bank festzustellen. Im zweiten Quartal 2009 schrieb der Bereich einen Verlust von 85 Mio. EUR. Insgesamt flossen aus der Vermögensverwaltung unter ihrem Chef Pierre de Weck rund 3 Mrd. EUR ab.[39] Die Übernahme verfolgt daher in der öffentlichen Wahrnehmung primär das Ziel, die vermögenden Kunden der Privatbank zu halten und ihnen den Zugang zum globalen Netzwerk der Deutschen Bank zu ermöglichen. Damit könnte der Deutschen Bank ein "Quantensprung" im hart umkämpften Markt um vermögenden Privatkunden gelingen. Durch die Übernahme kann die Deutsche Bank ihr verwaltetes Vermögen von derzeit rund

---

35 Vgl. Hiller von Gaertringen (2006), S. 65f.

36 Vgl. vertiefend hierzu Dombret et al. (2008), S. 22ff. sowie Kobrak (2008), S. 331ff.

37 Vgl. Hiller von Gaertringen (2006), S. 90; Lebert (2009), S. 17.

38 Vgl. Speicher-Utsch & Clausen (2009), S. 15; Küfner (2009); o.V. (2009b).

39 Vgl. o.V. (2009a), S. 1.

190 Mrd. EUR durch das von Sal. Oppenheim verwaltete Vermögen in Höhe von rund 135 Mrd. EUR erheblich ausweiten. Die entscheidende Management-Leistung wird darin bestehen, diese Kunden bei der Zusammenführung der beiden Vermögensverwaltungen nicht zu verlieren.[40] Im Bereich der Vermögensverwaltung soll deshalb auch die jetzige Struktur von Sal. Oppenheim erhalten bleiben, wohingegen für das Back Office eine vollständige Integration geplant ist.[41] Die Synergien durch den Zusammenschluss werden von Analysten auf einen niedrigen dreistelligen Millionenbetrag von etwa 150 Mio. EUR beziffert.[42]

Die Stärkung des obersten Segments vermögender Privatkunden wird von Analysten grundsätzlich als "strategisch sinnvoll" bezeichnet. So bewertet beispielsweise Küfner (2009) die Übernahme wie folgt: "Positiv zu werten ist vor allem der Preis von gut einer Milliarde Euro [für die Vermögensverwaltung von Sal. Oppenheim], was angesichts eines Kundenvermögens der Privatbank von 130 Milliarden Euro sehr günstig ist."[43] Zudem wird hervorgehoben, dass die Deutsche Bank durch diese Übernahme ihren Bereich der Vermögensverwaltung stärken kann, in dem die Erträge als weniger schwankungsanfällig als beispielsweise im Investment Banking angesehen werden.[44] Dennoch bleibt abzuwarten, wie schwierig die Lage von Sal. Oppenheim wirklich ist und ob sich die Deutsche Bank nicht auch neue Lasten ins Haus holt. Denn für das Geschäftsjahr 2008 hatte Sal. Oppenheim bei einer Bilanzsumme von 41 Mrd. EUR einen Nachsteuerverlust von 117 Mio. EUR ausweisen müssen. Dieser Verlust ist größtenteils auf Fehlinvestitionen bei Industriebeteiligungen, riskante Zertifikatgeschäfte und hohe Verluste im Investment Banking zurückzuführen.[45]

40 Vgl. Lebert (2009), S. 17.
41 Vgl. Köhler & Landgraf (2009).
42 Vgl. Köhler & Landgraf (2009).
43 Küfner (2009), S. 1.
44 Vgl. Küfner (2009), S. 1.
45 Vgl. o.V. (2009a), S. 1. Siehe auch Speicher-Utsch et al. (2009), S. 16.

6.4.2 Kapitalmarktreaktionen auf M&A der Deutschen Bank

Tabelle 2 zeigt die für die Deutsche Bank ermittelten durchschnittlichen kumulierten abnormalen Renditen sowie die entsprechenden Ergebnisse der Teststatistiken.[46]

Mit Ausnahme des Tages der Ankündigung [0] liegen die ermittelten CAARs für die verschiedenen Ereignisfenster alle im (teilweise signifikanten) negativen Bereich. Für den Tag der Ankündigung wird dagegen ein statistisch insignifikanter positiver CAAR von 0,35% ermittelt. Bei 22 der 41 Transaktionen wurde an diesem Tag eine positive Aktienkursreaktion festgestellt.

Die Ergebnisse bisheriger Studien zum M&A-Erfolg europäischer Banken zeigen für die Käuferbanken eine statistisch insignifikante, negative abnormale Rendite für den Zeitraum um die Ankündigung der Transaktion. Diese Ergebnisse werden für die hier betrachtete Stichprobe der Deutschen Bank daher nur bedingt bestätigt. Die statistisch signifikanten negativen abnormalen Renditen für zwei der sieben Ereignisfenster belegen, dass die 41 Transaktionen insgesamt gesehen kurzfristig den Unternehmenswert der Deutschen Bank vernichtet haben.

Über den Zeitraum der längeren Ereignisfenster ([-10;+10] und [-5;+5]) sowie für den Tag der Ankündigung sind die Ergebnisse jedoch insignifikant. Auch die Ergebnisse für die Targets weichen von den Ergebnissen früherer Studien ab. Zwar sind die kumulierten abnormalen Renditen für sechs der sieben Ereignisfenster positiv, jedoch kann nur in drei Fällen eine statistische Signifikanz nachgewiesen werden. Die Stichprobe der Targets ist hier mit nur 16 börsennotierten Unternehmen allerdings vergleichsweise klein.

Insgesamt kann für M&A-Transaktionen der Deutschen Bank ein deutlicher Werttransfer von den Aktionären der Käuferbank zu den Aktionären der Targets konstatiert werden, wobei die ermittelten Wertzuwächse für die Zielunternehmen im Vergleich zu sonstiger Evidenz allerdings unterdurchschnittlich ausfallen. Die Deutsche Bank hat also zu eher niedrigen Prämien gekauft.

---

46 Böhmer-Test: Unter Annahme des Vorliegens einer Normalverteilung wird mittels des z-Wertes bestimmt, ob sich ein Stichprobenmittelwert signifikant von Null unterschiedet. Zur Darstellung wurden die drei üblichen Signifikanzniveaus mit steigender Sicherheit der Aussagekraft 10%, 5% und 1% gewählt.

Tabelle 2: CAARs der Deutschen Bank und ihrer Targets im Vergleich

	Deutsche Bank AG (n = 41)		Targets (n = 16)		Mittelwertdifferenz	
Ereignisfenster	**CAARs**	**z-Wert**	**CAARs**	**z-Wert**	**Differenz**	**p-Wert**
[0]	0,35%	1,004	-0,32%	-0,179	0,67%	0,7158
[-1;+1]	-0,25%	-0,059	2,93%	1,259	-3,18%*	0,0743
[-2;+2]	-1,22%*	-1,663	8,92%	1,553	-10,14%**	0,0457
[-5;+5]	-0,87%	-0,947	12,59%**	2,159	-13,46%**	0,0169
[-10;+10]	-1,03%	-0,703	10,16%	1,361	-11,19%	0,4830
[-4;+2]	-1,77%**	-2,246	9,05%*	1,709	-10,82%**	0,0186
[-2;+4]	-0,89%	-1,048	11,73%*	1,851	-12,62%*	0,0802

* signifikant zum 10%-Niveau, ** signifikant zum 5%-Niveau, *** signifikant zum 1%-Niveau

Abschließend gibt Abbildung 1 einen Überblick zum zeitlichen Verlauf der kumulierten abnormalen Renditen für die Deutsche Bank und ihre Targets. Insbesondere der Verlauf der CAARs für die Targets bietet dabei eine mögliche Erklärung für die festgestellte negative Bewertung am Tag der Ankündigung:

Abbildung 1: CAARs der Deutschen Bank und ihrer Targets im Zeitverlauf

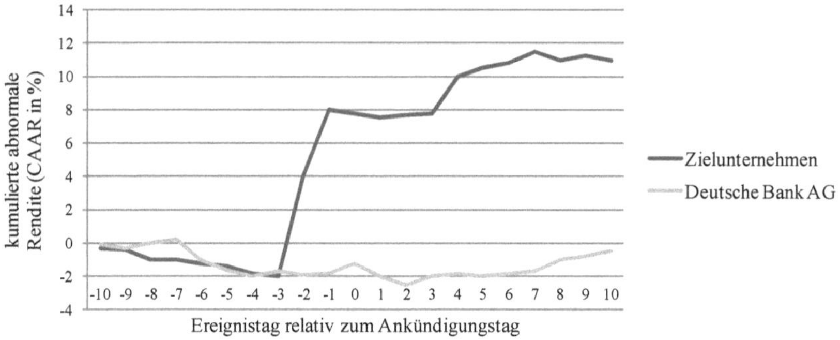

Bereits drei Tage vor der eigentlichen Ankündigung ist ein enormer Anstieg der abnormalen Rendite festzustellen, der bereits einen Tag vor der Ankündigung wieder flach abfällt. Dies ist ein Indiz, dass Informationen über die bevorstehende Übernahme mit hoher Wahrscheinlichkeit schon kurze Zeit vor der eigentlichen Ankündigung der Transaktion nach außen gedrungen sind und dementsprechend in der Preissetzung der Aktienkurse berücksichtigt wurden.

6.4.3 Kapitalmarktreaktionen auf M&A der deutschen Wettbewerber

Entgegen den empirischen Belegen bisheriger Studien sind die CAARs der deutschen Wettbewerber der Deutschen Bank für sechs der sieben betrachteten Ereignisfenster positiv (siehe Tabelle 3). Drei der Werte erreichen eine statistische Signifikanz. Widersprüchlich zu den erwarteten Ergebnissen sind auch die ermittelten Kapitalmarktreaktionen für die Targets.

Tabelle 3: CAARs der deutschen Wettbewerber der Deutschen Bank und ihrer Targets im Vergleich

	Deutsche Wettbewerber (n = 40)		Targets (n = 15)		Mittelwertdifferenz	
Ereignisfenster	**CAARs**	**z-Wert**	**CAARs**	**z-Wert**	**Differenz**	**p-Wert**
[0]	-0,19%	-0,189	-2,08%**	-2,419	1.89%*	0,0654
[-1;+1]	1,34%*	1,924	-1,42%	-1,050	2.76%*	0,0627
[-2;+2]	1,63%	1,424	-1,46%	-1,259	3.09%*	0,0908
[-5;+5]	1,37%	1,300	-6,29%	-1,214	7.66%	0,3304
[-10;+10]	1,78%	1,320	-5,45%	-1,380	7.23%**	0,0422
[-4;+2]	2,27%*	1,746	0,65%	0,201	1.62%	0,6434
[-2;+4]	1,41%*	1,659	-3,94%**	-2,173	5.35%***	0,0050

* signifikant zum 10%-Niveau, ** signifikant zum 5%-Niveau, *** signifikant zum 1%-Niveau

Für sechs der sieben Ereignisfenster werden negative CAARs ermittelt, von denen zwei statistisch signifikant zum 5%-Niveau sind. Dieses Ergebnis steht im Widerspruch zu den bisherigen Erkenntnissen der empirischen Forschung. Zum Vergleich der Erfolgsbeurteilung zeigt Tabelle 4 die ermittelten kumulierten abnormalen Renditen der Deutschen Bank und ihrer deutschen Wettbewerber im Vergleich. Entgegen den Ergebnissen für die Deutsche Bank, ist es den deutschen Wettbewerbern offensichtlich gelungen, den Wert des eigenen Unternehmens auf Kosten der Unternehmenswerte ihrer Targets zu erhöhen.

Tabelle 4: CAARs der Deutschen Bank und ihrer deutschen Wettbewerber im Vergleich

	Deutsche Bank AG (n = 41)		Deutsche Wettbewerber (n = 40)		Mittelwertdifferenz	
Ereignisfenster	**CAARs**	**z-Wert**	**CAARs**	**z-Wert**	**Differenz**	**p-Wert**
[0]	0,35%	1,004	-0,19%	-0,189	0,54%	0,7733
[-1;+1]	-0,25%	-0,059	1,34%*	1,924	-1,59%**	0,0288
[-2;+2]	-1,22%*	-1,663	1,63%	1,424	-2,85%**	0,0150
[-5;+5]	-0,87%	-0,947	1,37%	1,300	-2,24%*	0,0570
[-10;+10]	-1,03%	-0,703	1,78%	1,320	-2,81%	0,1202
[-4;+2]	-1,77%**	-2,246	2,27%*	1,746	-4,04%***	0,0045
[-2;+4]	-0,89%	-1,048	1,41%*	1,659	-2,30%**	0,0100

* signifikant zum 10%-Niveau, ** signifikant zum 5%-Niveau, *** signifikant zum 1%-Niveau

6.4.4 Kapitalmarktreaktionen auf M&A der europäischen Wettbewerber

Die Ergebnisse für die europäischen Wettbewerber und ihre Targets stimmen mit den Erkenntnissen bisheriger Studien über M&A im europäischen Bankensektor überein und belegen eine insignifikante, für die meisten Ereignisfenster leicht negative Kapitalmarktreaktion für die Käuferbanken und eine deutlich positive Reaktion für die Zielunternehmen.

Die CAARs der Targets liegen mit Werten zwischen 6,49% am Tag der Ankündigung und 10,46% für das [-10;+10]-Intervall konsistent zu den Ergebnissen anderer Studien über M&A im europäischen Bankensektor, die Werte zwischen 8,27% und 15,11% ermitteln.[47] Tabelle 5 zeigt die Ergebnisse für die ausgewählten europäischen Großbanken im Vergleich zu den Ergebnissen für die Deutsche Bank.

Die errechneten Mittelwertdifferenzen zwischen den beiden Stichproben sind insignifikant. Statistisch gesehen unterscheiden sich die beiden Stichproben somit nicht voneinander.

47 Vgl. Beitel & Schiereck (2001) sowie Mußhoff (2008).

Tabelle 5: CAARs der Deutschen Bank und ihrer europäischen Wettbewerber im Vergleich

	Deutsche Bank AG (n = 41)		Europäische Wettbewerber (n = 339)		Mittelwertdifferenz	
Ereignisfenster	CAARs	z-Wert	CAARs	z-Wert	Differenz	p-Wert
[0]	0,35%	1,004	0,01%	-0,324	0,34%	0,4137
[-1;+1]	-0,25%	-0,059	-0,04%	-0,322	-0,21%	0,6756
[-2;+2]	-1,22%*	-1,663	-0,09%	-0,462	-1,13%	0,2483
[-5;+5]	-0,87%	-0,947	-0,22%	-0,484	-0,65%	0,5020
[-10;+10]	-1,03%	-0,703	-0,33%	-0,369	-0,70%	0,7531
[-4;+2]	-1,77%**	-2,246	-0,04%	-0,130	-1,73%	0,1123
[-2;+4]	-0,89%	-1,048	-0,03%	-0,090	-0,86%	0,3785

* signifikant zum 10%-Niveau, ** signifikant zum 5%-Niveau, *** signifikant zum 1%-Niveau

6.4.5 Kapitalmarktreaktionen auf M&A der nordamerikanischen Wettbewerber

Wie Tabelle 6 zeigt, fallen analog zu den Feststellungen für die europäischen Wettbewerber die abnormalen Renditen der Käuferbanken aus Nordamerika meistens insignifikant negativ aus. Insgesamt lässt sich aufgrund der Mittelwertdifferenzen kaum ein Unterschied zwischen dem M&A-Erfolg der Deutschen Bank und dem Erfolg ihrer nordamerikanischen Wettbewerber feststellen.

Tabelle 6: CAARs der Deutschen Bank und ihrer nordamerikanischen Wettbewerber im Vergleich

	Deutsche Bank AG (n = 41)		Nordamerikanische Wettbewerber (n = 281)		Mittelwertdifferenz	
Ereignisfenster	CAARs	z-Wert	CAARs	z-Wert	Differenz	p-Wert
[0]	0,35%	1,004	-0,19%	-1,626	0,54%	0,3340
[-1;+1]	-0,25%	-0,059	-0,23%	-1,045	-0,02%	0,8603
[-2;+2]	-1,22%*	-1,663	0,02%	0,007	-1,24%	0,1084
[-5;+5]	-0,87%	-0,947	-0,11%	-0,629	-0,76%	0,5180
[-10;+10]	-1,03%	-0,703	0,32%	0,685	-1,35%	0,5475
[-4;+2]	-1,77%**	-2,246	-0,02%	-0,193	-1,75%*	0,0974
[-2;+4]	-0,89%	-1,048	0,10%	0,153	-0,99%	0,3163

* signifikant zum 10%-Niveau, ** signifikant zum 5%-Niveau, *** signifikant zum 1%-Niveau

6.4.6 Kapitalmarktreaktionen auf M&A der asiatischen Wettbewerber

Für die asiatischen Käuferbanken wurde im Rahmen der durchgeführten Ereignisstudie für alle Ereignisfenster eine positive kumulierte abnormale Rendite festgestellt, die für das [-4;+2]-Intervall zudem statistisch signifikant ist. Damit entsprechen die Ergebnisse weitestgehend denen der deutschen Wettbewerber der Deutschen Bank. Entgegen den Ergebnissen für die Stichprobe der deutschen Wettbewerber, bei denen ein Werttransfer auf Kosten der Zielunternehmen festgestellt wurde, erfahren bei den betrachteten Transaktionen der asiatischen Banken jedoch auch die Aktionäre der Zielunternehmen positive Werteffekte.

Diese sind mit CAARs zwischen 1,64% und 4,19% allerdings deutlich niedriger als die ermittelten Wertzuwächse der Zielunternehmen der europäischen und nordamerikanischen Banken. Tabelle 7 zeigt die CAARs der asiatischen Käuferbanken im Vergleich zu den entsprechenden Ergebnissen für die Deutsche Bank.

Tabelle 7: CAARs der Deutschen Bank und asiatischen Wettbewerber im Vergleich

	Deutsche Bank AG (n = 41)		Asiatische Wettbewerber (n = 42)		Mittelwertdifferenz	
Ereignisfenster	**CAARs**	**z-Wert**	**CAARs**	**z-Wert**	**Differenz**	**p-Wert**
[0]	0,35%	1,004	0,90%	1,323	-0,55%	0,4255
[-1;+1]	-0,25%	-0,059	1,86%	1,637	-2,11%	0,1226
[-2;+2]	-1,22%*	-1,663	1,45%	1,043	-2,67%*	0,0795
[-5;+5]	-0,87%	-0,947	1,36%	0,754	-2,23%	0,5090
[-10;+10]	-1,03%	-0,703	0,27%	0,056	-1,30%	0,8447
[-4;+2]	-1,77%**	-2,246	2,08%*	1,656	-3,85%**	0,0204
[-2;+4]	-0,89%	-1,048	1,18%	0,679	-2,07%	0,5754

* signifikant zum 10%-Niveau, ** signifikant zum 5%-Niveau, *** signifikant zum 1%-Niveau

Im Einklang mit den Erwartungen belegt der Mittelwertvergleich für die beiden Ereignisfenster [-2;+2] und [-4;+2] einen statistisch signifikanten Unterschied zwischen den ermittelten CAARs der beiden Stichproben. Als einzige Stichprobe gelangen somit bei den asiatischen Wettbewerbern sowohl die betrachteten Käuferbanken als auch ihre Zielunternehmen zu einer durchschnittlich positiven Bewertung ihrer Transaktionen. Dies unterstreicht die Schlussfolgerung, dass diese Transaktionen durch Synergien und weitere wertsteigernde Motive eine tatsächliche Wertschöpfung bewirkten.

6.4.7 Ergebnisse zur Analyse der Erfolgsdeterminanten

In diesem Abschnitt werden die Erfolgsdeterminanten für M&A-Transaktionen im Bankensektor analysiert. Dabei erfolgt die Betrachtung primär für die Stichprobe der Deutschen Bank. Zum Vergleich werden ebenfalls die Ergebnisse für die Stichprobe aus allen europäischen Wettbewerbern dargestellt und als Benchmark für die Analyse herangezogen.

Die Ergebnisse der Untersuchung hinsichtlich des geographischen Fokus der Transaktion bildet die erste Kategorie. Für die Transaktionen der Deutschen Bank und für die ihrer europäischen Wettbewerber sind die ermittelten Mittelwertdifferenzen (nationale vs. internationale M&A) teils positiv teils negativ. Aber die einzige statistisch signifikante Differenz besteht für Transaktionen der Deutschen Bank am Tag der Transaktionsankündigung, wo der für nationale Übernahmen ermittelte CAAR auch signifikant positiv ist. Insgesamt betrachtet, liefert die Analyse des Einflusses des geographischen Fokus der Transaktion auf ihren Erfolg jedoch keine eindeutige Aussage. Basierend auf der positiveren Bewertung von nationalen Übernahmen der Deutschen Bank am Ankündigungstag kann höchstens die Tendenz festgehalten werden, dass das höhere Synergie- und Kostensenkungspotenzial für die Steigerung des Unternehmenswertes der Deutschen Bank wichtiger ist als mögliche Diversifikationseffekte, die insbesondere im Zuge von grenzüberschreitenden Transaktionen realisiert werden. Zudem könnte das Ergebnis vorsichtig auf immer noch bestehende Barrieren für grenzüberschreitende Transaktionen hindeuten.[48] Für die Stichprobe der europäischen Wettbewerber hingegen muss konstatiert werden, dass ein Einfluss des geographischen Fokus auf den Transaktionserfolg nicht gefunden wurde. Tabelle 8 stellt den operativen Fokus der Transaktionen, also horizontale vs. andere Transaktionsrichtungen in den Vordergrund. Die CAARs liegen für die verschiedenen Ereignisfenster im Falle von horizontalen Übernahmen durchschnittlich niedriger als die entsprechenden Werte für vertikale oder laterale Akquisitionen. Dieses Ergebnis ist für die Stichprobe der Deutschen Bank deutlich ausgeprägter als für ihre europäischen Wettbewerber.

---

48 Vgl. hierzu auch Berger et al. (2003), S. 388ff.

Die bessere Bewertung von nicht-horizontalen Transaktionen, widerspricht den Erwartungen, dass horizontale Transaktionen im Durchschnitt erfolgreicher sind. Bezogen auf den operativen Fokus erscheint die Ausnutzung von Diversifikationseffekten, beispielsweise zur Reduzierung der Volatilität der zukünftigen Erträge, wichtiger für den Erfolg einer Transaktion zu sein als die Ausnutzung von operativen Synergien, dem höheren Kostensenkungspotenzial sowie die Möglichkeit einer Erhöhung der Marktmacht.

Zur Überprüfung des Einflusses der umfassenden Deregulierungsmaßnahmen im europäischen Bankensektor sowie der dargestellten makroökonomischen Entwicklungen in den letzten Jahren folgt die vergleichende Betrachtung der in zwei Abschnitte zeitlich unterteilten Stichprobe, den Zeitraum von 1993-2000 und von 2003-2008.

Tabelle 8: CAARs der Deutschen Bank und ihrer europäischen Wettbewerber bei Ankündigung von horizontalen und anderen Übernahmen im Vergleich

	Horizontale Übernahmen		Andere Übernahmen		Mittelwertdifferenz	
Ereignisfenster	**CAARs**	**z-Wert**	**CAARs**	**z-Wert**	**Differenz**	**p-Wert**
Deutsche Bank						
[0]	-0,42%	-0,488	0,79%	1,229	-1,21%	0,3232
[-1;+1]	-2,91%**	-2,453	1,29%	1,400	-4,20%**	0,0105
[-2;+2]	-2,84%**	-2,343	-0,28%	-0,303	-2,56%	0,1553
[-5;+5]	-1,21%	-0,284	-0,68%	-1,309	-0,53%	0,7351
[-10;+10]	-3,50%	1,099	0,40%	0,236	-3,90%	0,1553
[-4;+2]	-3,19%**	-2,069	-0,94%	-1,140	-2,25%	0,1717
[-2;+4]	-1,35%	-0,874	-0,63%	-0,674	-0,72%	0,7971
Europäische Wettbewerber						
[0]	-0,13%	-0,758	0,08%	0,093	-0,21%	0,7370
[-1;+1]	0,05%	0,093	0,14%	0,589	-0,09%	0,3912
[-2;+2]	0,05%	0,187	0,11%	0,298	-0,06%	0,4823
[-5;+5]	-0,21%	-0,205	0,07%	0,260	-0,28%	0,5408
[-10;+10]	0,13%	0,423	-0,29%	-0,248	0,42%	0,8117
[-4;+2]	-0,17%	-0,119	0,53%	1,350	-0,70%*	0,0835
[-2;+4]	0,20%	0,539	0,04%	0,139	0,16%	0,8262

* signifikant zum 10%-Niveau, ** signifikant zum 5%-Niveau, *** signifikant zum 1%-Niveau

Hierdurch wird versucht, eventuelle Einflüsse durch weitere makroökonomische Faktoren zu erfassen. Die Ergebnisse der Analyse unterscheiden sich in diesem Fall deutlich zwischen den beiden Stichproben. Die Deutsche Bank-Transaktionen führen zu keinen signifikanten Ergebnissen. Die Mittelwertdifferenzen für die europäischen Wettbewerber sind mit Ausnahme des Ankündigungstages durchweg positiv; für das [-2;+2]-Intervall zudem statistisch signifikant. Demnach kann für die europäischen Wettbewerber festgehalten werden, dass ihre M&A-Transaktionen im Zeitraum zwischen 1993 und 2000 durchschnittlich erfolgreicher waren als zwischen den Jahren 2003 und 2008 und somit die fortschreitende Deregulierung für sie keinen positiven Einfluss auf den Erfolg der durchgeführten M&A-Transaktionen hatte.

Diese Schlussfolgerung wird zudem dadurch gestützt, dass für das erste Subsample für vier Ereignisfenster signifikant positive abnormale Renditen ermittelt werden, wohingegen die Ergebnisse der gesamten Stichprobe für alle Ereignisfenster insignifikant waren.

Abschließend soll der Einfluss der Größe des Targets auf den M&A-Erfolg untersucht werden. Die Größe wird dabei über den Transaktionswert approximiert und mit Hilfe von zwei Subsamples, Transaktion mit einem Wert von weniger als 100 Mio. USD sowie Transaktionen mit einem höheren Wert, analysiert. Für die Stichprobe der Deutschen Bank belegen die in Tabelle 9 dargestellten Ergebnisse sowohl für das [-10;+10]-Intervall als auch für das [-5;+5]-Intervall, dass ein signifikanter Unterschied zwischen den beiden Subsamples besteht.

Die Transaktionen mit einem Wert von weniger als 100 Mio. USD waren demnach deutlich erfolgreicher als die Transaktionen mit einem höheren Wert. Die Mittelwertdifferenz der CAARs fällt mit 7,88% für das 21-tägige Ereignisfenster um den Ankündigungstag zudem sehr hoch aus. Für das Subsample bestehend aus den Transaktionen mit einem Wert von weniger als 100 Mio. USD ist der CAAR über diesen Zeitraum signifikant positiv mit einem Wert von 3,39%. Für die „Größer 100 Mio. USD“ Substichprobe ist die abnormale Rendite im Gegensatz dazu signifikant negativ.

Diese Ergebnisse können in der Weise interpretiert werden, dass die Betriebsgröße der Deutschen Bank in vielen Bereichen nahe an der optimalen Betriebsgröße liegt und durch größere Transaktionen somit kaum noch Skaleneffekte realisiert werden können. Beitel (2002) führt zudem an, dass mit einem Anstieg der Größe der Transaktionen auch die Komplexität des Integrationsprozess ansteigt, was wiederum die Realisierung von Synergiepotenzial einzuschränken vermag.

Tabelle 9: CAARs der Deutschen Bank und ihrer europäischen Wettbewerber bei Ankündigung von Transaktionen abhängig vom Transaktionswert im Vergleich

	< 100 Mio. USD		> 100 Mio. USD		Mittelwertdifferenz	
Ereignisfenster	**CAARs**	**z-Wert**	**CAARs**	**z-Wert**	**Differenz**	**p-Wert**
Deutsche Bank						
[0]	-0,19%	-0,347	0,77%	1,242	-0,96%	0,2219
[-1;+1]	0,36%	0,922	-0,73%	-0,392	1,09%	0,1309
[-2;+2]	-0,75%	-1,016	-1,58%	-1,363	0,83%	0,3510
[-5;+5]	1,59%	1,155	-2,80%**	-1,985	4,39%**	0,0140
[-10;+10]	3,39%**	2,533	-4,49%**	-2,455	7,88%***	0,0022
[-4;+2]	0,20%	0,208	-3,31%***	-3,055	3,51%	0,1377
[-2;+4]	-0,94%	-1,207	-0,86%	-0,591	-0,08%	0,9686
Europäische Wettbewerber						
[0]	-0,04%	-0,711	0,01%	0,015	-0,05%	0,9843
[-1;+1]	-0,04%	-0,235	0,21%	0,709	-0,25%	0,5839
[-2;+2]	0,14%	0,242	0,06%	0,242	0,08%	0,7635
[-5;+5]	0,01%	0,127	-0,11%	-0,066	0,12%	0,9981
[-10;+10]	0,42%	0,912	-0,47%	-0,437	0,89%	0,4934
[-4;+2]	0,27%	0,372	0,14%	0,596	0,13%	0,8534
[-2;+4]	0,26%	0,676	0,03%	0,134	0,23%	0,9774

* signifikant zum 10%-Niveau, ** signifikant zum 5%-Niveau, *** signifikant zum 1%-Niveau

Schwieriger zu hebende Synergien und hohe Integrationskosten können daher eine weitere Erklärung für die dargestellten Ergebnisse sein. Diese Ergebnisse können jedoch für die Stichprobe der europäischen Wettbewerber nicht bestätigt werden, wo keinerlei statistisch signifikante Ergebnisse vorliegen.

6.4.8 Ergebnisse zur Multivariaten Analyse

In Übereinstimmung mit vorliegender Literatur werden die folgenden unabhängigen Variablen für die verschiedenen Regressionsmodelle verwendet: Die binäre Variable "Geographischer Fokus" nimmt den Wert 1 (0) an, sofern die an der

Transaktion beteiligten Unternehmen ihren Sitz (nicht) im gleichen Land haben und die Transaktion somit auf (trans-) nationaler Ebene stattfand. Die Variable "Operativer Fokus" nimmt den Wert 1 (0) für alle horizontalen (vertikalen und lateralen) Transaktionen an. Zur Überprüfung des Einflusses der von der EU vorangetriebenen Deregulierung sowie von Hochphasen der allgemeinen M&A-Aktivität wird die binäre Variable "Deregulierung" verwendet. Sie erhält den Wert 1 (0) für alle Transaktionen, die zwischen 2003 und 2008 (1989 und 2002) stattgefunden haben. Die Wahl des Zeitraums von 2003 bis 2008 bedingt sich analog zur Analyse der Erfolgsfaktoren auf die gleichzeitige Berücksichtigung der Phasen von Übernahmewellen, denen ebenfalls ein möglicher Einfluss auf die Bewertung von Akquisitionen unterstellt wird. Basierend auf den vorhergehenden Erläuterungen wird eine deutlich positivere Bewertung von M&A während dieses Zeitraums erwartet. Mit Hilfe der Variablen "Größe Target" wird eine mögliche Verbindung zwischen dem Erfolg einer Transaktion und ihrem Transaktionswert (in Mio. USD) untersucht. Der Transaktionswert gilt dabei zugleich als Approximation für die Größe des Zielunternehmens. Auf diese Weise wird neben der eigentlichen Größe des Targets, beispielsweise gemessen an dessen Aktiva oder Beschäftigten, implizit auch der prozentuale Anteil am Zielunternehmen berücksichtigt, der im Zuge der Akquisition übernommen wurde. Die Variable "Relative Größe" bezeichnet den Quotienten aus den Gesamtaktiva der Käuferbank und den Gesamtaktiva des Targets.

Des weiteren dienen Performance-Kennzahlen der beteiligten Unternehmen zur Erklärung des M&A-Erfolgs. Die Kennzahlen wurden dabei jeweils auf Basis des Bilanzabschlusses des Jahres vor der Transaktionsankündigung ermittelt und über die Thomson Financial SDC Datenbank bezogen. Sie beziehen sich daher auf Informationen, die zum Zeitpunkt der Transaktionsankündigung öffentlich zugänglich waren und spiegeln somit den damaligen Kenntnisstand der Aktionäre wider. Den Variablen "Performance Käufer" und "Performance Target" wird der Wert des *Return on Equity* der beteiligten Unternehmen zugewiesen. Als Indikator für die operative Effizienz wird die Kennzahl *Sales per Employee* verwendet, die mit den Variablen "Effizienz Käufer" und "Effizienz Target" auf ihren Einfluss als Erfolgsdeterminante hin untersucht wird.

Die verbleibenden Variablen dienen zur Untersuchung des Zusammenhangs zwischen der Kapitalmarktbewertung der beteiligten Unternehmen und ihres Einflusses auf die abnormalen Renditen der Käuferbank. Die Variablen "Bewertung Käufer" und "Bewertung Target" bezeichnen dabei das *Price-to-Book-Ratio (P/B)*. Die beiden letzten betrachteten Variablen, "Gewinnwachstum Käufer" und "Gewinnwachstum Target" beschreiben das *Price-Earning-Ratio (P/E)*, das die Erwartungen des Kapitalmarktes hinsichtlich des zukünftigen Gewinnwachstums approximiert.

Für die Stichprobe der Deutschen Bank und die Stichprobe ihrer europäischen Wettbewerber werden jeweils 6 Modelle mit den kumulierten abnormalen Renditen (CAARs) für das [-2;+2]-Intervall als abhängige Variable berechnet. Das [-2;+2]-Intervall wurde ausgewählt, da im Rahmen der durchgeführten Ereignisstudie innerhalb dieses Fensters die meisten signifikanten Kapitalmarktreaktionen für die Deutsche Bank ermittelt wurden.

Die in Tabelle 10 dargestellten Ergebnisse unterstützen die Ergebnisse der vorherigen Auswertung nur bedingt. Die Analyse des Einflusses des geographischen Fokus einer Transaktion bestätigt im Wesentlichen das univariate Ergebnis, bei der kein statistisch signifikanter Unterschied zwischen nationalen und internationalen Übernahmen festgestellt werden konnte. Auch im Rahmen der multivariaten Regressionsanalyse, die diese Variable in drei Regressionsmodellen überprüft, konnte kein statistisch signifikanter Einfluss ermittelt werden. Die Ergebnisse hinsichtlich des Einflusses des operativen Fokus einer Transaktion auf ihren Erfolg widersprechen hingegen den bisherigen Erkenntnissen. Die Variable liefert ausschließlich insignifikante Ergebnisse und kann somit eine deutlich negativere Bewertung horizontaler Transaktionen nicht bestätigen.

Auch die Analyse des Einflusses der Deregulierung auf den Transaktionserfolg der Deutschen Bank liefert keine konsistenten Ergebnisse. Für zwei der fünf Regressionsmodelle, die diese Variable untersuchen, konnte ein negativer Einfluss des Zeitraums von 2003 bis 2008 auf den M&A-Erfolg festgestellt werden, gleichbedeutet mit einer negativeren Bewertung der in diesem Zeitraum durchgeführten Transaktionen. Dies widerspricht ebenfalls den Ergebnissen der univariaten Studie. Die Größe des Targets, in der Regressionsanalyse mit Hilfe des Transaktionswertes approximiert, hat keinen Einfluss auf den Transaktionserfolg. Auch dieses Ergebnis widerspricht zumindest teilweise der Erkenntnis des vorherigen Kapitels, wonach die Transaktionen mit einem Transaktionswert von weniger als 100 Mio. USD deutlich erfolgreicher waren als jene mit einem Transaktionswert von mehr als 100 Mio. USD.

Die verbleibenden möglichen Erfolgsdeterminanten wurden bislang nicht untersucht und bringen daher neue Erkenntnisse. Zur weiteren Untersuchung des Einflusses der Größe der beteiligten Unternehmen wurde die relative Größe der Käuferbank zum Zielunternehmen untersucht. Das Ergebnis im Regressionsmodell ist statistisch nicht unterschiedlich von Null. Für die Variable "Performance

Käufer" *(Return on Equity)* konnte hingegen ein signifikanter positiver Einfluss identifiziert werden. Keine statistische Beziehung konnte hingegen zwischen der Effizienz des Käufers sowie der Performance und Effizienz des Targets und dem M&A-Erfolg bestimmt werden.

Ebenfalls statistisch insignifikante Werte liefert die Regressionsanalyse für die Variablen, die den Einfluss der Kapitalmarktbewertung der beteiligten Unternehmen untersuchen. Gleiche Insignifikanz gilt für die Relation zwischen dem erwarteten Gewinnwachstum des Targets und den ermittelten kumulierten abnormalen Renditen.

Analog zum Vorgehen im vorangegangen Abschnitt werden nachfolgend zum Vergleich die Ergebnisse für die europäischen Wettbewerber der Deutschen Bank betrachtet. Statistisch signifikante Werte ergeben sich analog zur Stichprobe der Deutschen Bank für den Einfluss der Deregulierung. Es wird ein negativer Zusammenhang zwischen der entsprechenden binären Variable, die für alle Transaktionen im Zeitraum von 2003 bis 2008 den Wert 1 annimmt, und dem Erfolg der Transaktionen festgestellt.

Dies belegt somit auch für die Stichprobe der europäischen Wettbewerber, dass Transaktionen in diesem Zeitraum signifikant schlechtere Kapitalmarktreaktionen hervorrufen als Transaktionen die vorher stattfanden. Für die Stichprobe der europäischen Wettbewerber deckt sich dies jedoch auch mit den Ergebnissen der Mittelwertdifferenzen.

Basierend auf den vorliegenden Resultaten hat die Kapitalmarktbewertung des Käufers, ermittelt mit Hilfe des *P/B-Ratios*, tendenziell einen positiven Einfluss auf den Transaktionserfolg.

Eine kleine Einschränkung muss deshalb vorgenommen werden, da die Ergebnisse für diese Variablen für die gesamte Stichprobe (n=372) im statistisch insignifikanten negativem Bereich liegen und erst für die (aufgrund der begrenzten Verfügbarkeit der Daten) reduzierten Stichprobengröße von 111 und 89 Transaktionen zu statistisch signifikanten positiven Ergebnissen führt. Das Gegenteil ist bei der Analyse des Einflusses der Effizienz des Käufers auf den M&A-Erfolg der Fall. Dieser ist nachweislich nicht vorhanden, allerdings ist das Ergebnis nur für das erste Regressionsmodell, welches sich auf die größere Stichprobe stützt, signifikant.

Tabelle 10: Ergebnisse der Regressionsanalyse Deutsche Bank

Deutsche Bank	Modell					
	1	2	3	4	5	6
Unabhängige Variablen	n = 41	n = 41	n = 41	n = 14	n = 13	n = 13
Konstante	0,0871	-0,0061	-0,0055	-0,0830	-0,0366	0,2483
	(1,0155)	*(-0,2503)*	*(-0,0895)*	*(-0,487)*	*(-0,2085)*	*(0,3392)*
Geographischer Fokus	-0,0202	-0,0166	-0,0133			
	(-0,6485)	*(-0,5777)*	*(-0,4415)*			
Operativer Fokus	-0,0034			0,0073	-0,0830	
	(-0,1166)			*(0,0452)*	*(-0,8110)*	
Deregulierung	-0,0165	-0,0543	-0,0580	0,0505	-0,0279	
	(-0,3553)	*(-1,9654)***	*(-1,4448)**	*(0,1232)*	*(-0,2859)*	
Größe Target	0,0000	0,0000	0,0000			
	(-1,2104)	*(-1,7873)**	*(-1,9219)**			
Relative Größe				-0,0152		
				(-0,0069)		
Performance Käufer	0,0061	0,0049	0,0056	-0,0015		0,0076
	*(1,9637)***	*(2,7086)***	*(2,0272)***	*(-0,0284)*		*(0,3880)*
Performance Target				0,0001	0,0021	0,0014
				(-0,0403)	*(0,6734)*	*(0,4042)*
Effizienz Käufer	0,0000			0,0000		0,0000
	*(-1,5829)**			*(-0,0317)*		*(-0,3839)*
Effizienz Target				0,0000		0,0000
				(-0,3248)		*(-0,3908)*
Bewertung Käufer	-0,0287		-0,0102	0,0728	0,0374	-0,0968
	(-0,5686)		*(-0,2327)*	*(0,0861)*	*(0,5153)*	*(-0,2941)*
Bewertung Target					0,0127	0,0090
					(0,7533)	*(0,2088)*
Gewinnwachstum Käufer	-0,0007	-0,0005		-0,0003		-0,0006
	(-1,2282)	*(-0,9665)*		*(-0,0949)*		*(-0,0797)*
Gewinnwachstum Target					-0,0028	-0,0021
					(-0,9315)	*(-0,5344)*
Modell Analyse						
R^2	0,3351	0,2812	0,2589	0,2442	0,2738	0,3020
Bereinigtes R^2	0,1688	0,1785	0,1530	-1,4564	-0,4525	-1,0939
Durbin-Watson Statistik	2,9472	2,8401	2,9609	2,2815	2,5879	2,6098

* signifikant zum 10%-Niveau, ** signifikant zum 5%-Niveau, *** signifikant zum 1%-Niveau

Anmerkung: Die t-Werte sind in Klammern dargestellt.

6.5 Fazit und Ausblick

Der M&A-Erfolg der Deutschen Bank im Zeitraum von 1989 bis 2009, gemessen anhand kurzfristiger abnormaler Renditen bei Ankündigung von Transaktionen, muss auf Grundlage der im Rahmen dieser Arbeit durchgeführten empirischen Analyse als negativ festgehalten werden. Der im Vergleich positive Werteffekt der deutschen und asiatischen Wettbewerber kann aber auch nur unter Vorbehalt als überdurchschnittlich beurteilt werden. Unterschiedliche M&A-Erwartungshaltungen des Kapitalmarktes an die Deutsche Bank als Marktführer in Deutschland und an ihre weniger erfolgreichen Wettbewerber könnte die gewonnenen Ergebnisse beeinflusst haben, auch wenn dafür kein abschließender empirischer Beweis vorgebracht werden konnte. Europäische und nordamerikanische Wettbewerber zeigen erwartungskonform keine kurzfristigen abnormalen Renditen.

Die Betrachtung der CAARs der jeweiligen Zielunternehmen bietet eine mögliche Erklärung für die teilweise unerwarteten Ergebnisse. Während die Zielunternehmen der Deutschen Bank sowie ihrer europäischen und nordamerikanischen Wettbewerber erwartungsgemäß hohe abnormale Renditen im Zuge der Transaktionen erfahren haben, lagen die Werte für die Targets der asiatischen und deutschen Wettbewerber deutlich niedriger bzw. sogar im negativen Bereich. Insgesamt betrachtet konnte somit von den deutschen und asiatischen Wettbewerbern im Zuge der Übernahmen nicht zwangsläufig ein Mehrwert geschaffen werden. Es gelang ihnen aber offensichtlich, den Werttransfer von Käufer zu Target, der typischerweise im Rahmen von Übernahmen zu beobachten ist, zu reduzieren und so den Transaktionserfolg für das eigene Unternehmen kurzfristig zu erhöhen.

Die Analyse der Erfolgsdeterminanten, die durch die Betrachtung von Mittelwertdifferenzen der verschiedenen Substichproben sowie mit Hilfe einer multivariaten Regressionsanalyse durchgeführt wurde, lieferte nur teilweise signifikante und konsistente Ergebnisse. Für die vorliegende Stichprobe der Deutschen Bank konnten Übernahmen kleinerer Targets, bei denen der Transaktionswert unter 100 Mio. USD lag, als deutlich erfolgreicher bestimmt werden. Die Untersuchungen hinsichtlich der Größe des Targets sowie der relativen Größe der Transaktionspartner im Rahmen der Regressionsanalyse konnten dieses Ergebnis jedoch nicht bestätigen. Auch für die europäischen Wettbewerber wurden diesbezüglich nur insignifikante Werte ermittelt. Sowohl für die Stichprobe der Deutschen Bank als auch die ihrer europäischen Wettbewerber konnten im Rahmen der Mittelwertvergleiche keine signifikanten Ergebnisse dafür gefunden werden, dass horizontale Transaktionen systematisch schlechter bewertet wurden als andere Transaktionsrichtungen.

Die Untersuchung des Einflusses der Deregulierungsmaßnahmen der EU sowie weiterer makroökonomischer Veränderungen auf den M&A-Erfolg der Deutschen Bank lieferte kein einheitliches Ergebnis. Während im Rahmen des Mittelwertvergleichs der abnormalen Renditen lediglich insignifikante Ergebnisse ermittelt wurden, konnten im Rahmen der durchgeführten multivariaten Regressionsanalyse statistisch signifikante Ergebnisse beobachtet werden, die einen negativen Einfluss der Transaktionen in den letzten Jahren auf den M&A-Erfolg belegen. Für die Stichprobe der europäischen Wettbewerber wird dieses Ergebnis zudem durch statistisch signifikante Ergebnisse bei beiden Analysen bestätigt. Bei der Analyse der Performance der Käuferbank konnte entgegen den Ergebnissen bisheriger Studien für die Stichprobe der Deutschen Bank ein positiver Zusammenhang zum Transaktionserfolg festgestellt werden.

Ein Großteil der bislang im europäischen Bankensektor durchgeführten Übernahmen fand auf nationaler Ebene statt und diente daher der nationalen Konsolidierung. Beachtet man, dass sich in den letzten 20 Jahren selbst in einem stark fragmentierten Markt wie Deutschland die Anzahl der Institute mehr als halbiert hat, deutet sich zumindest eine Verlangsamung dieser nationalen Konsolidierung an. In Märkten mit höherer Konzentration ist sogar davon auszugehen, dass nur noch geringe nationale Konsolidierungsmöglichkeiten vorhanden sind.[49] Es ist deshalb anzunehmen, dass mit einer Fortsetzung der Konsolidierung, primär auf internationaler Ebene, zu rechnen ist.[50] Verschiedene Studien belegen, dass sich Synergie- und Kostensenkungspotenziale bei grenzüberschreitenden Transaktionen nach wie vor aufgrund von kulturellen, sprachlichen, aber auch ökonomischen und rechtlichen Differenzen und den damit verbundenen höheren Informations- und Monitoringkosten schwerer bzw. nur auf einem niedrigeren Niveau realisieren lassen.[51] Im Rahmen dieser Arbeit wurden bereits erste Anhaltspunkte dafür gefunden, dass eine solche negative Konsequenz bereits vorhanden war. Die Frage, wie sich der Erfolg von M&A-Transaktionen in diesem Zusammenhang entwickelt, stellt in jedem Fall ein wichtiges Forschungsfeld für die Zukunft dar.

---

49 Vgl. Krabichler & Krauß (2003), S. 7; OECD (2010).

50 Vgl. Lorenz (2006), S. 49; Mußhoff (2008), S. 43f.

51 Siehe auch Lorenz (2006), S. 49; Seth et al. (2002), S. 924; Mußhoff (2008), S. 44.

6.6 Referenzen

Akhavein, J.D., Berger, A.N. & Humphrey, D.B. (1997): The effects of mega-mergers on efficiency and prices: evidence from a bank profit function. In: Review of Industrial Organization, 12(1), S. 95-139.

Amihud, Y., DeLong, G., Saunders, A. (2002): The effects of cross-border bank mergers on bank risk and value. In: Journal of International Money and Finance, 21(6), S. 857-877.

Andrade, G., Mitchell, M., Stafford, E. (2001): New evidence and perspectives on mergers. In: The Journal of Economic Perspectives, 15(2), S. 103-120.

Beitel, P. (2002): Akquisitionen und Zusammenschlüsse europäischer Banken. Wertsteigerung durch M&A-Transaktionen. Wiesbaden: Deutscher Universitäts-Verlag.

Beitel, P., Schiereck, D. (2001): Value creation at the ongoing consolidation of the European banking market. Working Paper 05/01, ima – Institute for Mergers & Acquisitions

Beitel, P., Schiereck, D. (2003): Zum Erfolg von Akquisitionen und Zusammenschlüssen zwischen Banken. Eine Bestandsaufnahme der empirischen Forschung. In: Österreichisches Bankarchiv, 51(7), S. 501-515.

Beitel, P., Schiereck, D., Wahrenburg, M. (2004): Explaining M&A success in European banks. In: European Financial Management, 10(1), S. 109-139.

Berger, A.N., Dai, Q., Ongena, S., Smith, D.C. (2003): To what extent will the banking industry be globalized? A study of bank nationality and reach in 20 European nations. In: Journal of Banking & Finance, 27(3), S. 383-415.

Berger, A.N., Mester, L.J. (1997): Inside the black box: What explains differences in the efficiencies of financial institutions? In: Journal of Banking & Finance, 21(7), S. 895-947.

Brabänder, B. (2006): Bankenmarkt Deutschland: Restrukturierungserfolge und -notwendigkeiten. In: Schrooten, M. (Hrsg.): Zukunft des deutschen Bankensektors. Berlin: Duncker & Humblot (Vierteljahrshefte zur Wirtschaftsforschung, 75, Heft 4), S. 135-150.

Brown, S.J., Warner, J.B. (1985): Using daily stock returns: The case of event studies. In: Journal of Financial Economics, 14(1), S. 3-31.

Cable, J., Holland, K. (1999): Regression vs. non-regression models of normal returns: Implications for event studies. In: Economics Letters, 64(1), S. 81-85.

Cybo-Ottone, A., Murgia, M. (2000): Mergers and shareholder wealth in European banking. In: Journal of Banking & Finance, 24(6), S. 831-859.

Davidson, J.A., Ledger, A.R., Viani, G. (1998): Wholesale banking: The ugly implications of EMU. In: McKinsey Quarterly, Nr. 1, S. 66-81.

DeLong, G.L. (2001): Stockholder gains from focusing versus diversifying bank mergers. In: Journal of Financial Economics, 59(2), S. 221-252.

DeLong, G.L. (2003): Does long-term performance of mergers match market expectations? Evidence from the US banking industry. In: Financial Management, 32(2), S. 5-25.

Dermine, J. (2002): The transformation of the European financial system. European banking: Past, present and future. Conference Paper. European Central Bank (ECB). Online verfügbar unter http://www.ecb.int/events/pdf/conferences/dermine_comp.pdf, zuletzt geprüft am 18.05.2010.

Deutsche Bank (2010): Geschäftsbericht 2009. Online verfügbar unter http://geschaefts-bericht.deutsche-bank.de/2009/gb/serviceseiten/ downloads/files/dbfy2009_gesamt.pdf, zuletzt geprüft am 14.05.2010.

Dombret, A., Schiereck, D., Voigt, C., Zeidler, F. (Hrsg.) (2008): M&A in the European banking industry. Sternenfels: Verlag Wissenschaft & Praxis (Rheingauer Monographien, 3).

Gardener, E.P. M., Molyneux, P., Moore, B. (1998): The strategic implications of EMU for European banking. In: Service Industries Journal, 18(4), S. 87-108.

Gregoriou, G.N., Renneboog, L. (2007): International mergers and acquisitions activity since 1990: Recent research and quantitative analysis. Amsterdam: Academic Press.

Hiller von Gaertringen, C. (2006): Deutsche Bank. Die Macht am Main. Hamburg: Europäische Verlagsanstalt.

Houston, J.F., Ryngaert, M.D. (1994): The overall gains from large bank mergers. In: Journal of Banking & Finance, 18(6), S. 1155-1176.

Karceski, J., Ongena, S., Smith, D.C. (2005): The impact of bank consolidation on commercial borrower welfare. In: The Journal of Finance, 60(4), S. 2043-2082.

Kobrak, C. (2008): Banking on global markets. Deutsche Bank and the United States, 1870 to the present. Cambridge: Cambridge University Press.

Köhler, P., Landgraf, R. (2009): Deutsche Bank legt bei Sal. Oppenheim drauf. In: Handelsblatt, 24.10.2009. Online verfügbar unter http://www.handelsblatt.com/unternehmen/banken-versicherungen/deutsche-bank-legt-bei-sal-oppenheim-drauf;2473225, zuletzt geprüft am 23.04.2010.

Krabichler, T., Krauß, I. (2003): Konsolidierung im europäischen Bankenmarkt: Die Länder der EU im Vergleich. Institut für Bankinformatik und Bankstrategie an der Universität Regensburg. Working Paper. Online verfügbar unter http://de.ts.fujitsu.com/rl/aboutus/branchen/lobfdl/download/info /rrkonsolidierung.pdf, zuletzt geprüft am 21.01.2010.

Küfner, T. (2009): Deutsche Bank: Übernahme von Sal. Oppenheim perfekt. In: Der Aktionär Online, 28.10.2009. Online verfügbar unter http://www.deraktionaer.de/xist4c/web/Deutsche-Bank--Uebernahme-von - Sal-Oppenheim-perfekt_id_43__dId_11022289_.htm, zuletzt geprüft am 23.04.2010.

Lebert, R. (2009): Sprung nach vorn für die Deutsche Bank. In: Financial Times Deutschland, 29.10.2009, S. 17.

Lorenz, J.-T. (2006): European Banking M&A. Die Kapitalmarktperspektive. Wiesbaden: Deutscher Universitäts-Verlag.

MacKinlay, A.C. (1997): Event studies in economics and finance. In Journal of Economic Literature, 35(1), S. 13-39.

Madura, J., Wiant, K.J. (1994): Long-term valuation effects of bank acquisitions. In: Journal of Banking & Finance, 18(6), S. 1135-1154.

Mitchell, M.L., Mulherin, J.H. (1996): The impact of industry shocks on takeover and restructuring activity. In: Journal of Financial Economics, 41(2), S. 193-229.

Morck, R., Shleifer, A., Vishny, R.W. (1990): Do managerial objectives drive bad acquisitions? In: Journal of Finance, 45(1), S. 31-48.

Mußhoff, J. (2008): Erfolgreiche M&A-Transaktionen in der europäischen Banken-industrie. Wiesbaden: Deutscher Universitäts-Verlag / GWV Fachverlage GmbH.

OECD (2010): Income statement and balance sheet. OECD Banking Statistics (database). Online verfügbar unter http://dx.doi.org/10.1787/data-00270-en, zuletzt geprüft am 24.05.2010.

o.V. (2009a): Deutsche Bank greift nach Sal. Oppenheim. In: Handelsblatt, Nr. 149, 06.08.2009, S. 1.

o.V. (2009b): Deutsche Bank übernimmt Sal. Oppenheim. In: Welt Online, 28.10.2009. Online verfügbar unter http://www.welt.de/wirtschaft/ article5008002/Deutsche-Bank-uebernimmt-Sal-Oppenheim.html, zuletzt geprüft am 01.06.2010.

Piloff, S.J. (1996): Performance changes and shareholder wealth creation associated with mergers of publicly traded banking institutions. In: Journal of Money, Credit and Banking, 28(3), S. 294-310.

Piloff, S.J., Santomero, A.M. (2007): The value effects of bank mergers and acquisitions. Working Paper 97-07. The Wharton School, University of Pennsylvania. Online verfügbar unter http://fic.wharton.upenn.edu/fic/papers/97/9707. pdf, zuletzt geprüft am 18.03.2010.

Seth, A., Song, K.P., Pettit Richardson, R. (2002): Value creation and destruction in cross-border acquisitions: An empirical analysis of foreign acquisitions of U.S. firms. In: Strategic Management Journal, 23(10), S. 921-940.

Speicher-Utsch, S., Clausen, S. (2009): Sal. Oppenheim droht zu zerfallen. In: Financial Times Deutschland, 12.08.2009, S. 15.

Speicher-Utsch, S., Kirchner, C., Schreiber, M. (2009): Pleiten, Pech und Zertifikate. In: Financial Times Deutschland, 29.10.2009, S. 16.

Tourani-Rad, A., van Beek, L. (1999): Market valuation of European bank mergers. In: European Management Journal, 17(5), S. 532-540.

Teil C: Bankzusammenschlüsse und IT-Integration

7 IT-Integration als strategischer Erfolgsfaktor bei M&As

Immanuel Pahlke und Prof. Dr. Dirk Schiereck

7.1 Einleitung

„Remember that surprises are for birthdays - not for after the merger!"
(L., Gary Boomer[1])

Fusionen und Zusammenschlüsse (im Weiteren als Mergers & Acquisitions bzw. M&As bezeichnet) entwickeln sich seit einigen Dekaden zu einem häufig praktizierten Instrument der Unternehmensstrategie, um externe Wachstums- und Diversifikationseffekte umzusetzen, die nicht im gleichen Ausmaß über internes Wachstum sichergestellt werden können (Merali & McKiernan, 1993, S. 105). Die Motivation für den Zusammenschluss von zwei Unternehmen besteht vor allem in der Aussicht auf Wirtschaftlichkeitsvorteile durch Bündelung von Ressourcen und Erzielung von Größeneffekten. M&As sind somit von herausragender strategischer Bedeutung wobei ein positiver Ausgang für die Sicherstellung des nachhaltigen Unternehmenserfolgs entscheidend ist. Demzufolge steht das Top-Management vor der Herausforderung, den Erfolg einer M&A-Transaktion mit einer geeigneten Integrationsstrategie und deren Umsetzung sicherzustellen.

Auch deutsche Banken nehmen infolge des Konsolidierungsdrucks immer häufiger die Herausforderungen im Zuge einer Integration auf sich und versuchen durch Synergieeffekte Vorteile im Wettbewerb zu erlangen. Rolf-Ernst Breuer erklärte beispielsweise 2004: „Die Konsolidierung des Bankenmarktes ist meines Erachtens ein Thema, das ganz aggressiv angegangen werden muss". In kaum einer andern Branche werden die Wertsteigerungspotenziale höher eingeschätzt, da einerseits die Skaleneffekte aufgrund der Geschäftsstrukturen be-

1 L. Gary Boomer ist CEO der Boomer Consulting, Inc.

trächtlich sein können und andererseits der Markt auch heute immer noch sehr stark fragmentiert ist. Einige aktuell durchgeführte M&A-Transaktionen, wie die Übernahme der Dresdner Bank durch die Commerzbank oder die Beteiligung der Deutschen Bank an der Postbank gehören zu den größten Fusionen in der Geschichte der deutschen Bankenlandschaft.

Neben der fortschreitenden Konsolidierung erreicht auch ein anderer Trend die deutschen Banken: die Industrialisierung ihrer Geschäftsprozesse verbunden mit einer wachsenden strategischen Bedeutung der IT (Betsch & Thomas, 2004; Bartmann et al., 2005).

Beide Trends führen dazu, dass das Integrationsmanagement der Informationstechnologie (IT) bei M&A-Transaktionen im Finanzdienstleistungssektor zu einem immer wichtigeren Erfolgsfaktor der Integration wird. Die meisten Unternehmen verfügen heute über komplexe und heterogene IT-Landschaften. Dies gilt in besonderer Weise für Finanzinstitute, die aufgrund der Informationsintensität ihrer Produkte und Prozesse traditionell einen hohen Grad der Durchdringung mit leistungsfähiger IT aufweisen (Penzel & Pietig, 2000, S. 113 ff.). Neben der reinen technischen Verbindung müssen auch weitreichende organisatorische und integrative Aufgaben beachtet und durchgeführt werden. Vor diesem Hintergrund stellt sich die Frage, ob das derzeitige IT-Integrationsmanagement im Rahmen von Bankakquisitionen in der Lage ist, anstehende Konsolidierungsschritte und damit verbundene Motive und erhoffte Synergieeffekte zu heben.

Es existieren viele Negativbeispiele von M&A-Transaktionen, deren anschließende IT-Integration zur Verzögerung des Integrationsprozesses führte bzw. das gesamte M&A-Projekt gefährdete. Im Rahmen der Fusion der Mizuho Financial Group im Jahre 2002 brach bei der Zusammenschaltung der unterschiedlichen Systeme der Dai-Ichi Kangyo Bank (DKB) und der Fuji Bank das zentrale Informationssystem (IS) für mehrere Tage zusammen. Nach diesem Systemcrash dauerte es drei Jahre bis die IS der ehemaligen Fuji Bank und DKB integriert werden konnten (Schulz 2007, S. 317). Ähnliche Probleme wiederholten sich Anfang 2006 bei der Fusion der Mitsubishi UFJ Financial Group, die ihre Systemintegration auf Ende 2008 verschieben musste (ebd., S. 318).

Ebenso belegen Studien von führenden Unternehmensberatungen, dass weiterer Forschungs- und Handlungsbedarf im Bereich der IT-Integration bei M&A Projekten existiert. Eine aktuelle Studie von Deloitte[2] zeigt zum Beispiel, dass

---

2 Insgesamt befragte Deloitte zusammen mit der Johannes Gutenberg-Universität Mainz 450 IT-Führungskräfte deutscher Großunternehmen für diese Studie.

jedes dritte IT-Integrationsprojekt im Rahmen von M&A-Transaktionen scheitert. Deloitte rät daher IT-Themen so früh wie möglich in M&A-Projekte einzubinden. So sollten Aspekte der IT-Integration bereits bei der Entwicklung der M&A-Strategie einfließen und die Zielselektion beeinflussen. Die Kosten der Integrationsprojekte können ohne klare Integrationsstrategie unerwartet das ursprünglich eingeplante Budget übersteigen. Dadurch werden gebildete Rückstellungen überschritten und Synergieeffekte können nicht gewinnbringend umgesetzt werden. Bisher allerdings beziehen nur 15 Prozent der Unternehmen die IT-Integration in ihre strategischen Überlegungen ein, so die Ergebnisse der Deloitte-Studie (Deloitte, 2008). Demnach gilt auch heute noch der von McKiernan & Merali (1995) dargestellte Zustand: „One of the main reasons for poor post-merger performance is the failure of organizations to fully consider the IT implications of mergers." (McKiernan & Merali,1995, S. 55).

Das Resultat der IT-Integrationsbemühungen wird vor allem durch Managementaspekte bestimmt. Hierbei spielt hauptsächlich das Niveau der Managementunterstützung bei IT-Integrationsaufgaben sowie die Qualität der IT-Integrationsplanung und die Einbindung in die übergeordnete Integrationsstrategie eine wesentliche Rolle (McKiernan & Merali, 1995, S. 55 f.; Robbins & Stylianou, 1999, S. 208 f.; Mehta & Hirschheim, 2007, S. 146). Allerdings existieren bis heute nur wenige wissenschaftliche Untersuchungen, die dem Management einen fundierten Ordnungsrahmen als Entscheidungsgrundlage zur IT-Integrationsthematik zur Verfügung stellen (Kumar, 2002; Wijnhoven et al., 2006; Mehta & Hirschheim, 2007). Dieses Kapitel beschäftigt sich daher vor allem mit der strategischen bzw. konzeptionellen Perspektive der mit einer M&A-Transaktion verbundenen IT-Integration. Aus einer ganzheitlichen Betrachtungsweise wird ein theoretisch fundierter Ordnungsrahmen in Bezug auf die Ausgestaltung der IT-Integrationsstrategie abgeleitet. Das primäre Ziel ist es dabei, ein Problembewusstsein zu erzeugen und strategische Handlungsalternativen für die Entscheidungen des Top-Managements aufzuzeigen. Hierzu werden zunächst Einflussfaktoren extrahiert und verschiedene Dimensionen der IT-Integrationsstrategie separiert. Im nächsten Schritt werden dann Zusammenhänge zwischen den entsprechenden Einflussfaktoren und der strategischen Ausgestaltung der Dimensionen der Integrationsstrategie dargestellt. Abschließend werden diese Zusammenhänge durch eine Fallstudie aus dem deutschen Finanzdienstleistungssektor qualitativ validiert.

7.2 Der M&A-Prozess

Der Zusammenschluss von Unternehmen kann mehrere Jahre andauern und weist eine hohe Komplexität auf. In diesem Abschnitt wird der typische Ablauf eines M&A-Prozesses skizziert, der auf eine Komplexitätsreduktion und strukturelle Unterteilung der M&A-Aktivitäten abzielt. Das Verständnis des präsentierten Gesamtablaufs ist für die adäquate Einordnung der IT-Integration in den Transaktionsprozess wichtig. Das im Folgenden dargestellte Modell basiert auf der bestehenden themenspezifischen Literatur und wird um Aspekte aus der bankbetrieblichen Praxis (erschlossen durch Experteninterviews) ergänzt.

Abbildung 1: Der M&A-Transaktionsprozess (eigene Darstellung, in Anlehnung an Galpin & Herndon, 1999, S. 8 f.; Jansen, 2001, S. 165 ff.; Keuper et al., 2006, S. 43 ff.)

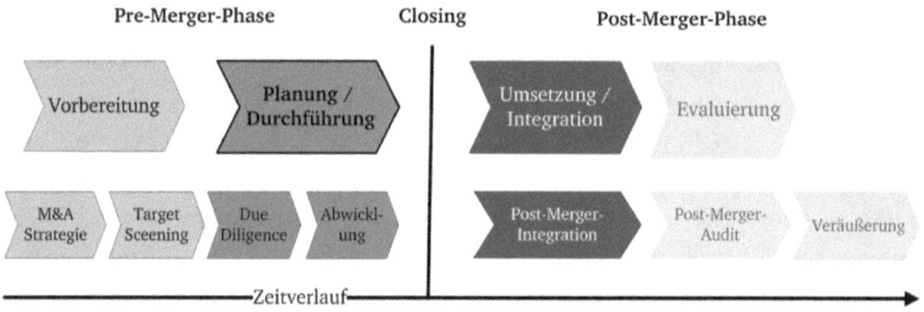

In der bestehenden Literatur, die sich mit dem Thema M&A auseinandersetzt, existiert keine konsistente Phaseneinteilung eines Transaktionsprozesses. Die Granularität der Phasen reicht von drei bis maximal sieben Phasen (u.a. Buono & Bowditch, 1989; Haspeslagh & Jemison, 1991). Konzeptionell beziehen sich alle Modelle allerdings auf die gleiche logische Einteilung, wie sie in Abbildung 1 dargestellt ist. In der Pre-Merger-Phase (auch Pre-Closing-Phase) planen die beteiligten Unternehmen eine M&A-Transaktion, während nach der erfolgreichen vertraglichen Transaktion (Closing) durch die Integration (Post-Merger-Phase bzw. Post-Closing-Phase) sichergestellt werden muss, dass die zwei heterogenen sozio-technischen Systeme zusammen funktionieren und die M&A-Motive und Zielsetzungen umgesetzt werden können.

Die Inhalte und Ergebnisse der einzelnen Phasen werden in Tabelle 1 zusammengefasst.

Tabelle 1: Phasen eines M&A-Transaktionsprozesses

	Phasen des Integrationsprozesses			
	Vorbereitung	**Planung/ Durchführung**	**Integration/ Umsetzung**	**Evaluierung**
Beginn	▪ Motive ▪ Unternehmensstrategie	▪ Zusammenschlussabsicht dem ausgewählten Kandidaten mitteilen ▪ In die Planungs- und Verhandlungsphase eintreten	▪ Organisation von Maßnahmen zur Durchführung der Integration ▪ Bilden von Teilprojekten (Komplexitätsreduktion)	▪ Evaluationsplanung ▪ Wie soll was evaluiert werden?
Inhalt	▪ Überprüfung der eigenen Strategie sowie der daraus abgeleiteten Ziele ▪ „Targetscreening" ▪ Kandidatenauswahl ▪ Analyse der Ausgangslage (SWOT-Analyse)	▪ Sondierungsgespräche ▪ Einigung auf eine gemeinsame Integrationsstrategie als Basis für die weitere Planung ▪ Planungs- und Verhandlungsprozesse ▪ Due Diligence-Prüfung	▪ Durchführung von Maßnahmen zur Integration ▪ Anpassen der Maßnahmen an sich ändernde Rahmenbedingungen (Strategie, Ziele, Wettbewerb, Rechtsprechung, etc.)	▪ detaillierte Analyse des Projektablaufes und der Integrationsergebnisse ▪ Wirtschaftlichkeitsrechnung ▪ Ursachenanalyse bei Zielabweichungen
Ergebnis	▪ Zusammenschluss nach verschiedenen Dimensionen gedanklich konstruiert	▪ Vertragsabschluss ▪ Integrationsstrategie erstellt ▪ Transaktion rechtlich vollzogen	▪ Vollständige Integration beider Unternehmen	▪ Akquisitionskompetenz im Hinblick auf zukünftige M&A-Aktivitäten

7.3 IT-Integration – Eine strategische Perspektive

Integration beschreibt im Allgemeinen die „Herstellung einer Einheit" bzw. die „Herstellung eines Ganzen". Somit wird Integration im betriebswirtschaftlichen Kontext auch als „a blending together of organizational components" definiert (Shrivastava, 1986, S. 66). Hierbei wird ein Integrationsprozess vor allem zur Überwindung von Grenzen bzw. Differenzen in Bezug auf die Strategie, die Organisation (Abteilungen, Prozesse), die Unternehmensressourcen (strukturelle Differenzen) und die Unternehmenskultur vollzogen (Mertens, 2001, S. 244). Solche Differenzen können sowohl intern gewachsen als auch durch den rechtlichen Zusammenschluss von bisher selbständigen Unternehmen entstanden sein. Die Integrationsaufgabe besteht somit darin, die Unternehmen so miteinander zu verbinden, dass eine neue soziotechnische Einheit entsteht und die Motive und Ziele der M&A-Transaktion umgesetzt werden können. Dieser Abschnitt beschäftigt sich hauptsächlich mit der konzeptionellen und strategischen Ausgestaltung der IT-Integration. Entsprechende Dimensionen und Einflussfaktoren werden erschlossen und definiert. Die IT-Integrationsstrategie wird dabei als ein Teil der Integrationsplanung angesehen und steht damit am Anfang des IT-Integrationsprozesses. Die IT-Integrationsplanung wiederum kann als Aufgabe des IT-Integrationsmanagements angesehen werden.

Die themenspezifische Literatur als auch befragte Experten bestätigen, dass ein strukturierter Planungsprozess einer der wichtigsten Erfolgsfaktoren einer M&A-Integration darstellt (Berens & Strauch, 2002, S. 511). Eine besondere Bedeutung kommt dabei der Bestimmung der Integrationsstrategie zu, aus der die spezifische IT-Integrationsstrategie und die entsprechenden Ziele abgeleitet werden (Penzel, 1999, S. 105; Lauritzen, 2000, S. 23). Ein wesentlicher Schritt in diesem Zusammenhang ist die Definition und Abgrenzung des funktionalen und systemtechnischen Umfangs der IT-Integration. Zudem ist eine adäquate Vorgehensweise für die Integration beider System- und Infrastrukturlandschaften zu bestimmen (Broadbent & Weill, 1997, S. 80 f.). In den folgenden Abschnitten werden weitere wichtige Dimensionen und ihre entsprechenden Ausprägungen näher betrachtet. Diese einzelnen Dimensionen spannen einen Lösungsraum auf, aus dem das Top-Management eine IT-Integrationsstrategie unter Betrachtung verschiedenster Einflussfaktoren frühzeitig definieren und festlegen sollte.

7.3.1 Integrationsvorgehensweise

Die IT-Integrationsvorgehensweise bestimmt den allgemeinen IT-Integrationspfad, der den zeitlichen Ablauf der Integration vorgibt. Generell beschreibt die Integrationsvorgehensweise in Bezug auf die IT, in welcher zeitlichen Reihenfolge und Systematik die einzelnen funktionsfähigen Altsysteme zusammengesetzt werden. McKiernan und Merali (1995) unterscheiden in diesem Zusammenhang eine proaktive von einer reaktiven IT-Integration. Eine *proaktive Vorgehensweise* bezieht die IT sehr früh in die Betrachtung ein, und der gesamte Integrationsprozess richtet sich stark an der IT-Integration aus. Die IT-Integration stellt somit den kritischen Pfad des gesamten Integrationsprozesses dar. Bei einer *reaktiven Vorgehensweise* wird der Integrationsprozess überwiegend von der fachlichen Seite bestimmt. Die IT spielt vor der Transaktion eine eher untergeordnete Rolle. In diesem Spektrum kann eine weitere Integrationsvorgehensweise – der „Partnership-Ansatz" – ergänzt werden, der sich dadurch auszeichnet, dass sich die Fachseite sowie die IT-Seite gleichermaßen aneinander ausrichten.

Eine differenzierte Betrachtung kann in Anlehnung an die allgemeine Integrationstheorie vorgenommen werden (u.a. Britton & Bye, 2004). In diesem Zusammenhang werden verschiedene Ansätze und Modelle im Spektrum zwischen einer inkrementellen und nicht inkrementellen Integrationsvorgehensweisen diskutiert. Bei der *nicht-inkrementellen Integrationsvorgehensweise* wird ein Großteil der Systemkomponenten gleichzeitig integriert. Diese sogenannte „Big-Bang"-Vorgehensweise wird vor allem bei einer reinen Datenmigration bzw. Integration auf Datenebene angewandt. Die Vorteile liegen in der schnellen Integration und dem unkomplizierten Management. Allerdings existieren auch einige Nachteile, die gewisse Projektrisiken mit sich bringen können. Eine Voraussetzung ist zum Beispiel, dass alle Altsysteme und deren Systemkomponenten zur Integration funktionsfähig zur Verfügung stehen müssen. Fehler sind aufgrund der Komplexität nicht leicht zu finden und geeignete Testumgebungen, sowie Testfälle schwer zu konstruieren. Häufig muss eine vollständige Kopie des Produktivsystems implementiert werden, da der operative Betrieb des Produktivsystems durch die Testläufe zu stark gefährdet wäre.

Bei der inkrementellen Integrationsvorgehensweise werden Altsysteme bzw. Systemkomponenten einzeln oder in kleinen Gruppen integriert und anschließend getestet. So können die Geschäftsprozesse, die durch die entsprechenden Altsysteme realisiert bzw. unterstützt werden, schrittweise aufgebaut werden. Der Vorteil dieser Vorgehensweise ist, dass die Komponenten integriert werden können, sobald sie fertiggestellt bzw. abgeschlossen sind. Somit kann die Komplexität nach dem Prinzip „Teile-und-Herrsche" zerlegt und dadurch das Risiko minimiert werden. Des Weiteren sind die Testfälle leichter konstruierbar und die benötigten Testumgebungen nicht so komplex. Allerdings stellt die Testüberdeckung bei dieser Variante eine Hauptherausforderung dar. Hier kann die sogenannte „hardest-first" Vorgehensweise als spezielle Variante angewendet werden (Brugger, 2005, S. 89). Bei dieser Variante werden zuerst die systemkritischsten Prozesse bzw. entsprechende Systemkomponenten implementiert, integriert und getestet. Darüber hinaus können weitere Mischformen unterschieden werden, die nur teilweise die Anforderungen der inkrementellen Vorgehensweise erfüllen. Ein Beispiel hierfür ist die geschäftsprozessorientierte Integration. Hierbei werden diejenigen Komponenten integriert, die einem bestimmten Geschäftsprozess zugeordnet werden können. Der Trend der komponentenorientierten Zuordnung von bestimmten Altsystemen zu sogenannten fachlichen Business-Clustern unterstützt eine solche Vorgehensweise (Schick, 2008). Als weitere Beispiele können die „entzerrte Big-Bang"-Strategie und die „Big-Bang"-Strategie untergliedert nach einzelnen Bereichen (zum Beispiel nach einzelnen Filialen) genannt werden.

Bei Akquisitionen kleiner Finanzinstitute oder einzelner Geschäftssparten, bei denen die Geschäftsprozesse und IT-Systemlandschaften von Anfang an vorgegeben sind, erscheint die Big-Bang-Vorgehensweise realisierbar und sinnvoll. Allerdings ist es bei einer größeren und komplexeren M&A-Transaktion schwer, die logistischen und technischen Probleme in den Griff zu bekommen. Selbst bei einer vollkommenen (organisatorisch, prozessualen, technischen) Absorptionsstrategie (siehe Abschnitt 7.3.2) sind die Risiken sehr hoch. Deshalb wird in der Praxis häufig eine „entzerrte" Form der Big-Bang-Vorgehensweise oder eine schrittweise Migrationsstrategie gewählt. Bei der entzerrten Big-Bang-Datenmigrationsstrategie werden zunächst die Stammdaten (wie beispielsweise Kundendaten, Partnerdaten usw.) der zu integrierenden Bank importiert, wobei die Migration der entsprechenden Vertrags- und Buchungsdaten an einem anderen Datum erfolgt.

Abbildung 2: Migrationsvorgehensweise

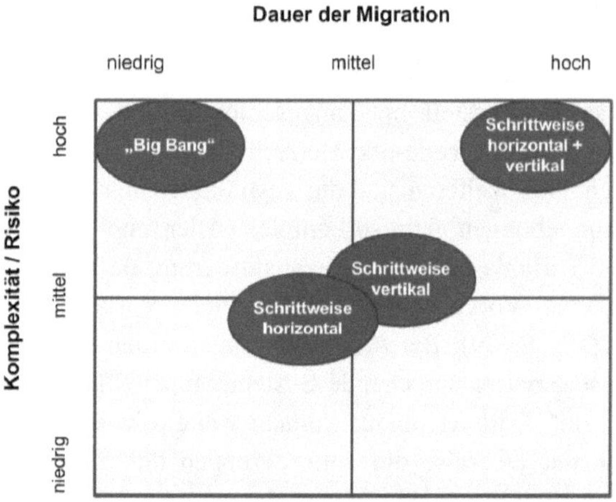

Soll die Datenmigration schrittweise erfolgen, ist eine geeignete Segmentierung festzulegen. Im Banksektor bietet sich beispielsweise eine Segmentierung nach Produkten / Produktgruppen (schrittweise vertikal) oder nach Absatzgebieten / Regionen / Filialen (schrittweise horizontal) an. In Abbildung 2 sind die jeweiligen Migrationsvorgehensweisen abgebildet und nach Komplexität und Dauer der Migration unterteilt.

Bei der klassischen Big-Bang-Migration werden die Daten an einem Stichtag übernommen. Dies führt zu einer temporären Belastung des Produktivsystems. Überdies erweist sich diese Vorgehensweise, in Bezug auf ihre Vorbereitung als sehr komplex, da der Migrationsprozess in kürzester Zeit durchgeführt werden muss. Die schrittweise Datenmigration (horizontal sowie vertikal) kann zur Reduktion der Risiken und der Komplexität eingesetzt werden. Allerdings erhöht sich die Migrationsdauer aufgrund der Abhängigkeitsbeziehungen. So ergibt sich beispielsweise bei der Migration nach Produkten bzw. Produktgruppen aufgrund der Produktabhängigkeiten ein erhöhtes Risiko der Dateninkonsistenz. Ein Vorteil der an Regionen bzw. Filialen ausgerichteten schrittweisen Datenmigration ist die Ausnutzung von Lerneffekten aus vorangegangenen Migrationsschritten. Allerdings steigt die Komplexität weiter an, falls unterschiedliche Segmentierungskriterien verwendet werden.

Die Entscheidung für eine bestimmte Migrationsvorgehensweise hängt wesentlich von der Produktkomplexität und der vorhandenen Datenstruktur ab. Produkte mit einfachen und standardisierten Strukturen im OTC-Bereich[3] können mit verhältnismäßig wenig Aufwand mittels einer Big-Bang-Strategie migriert werden. Komplex strukturierte bzw. unstrukturierte Produkte hingegen können meist nicht bzw. nur mit sehr hohem Aufwand automatisiert migriert werden. Zusammenfassend kann daher folgende Migrationsregel abgeleitet werden: Je homogener die Daten, desto mehr spricht für eine technische Integration mittels der klassischen oder entzerrten Big-Bang-Migrationsstrategie. Des Weiteren sollte die Datenmigration nicht als rein technische Aufgabe angesehen werden. Es ist wichtig, dass die Fachbereiche in Themen der Datenmigration eingebunden werden, denn die fachlich ausgerichteten Mitarbeiter wissen, welche Daten benötigt werden und können somit Optimierungspotentiale aufdecken (Morris, 2006, S. 33).

7.3.2 Integrationsmodi

Der IT-Integrationsmodus beschreibt, in Anlehnung an den allgemeinen Integrationsansatz, die Art und den Umfang, in dem die IT-Landschaft der Transaktionspartner konsolidiert bzw. integriert werden. In Abhängigkeit von den Motiven sowie der strategischen Zielsetzung der M&A-Transaktion, dem notwendigen Grad der Geschäftsprozessintegration und den geplanten Synergieeffekten ist ein passender IT-Integrationsmodus auszugestalten. In Anlehnung an die

---

3 Over-the-counter: Im Finanzwesen der außerbörsliche Handel zwischen Finanzmarktteilnehmern.

themenspezifische Literatur (z. B. Giacomazzi et al., 1997, S. 291; Penzel, 1999, S. 108 f.; Handschuh & Buchta, 2000, S. 31 f.; Lauritzen, 2000, S. 23; Kromer, 2001, S. 61 ff.; Trapp & Otto, 2002, S. 102 ff.; Strahringer & Zdarsky, 2003, S. 531 f.; Rentrop, 2004, S. 79 f.; Buxmann & Miklitz 2005, S.1066 f.; Koch & Menke, 2005; Wijnhoven et al., 2006, S. 11 f.) lassen sich die in Tabelle 2 dargestellten Grundformen unterscheiden.

Im Rahmen einer Neuentwicklung wird die IT-Landschaft des fusionierten Unternehmens neu implementiert und somit bestehende Altsysteme abgelöst (Lauritzen, 2000, S. 23). Unter Neuentwicklung ist allerdings nicht zwangsweise die Entwicklung einer komplett neuen Individualsoftware zu verstehen, die Einführung einer flächendeckenden Standardsoftware oder die verstärkte Nutzung von Sourcing-Optionen stellt eine Alternative dar. Somit bietet diese Strategie die Möglichkeit, die Systemlandschaft auf einer aktuellen und den Anforderungen entsprechenden IT-Architektur bzw. technologischen Basis neu aufzusetzen. Allerdings wirken sich die notwendigen Prozess-Harmonisierungs-, Koordinations- und Standardisierungsleistungen auf viele andere Unternehmensbereiche aus (Gouillart & Kelly, 1995; Jansen, 2001, S. 233).

Tabelle 2: Überblick – IT-Integrationsmodi

Modus	Darstellung	Kurzbeschreibung
Neuentwicklung		Entwicklung bzw. Anschaffung einer neuen Systemlandschaft (ERP-Standardsoftware ...).
Koexistenz	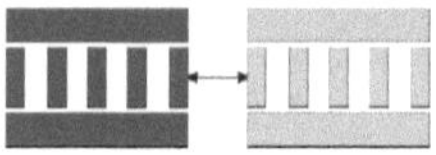	Schnittstellen zwischen beiden existierenden Systemlandschaften implementieren.
Symbiose		Die besten IS aus beiden Systemlandschaften auswählen.
Absorption	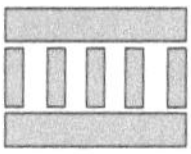	Auf eine Ziellandschaft migrieren.

Ebenso sind neben Entwicklungsaufgaben umfangreiche Migrationsaufgaben durchzuführen. Aufgrund dieser Komplexität und der sich daraus ergebenden hohen Projektlaufzeit, die der Forderung nach einer schnellen Integration bei Integrationsprojekten entgegensteht, wird dieser Integrationsmodus in der Praxis weitestgehend abgelehnt. Falls allerdings die Funktionalität, Erweiterbarkeit, Wartbarkeit, Skalierbarkeit und der weitere operative Betrieb aufgrund stark veralteter Systemlandschaften gefährdet ist, stellt die Neuentwicklung eine valide Option dar (Trapp & Otto, 2002, S. 107; Buxmann & Miklitz, 2005, S. 5).

Im Rahmen des Lösungsansatzes der „Koexistenz" bleiben die IT-Landschaften der Transaktionspartner weitestgehend erhalten. Die Hauptaufgabe liegt daher in der Verbindung der strategisch wichtigen Altsysteme, um einen einfachen Datenaustausch zu ermöglichen (Lauritzen, 2000, S. 21). Schnittstellen stellen die semantische Konsistenz der prozessbegleitenden Informationen sicher. Gerade in den heterogenen und auf Eigenentwicklungen basierenden IT-Landschaften der Finanzinstitute sollte der Aufwand für die Implementierung der notwendigen Schnittstellen nicht unterschätzt werden. In der Regel beschränkt sich die Anbindung allerdings auf das externe Rechnungswesen, um die gesetzlichen Anforderung des Berichtswesens und der Bilanzierung zu erfüllen (Trapp & Otto, 2002, S. 106). Somit ergeben sich eine relativ geringe Komplexität der Realisierung und eine vergleichsweise zügige Umsetzung (Buxmann & Miklitz, 2005, S. 1067). Ein weiterer positiver Aspekt dieser Lösung stellt die hohe Flexibilität dar, durch die eine spätere Umstrukturierung oder eine Ablösung und Weiterveräußerung gewährleistet werden kann (Trapp & Otto, 2002, S. 106). Demgegenüber sind allerdings schwerwiegende Nachteile anzuführen. So können Synergiepotenziale im IT-Bereich kaum erschlossen werden, da eine Konsolidierung weitestgehend ausbleibt. Dieser Ansatz erscheint deshalb nur dann sinnvoll, wenn die alten Strukturen (Organisation, Produktumfang, Prozesse) erhalten bleiben und die Realisierung von Synergieeffekten ein untergeordnetes Fusionsziel darstellt (Jansen, 2001, S. 233). Demnach kommt die Beibehaltung unabhängiger IT-Landschaften meist nur bei einer vertikalen Integration in Frage. Des Weiteren könnte dieser Integrationsmodus als Übergangslösung herangezogen werden, da beispielsweise aufgrund eines Ressourcenengpasses eine volle Integration der IT nicht vollzogen werden kann. Allerdings lässt sich die Koexistenzlösung im Finanzdienstleistungsbereich aufgrund von rechtlichen Aspekten nur begrenzt umsetzen. Durch die Forderung „*Ein Kunde ein (operatives) Risiko*" und den Anforderungen der Kreditnehmereinheit (§ 19 Abs. 2 Satz 1 KWG) gestalten sich diese Lösungsmöglichkeiten in der Regel als zu komplex und nicht tragbar.

Eine weitere Alternative stellt die Symbiose (oft auch als „Best-of-Breed" oder „Cherry Picking" bezeichnet) der einzelnen IT-Systemlandschaften dar.

Hierbei werden die einzelnen Altsysteme der Transaktionspartner hinsichtlich ihrer Funktionalität, Performance, Kompatibilität und Integrationsfähigkeit bewertet und die jeweils am besten geeigneten Systeme übernommen und integriert. Ein Vorteil besteht in der Möglichkeit, das bereits vorhandene Wissen über die einzelnen Systeme nutzen zu können (Handschuh & Buchta, 2000, S. 31) und die unterschiedlichen Funktionalitäten additiv in eine neue und leistungsfähigere Systemlandschaft zusammenzuführen. Demgegenüber stehen allerdings einige projektmanagementbezogene und technische Probleme. Die Identifikation der jeweils besten Teillösung gestaltet sich meist als sehr komplex, da sich die zu vergleichenden Altsysteme in ihrer Funktionalität oftmals nicht eindeutig entsprechen. Meinungsverschiedenheiten und damit verbundene langwierige Diskussionen gefährden den geplanten Integrationsprozess. Ferner stellt die Vielzahl der benötigten Schnittstellen eine nicht zu vernachlässigende technische Herausforderung dar. Aktuelle EAI-Technologien können hier zwar zur Komplexitätsreduktion beitragen (Keller, 2002, S. 5 ff.; Krafzig et al., 2005), die Anpassung der Formate von Stamm- und Bewegungsdaten und Buchungslogiken wirken sich dennoch negativ auf den Integrationsaufwand aus (Lehmann & Scheuse, 2000, S. 16). Somit führt der Symbioseansatz in der Regel zu vergleichsweise hohen Kosten und zu einer geringeren Integrationsgeschwindigkeit. Auch ist diese Integrationsform nur dann als sinnvoll zu erachten, falls Altsysteme vorhanden sind, die die neuen Anforderungen der integrierten Unternehmenseinheit erfüllen. Deshalb wird dieser Integrationsmodus meist nur bei Transaktionen mit ähnlich strukturierten Transaktionspartnern angewendet, die eine gut ausgebaute und integrierte IT-Infrastruktur aufweisen (Trapp & Otto, 2002, S. 107).

Bei der Absorptionsstrategie wird eine bestehende IT-Architektur als Ziellandschaft bestimmt und gegebenenfalls um einzelne Altsysteme des anderen Unternehmens ergänzt (Lauritzen, 2000, S. 23). Dadurch wird die Migration aller Daten, Funktionen und Prozesse auf diese Basisarchitektur notwendig. In der Praxis sowie in der themenspezifischen Literatur wird dieses Verfahren in den meisten Fällen als „Best-Practice"-Alternative vorgeschlagen, da eine relativ hohe Integrationsgeschwindigkeit realisiert werden kann und die Integrationskosten vergleichsweise gering ausfallen (Penzel, 1999, S. 109; Lehmann & Scheuse, 2000, S. 16). Allerdings müssen bei dieser Alternative alle Strukturen und die damit verbundenen Prozesse, Funktionen sowie Daten der Altsysteme in der neuen Ziellandschaft abgebildet werden. Dies bedarf einer umfangreichen Analyse-, Restrukturierungs- und Testphase, deren Komplexität in der Praxis häufig unterschätzt bzw. nicht von Anfang an eingeplant wird. Im Übrigen wird nicht nur die Möglichkeit der Neustrukturierung weitestgehend vernachlässigt (Trapp & Otto, 2002, S. 108), vielmehr kann die mangelnde Akzeptanz der absorbierten Altsysteme zu personellen und kulturellen Problemen führen, die wiederum die Projektrisiken erhöhen (Penzel, 1999, S. 109; Lehmann & Scheuse, 2000, S. 16). Die Skalierbarkeit der ausgewählten Systemlandschaften bildet eine weitere Voraussetzung für die reibungslose Durchführung der IT-Integration (Wijnhoven et al., 2006, S. 11). Die entsprechenden Altsysteme müssen eine zusätzliche Datenlast bewältigen. Deshalb wird diese Form nur dann als sinnvoll erachtet falls ein Transaktionspartner eine umfassende und integrierte IT-Systemlandschaft bereitstellt (Trapp & Otto, 2002, S. 107).

Neben diesen Grundformen werden in der Praxis weitere Varianten realisiert. Beispielsweise können bei dem Koexistenz-Ansatz in Bezug auf die Verknüpfung der beiden parallel existierenden Systemlandschaften weitere detaillierte Differenzierungen vorgenommen werden. Kromer (2001, S.61 f.) unterscheidet zusätzlich zwischen einer „separaten Fortführung", die auf jegliche Koppelung der Systeme verzichtet und der Koexistenz mit „Datenaustausch über eine Middleware-Lösung". Penzel (1999, S. 109) schlägt eine Kombination aus Absorptions- und „Best-of-Breed"-Strategie vor, bei der die Systeme eines M&A-Transaktionspartners als Basis für die Zielsystemlandschaft ausgewählt werden. Diese Basis wird um einzelne, weitgehend autonome Randsysteme des anderen Partners ergänzt. Aufgrund der weitgehenden Autonomie der Randsysteme werden komplexe Schnittstellen meist nicht benötigt. Eine andere Variante nennen Duthoite et al. (2004, S. 4 ff.), die eine Zusammenfassung der einzelnen IS bzw. Informationsteilsysteme jedes Transaktionspartners zu möglichst voneinander unabhängigen „Cluster" vorschlagen. Nach Schick (2008, S. 149) sollte hierbei eine mehrstufige Modularisierung in „Plattformen" und „Business Cluster" erfolgen. Plattformen gliedern die Geschäftsarchitektur horizontal entlang der Kernprozesse Vertrieb, Abwicklung, Steuerung sowie übergreifender Unterstützungsleistungen. Innerhalb der Plattformen wiederum werden Business Cluster nach fachlichen und funktionalen Gesichtspunkten definiert und stellen somit lose gekoppelte und kohärente Funktionsbereiche dar.

In Tabelle 3 werden die einzelnen Integrationsmodi und die entsprechenden Vor- und Nachteilen zusammengefasst. Die Bedeutung und die praktische Relevanz der verschiedenen Integrationsmodi bei M&A-Transaktionen wurden von Kromer und Stucky (2002) in einer Unternehmensbefragung erhoben.

Die Ergebnisse belegen, dass etwa zwei Drittel der befragten Unternehmen, die in einer M&A-Transaktion beteiligt waren, angeben, dass die IT-Landschaften im Sinne einer Absorption integriert wurden. Etwa ein Drittel teilte mit, die Koexistenz-Strategie umgesetzt zu haben, wobei in diesen Fällen die Systemlandschaften im Wesentlichen nebeneinander fortbestehen. Im Rahmen der Studie von Kromer und Stucky (2002) konnte weder ein Beispiel für eine Neuentwicklung noch für die Anwendung einer „Best-of-Breed"-Strategie gefunden werden.

Tabelle 3: Bewertung – IT-Integrationsmodi

IT-Bereich	Komplette Integration	Partielle Integration	Vorteile	Nachteile
Neuentwicklung	Ja	Nein	▪ Hoher Integrationsgrad ▪ Homogenität ▪ Zukunftsfähigkeit kann sichergestellt werden	▪ Hohe Komplexität der Umsetzung ▪ Zeitaufwändig ▪ Kostenintensiv
Koexistenz	Nein	Nein	▪ Geringe Komplexität ▪ Geringes Risiko ▪ Schnelle Umsetzung der Transaktion	▪ Sehr geringer Integrationsgrad ▪ Synergiepotenziale im IT-Bereich können kaum erschlossen werden ▪ Viele Schnittstellen erhöhen Betriebskosten und -risiko
Symbiose	Ja	Ja	▪ Zugriff auf bewährte Architektur-Elemente ▪ Objektive Auswahl der besten Komponenten ▪ Zukunftsfähigkeit kann gefördert werden	▪ Hohe Komplexität der Umsetzung ▪ Hoher Integrationsaufwand ▪ Beachtung von Interdependenzen zwischen den Komponenten
Absorption	Ja	Nein	▪ Vergleichsweise geringe Komplexität der Umsetzung ▪ Vorhandenes Wissen kann weiterhin genutzt werden	▪ Geringer Integrationsgrad ▪ Gefahr der mangelnden Akzeptanz

7.3.3 Ebenen der IT-Integration

Die Ausgestaltung der IT-Integration kann neben den bereits vorgestellten Dimensionen auch hinsichtlich der Integrationsbreite und der Integrationstiefe differenziert betrachtet werden. Das Ausmaß der Integrationsbreite beschreibt in welchem fachlichen Umfang die verschiedenen IS integriert werden. Die Komplexität der Integrationsaufgabe steigt dabei tendenziell mit Zunahme der Integrationsbreite (Winkeler et al., 2001, S. 8). Hier lassen sich allerdings keine allgemeingültigen Aussagen treffen, da der entsprechende Umfang der zu integrierenden Systeme immer von dem spezifischen M&A-Fallbeispiel abhängt. Die Integrationstiefe beschreibt hingegen, auf welchen logischen und technischen

Ebenen die IS bzw. die einzelnen IS-Komponenten semantisch miteinander verbunden werden, und stellt damit ein Maß für die Kopplungsstärke der Systeme dar. Die einzelnen IS eines Unternehmens sind meist logisch nach einem Schichtenmodell aufgebaut, welches die einzelnen Funktionalitäten in verschiedenen Ebenen zusammenfasst und kapselt. Mertens et al. (2005) unterscheiden eine Daten-, Funktions- und Prozessebene (u.a. Winkeler et al., 2001, S. 8; Puschmann & Alt, 2004, S. 108 f.; Mertens et al., 2005, S. 7 f.; Ferstl & Sinz, 2006, S. 216 ff.). Diesen Ansatz erweitern wir um die Ebenen „Personal" und „Infrastruktur" (Hardware, Netzwerkkommunikation, Basissysteme). Zusammenfassend lassen sich demnach fünf Ebenen bzw. Hauptbereiche der IT-Integration unterscheiden. Die einzelnen IT-Integrationsebenen stehen meist in einer unmittelbaren oder mittelbaren Abhängigkeitsbeziehung zueinander und bilden somit eine hierarchische Struktur (Stohr & Nickerson, 2003, S.375; Janas & Schumann, 2008, S. 23). So erfordert beispielsweise die Integration von Geschäftsprozessen eine Integration von Funktionalität, die wiederum weitere Integrations-maßnahmen auf der Daten-, Infrastruktur- und Personalebene impliziert. Abbildung 3 stellt diese hierarchische Struktur der Abhängigkeitsbeziehungen zusammenfassend dar.

Die Geschäftsprozessintegration basiert meist auf dem Informationsfluss und der Automatisierung der Geschäftslogik, die in einem Altsystem bzw. mehreren Altsystemen umgesetzt wird (Al Mosawi et al., 2006). Bei der Integrationsdurchführung auf Prozessebene müssen die Beteiligten diverse Problemstellungen lösen, die alle darunterliegenden Integrationsebenen betreffen (siehe Abbildung 3). Dies ist folglich die fachlich, technologisch sowie organisatorisch komplizierteste Integrationsform. Durch die Integration der Geschäftsprozesse können jedoch auch die größten Wertsteigerungen erzielt werden. Das wesentliche Ziel einer erfolgreichen Unternehmensintegration ist deshalb die volle Integration der Geschäftsprozesse, um die entsprechenden Synergien auf der fachlichen Geschäftsebene realisieren zu können.

Geschäftsfördernde Funktionalität wird innerhalb von Anwendungssoftware abgebildet, die Geschäftsprozesse voll- oder teilautomatisiert unterstützt. Die von Mertens et al. (2005) angeführte Funktionsintegration beschreibt die Verschmelzung von Programmen zur optimierten Bereitstellung bestimmter Funktionalität. Hierbei gilt es, zwei bisher voneinander getrennte Altsysteme über die Anwendungsebene so miteinander zu verknüpfen, dass der Geschäftsprozess effektiver unterstützt werden kann.

Abbildung 3: IT-Integrationsebenen (in Anlehnung an Janas & Schumann, 2008, S. 23 f.)

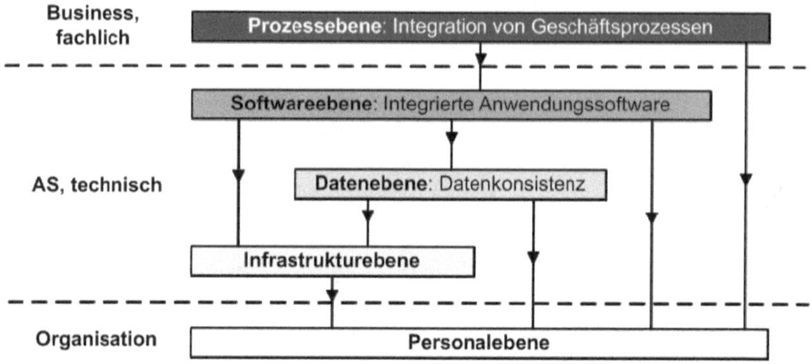

Die Integration von Daten wird häufig durch die Verbindung von unterschiedlichen IS notwendig. Eine Datenintegration kann aber auch aufgrund erhöhter Anforderungen an die Güte der Datenversorgung oder die Datenqualität durchgeführt werden. In beiden Fällen müssen (ggf. redundante) Datenbestände vereinheitlicht, transformiert und aggregiert werden, um den unterschiedlichen Unternehmensanwendungen und Organisationseinheiten eine konsistente Datenbasis bereitstellen zu können (Stohr & Nickerson, 2003).

Die Infrastruktur wird integriert, indem physische Komponenten (Hardware) so miteinander verbunden werden, dass sie als eine Einheit fungieren. Aufgrund von Kompatibilitätsproblemen wird eine Integration auf einer Infrastrukturebene allerdings nur in den wenigsten Fällen durchgeführt. Meist wird entweder die leistungsfähigere der beiden Komponenten ausgewählt oder ein vollständiger Ersatz durch eine neue leistungsfähigere Infrastruktur realisiert. Hardwareintegration kann sowohl durch Software- als auch durch Datenintegration notwendig werden.

Die Integration auf der Personalebene betrifft sowohl diejenigen Mitarbeiter, die für die Verwaltung, Betreuung und Pflege der Unternehmens-IT zuständig sind, als auch die Nutzer der entsprechenden Systeme. Hier gilt es, Mitarbeiter mit redundanten Aufgaben zu identifizieren und die Aufgaben ggf. neu zu verteilen bzw. Stellen neu zu besetzen. In Abhängigkeit einer Software-, Daten- oder Hardwareintegration kann eine solche Neuorganisation der Stellenbesetzung notwendig werden.

7.3.4 Integrationstechnologie

Unabhängig von der Ausgestaltung der IT-Landschaft der einzelnen Transaktionspartner gibt es mehrere grundlegende Möglichkeiten, die Integration auf einer technischen Ebene zu gestalten. Hierbei werden in der themenspezifischen Literatur verschiedene Technologientypen unterschieden. In Anlehnung an Markus (2001) können diese Integrationstechnologien in vier Klassen eingeteilt werden: 1. „Point-to-Point", 2. „Enterprisewide", 3. „Middleware", und 4. „Metalevel".

Der Point-to-Point-Ansatz realisiert die technische Verbindung von Anwendungen und Datenbanksystemen über spezifische Schnittstellen. Eine weitere Möglichkeit, die (unternehmensweite) Integration der Altsysteme umzusetzen, stellt die Nutzung eines Enterprise-Resource-Planning (ERP)-Systems dar. Dabei handelt es sich meist um eine „Standardsoftware"[4], die den betriebswirtschaftlichen Ablauf in den einzelnen Funktionseinheiten des Unternehmens steuert, kontrolliert und auswertet. ERP-Systeme sind somit große, integrierte Softwarepakete, die Lösungen für Verwaltungsaufgaben und, abhängig von der Industrie, auch für Prozesse aus dem Kerngeschäft anbieten (vgl. Fuß et al., 2007).

Middleware-basierende Integrationstechnologien hingegen verwenden eine vermittelnde Softwareschicht, die zwischen den einzelnen bestehenden Altsystemen liegt und die Konnektivität zwischen den verschiedenen Anwendungen realisiert (vgl. Ruh et al., 2001, S. 3). Hierbei kann zwischen kommunikationsbasierten und dienstbasierten Ansätzen unterschienden werden. Kommunikationsbasierte Middleware-Lösungen werden auch unter dem Begriff Enterprise Application Integration (EAI) zusammengefasst. Diese stellen die Kommunikation und Interoperabilität zwischen unterschiedlichen Anwendungen und Geschäftsprozessen sowohl innerhalb als auch zwischen Organisationen sicher (vgl. Winkeler et al., 2001, S. 8). Daher fokussieren diese Implementierungen (BEA WLI, Tibco Business Works, Sonic ESB, WebMethods, o.ä.) vor allem auf die Probleme, die sich aufgrund der wachsenden Anzahl an Schnittstellen bei Verwendung eines P2P-Ansatzes ergeben (vgl. Trapp & Otto, 2002, S. 109). Das Ziel ist, sowohl Eigenentwicklungen als auch Standardlösungen innerhalb

4 Die natürlich an die unternehmensspezifische Komplexität und deren individuale Anforderungen angepasst werden muss und dadurch meist ebenfalls eine Art Individuallösung entsteht.

des Unternehmens zu verbinden und die Kommunikation so zu gestalten, dass sämtliche Geschäftsprozesse unterstützt werden (vgl. Gulledge, 2006, S. 13).

Dienstbasierte Ansätze werden vor allem durch serviceorientierte Architekturen (SOA) realisiert. SOA unterscheidet sich bedeutsam von P2P und EAI, da sich dieser Ansatz vor allem an den Geschäftsprozessen orientiert, deren Abstraktionsebenen die Grundlage für konkrete Service-Implementierungen darstellen. Obwohl SOA durchaus als Middleware-Lösung betrachtet werden kann (vgl. Gulledge, 2006; Henningsson & Carlsson, 2007), stellt dieser Ansatz eher ein allgemeines Architektur-Paradigma dar (vgl. Bianco et al., 2007, S. 4; Nissen et al., 2008). Dieses Paradigma basiert auf der Definition und Strukturierung von Diensten, die auf der Funktionalität der bestehenden Altsysteme aufbauen.

Durch die Nutzung über standardisierte Schnittstellen wird eine Abstraktion von der technischen Heterogenität realisiert. Somit kann ein Altsystem einen Service in Anspruch nehmen, der durch ein anderes Altsystem realisiert wird. Die zentrale Middleware beschränkt sich hierbei lediglich auf die Servicevermittlung und den benötigten Datenaustausch.

Tabelle 4: Klassifikation der IT-Integrationstechnologien

Technologie	Darstellung	Beschreibung	Bewertung
Point-to-Point (P2P)	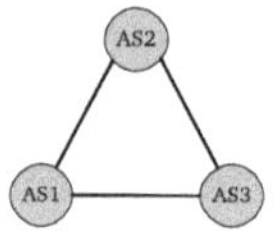	Die zu integrierenden Anwendungen werden über Schnittstellen verbunden	▪ Einfache und kostengünstige Umsetzung (vor allem bei einer geringen Anzahl an zu verbindenden Anwendungen) ▪ Unflexibel aufgrund fix implementierter Schnittstellen ▪ Skaliert nicht
Unternehmensweite Lösung (ERP)		Einführung einer neuen in sich integrierten Systemlösung	▪ Komplexes und risikoreiches Einführungsprojekt ▪ Unflexibel (Prozessstarrheit) ▪ Lock-in Effekte ▪ Starke Reduktion der Betriebskosten
Middleware (EAI, SOA)	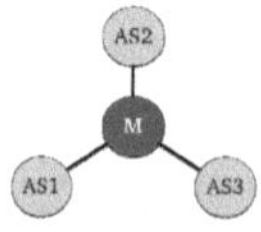	Die technische Integration erfolgt auf der Daten-, Methoden- oder Objektebene über eine zusätzliche Middleware-Komponente	▪ Relativ hohe Implementierungskosten ▪ Reduktion der Schnittstellen ▪ Prinzip der Wiederverwendung
Metadaten-Ebene (DWH)	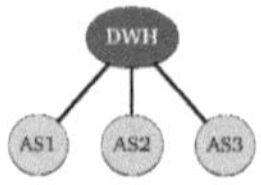	Integration über eine separat definierte Metadaten-Ebene	▪ Integration nur auf Datenebene (meist nur aggregiert)

Eine weitere Alternative stellt die Metalevel-Integration dar. Hier werden die unterschiedlichen Systemlandschaften über eine separat definierte Metadatenebene integriert. Diese Metadatenebene wird häufig über ein Data Warehouse implementiert. Hierbei werden unterschiedlich strukturierte Daten aus den Ausgangssystemen mittels eines ETL-Prozesses[5] extrahiert und vereinheitlicht (vgl. Glöckle, 2007, S. 15).

In Tabelle 4 werden die unterschiedlichen Integrationstechnologien zusammenfassend beschrieben und in Bezug auf ihre Anwendbarkeit bewertet.

Um den Zusammenhang mit anderen Integrationsdimensionen darzustellen und die einzelnen Integrationstechnologien in Bezug auf die Umsetzungskosten und den resultierenden Nutzen bewerten zu können, wurde eine Literaturrecherche (u.a. Al Mosawi et al., 2006; Berensmann et al., 2004; Fuß et al., 2007; Gulledge, 2006; Markus, 2000, S. 13; Puschmann & Alt, 2004; Trapp & Otto, 2002; Ruh et al., 2001) und verschiedene Experteninterviews mit Führungskräften aus dem Finanzdienstleistungssektor durchgeführt. Tabelle 5 fast die wichtigsten Erkenntnisse und Ergebnisse zusammen.

EAI stellt demnach einen vielversprechenden Ansatz für die Lösung der komplexen Aufgaben im Bereich Schnittstellenimplementierung bei M&A-Transaktionen dar. Vor allem Finanzinstitute, die häufiger auf dem M&A-Markt aktiv sind und weitere Akquisitionen anstreben, sollten über eine umfassende EAI-Lösung verfügen. Für den Finanzdienstleistungssektor lässt sich des Weiteren festhalten, dass SOA sicherlich interessante Konzepte beinhaltet, aber aufgrund der Komplexität noch weit davon entfernt ist, in historisch gewachsenen IT-Landschaften unternehmensweit Einzug zu halten.

Im EAI-Szenario bleiben die Altsysteme in ihrer Form bestehen und müssen nicht in Form von Services abgebildet werden. Dementsprechend ist auch der Umsetzungsrad in den meisten Unternehmen noch relativ gering (Kundisch et al. 2009). Allerdings beschäftigen sich sehr viele Banken mit dem Thema SOA und investieren in die Umsetzung von umfassenden Lösungen. Beispielsweise beschäftigt sich die DZ Bank seit 2007 intensiv mit dem Aufbau einer SOA-Plattform. Das genossenschaftliche Zentralinstitut setzte bereits nach der Fusion der DG Bank und GZ Bank auf eine EAI-Plattform, um die Schnittstellenproblematik zentral bündeln zu können. In der aufgebauten EAI-Plattform gibt es nun Schnittstellen, die gute Kandidaten für die Umsetzung als Services sind. Es

5 Extract, Transform, Load

wird eine Weiterentwicklung der EAI-Plattform zu einer SOA-Plattform angestrebt (Computerwoche, 2007).

Tabelle 5: Bewertung der unterschiedlichen Integrationsansätze

	P2P	**ERP**	**Middelware - EAI**	**Middelware - SOA**
Integrationsebene	Niedrig (Datenebene)	Hoch (Prozessebene)	optional	optional
Flexibilität	niedrig	niedrig	hoch	hoch
Implementierungs-kosten	niedrig / mittel	hoch	mittel	hoch
Wartungskosten	hoch	niedrig	mittel	mittel
Kosteneinsparungen	niedrig	hoch	hoch	hoch
Einfluss auf Org.strukturen	/	hoch	/	mittel

7.3.5 IT-Organisation

Die Herausforderung der IT-Integration bezieht sich nicht nur auf die technischen Systeme, sondern auch auf die zugehörige IT-Organisation. Diese gilt es neu aufzubauen und zu strukturieren. In Anlehnung an Haspeslagh und Jemison (1991, S. 138 f.) können folgende Integrationsansätze unterschieden werden:

- Autonomie: Beide IT-Organisationen bleiben bestehen und koexistieren in dem (neuen) Unternehmen
- Neubildung: Vollverschmelzung auf eine neue IT-Organisation
- Absorption: Verschmelzung bei Selektion einer Organisation
- Teilverschmelzung: Regionale bzw. landespezifische Verschmelzung
- Outsourcing: Teilweise oder vollständige Auslagerung

Zwischen der allgemeinen Integrationsstrategie, den IT-Integrationsmodi (Abschnitt 7.3.2) und den hier genannten Integrationsansätzen der IT-Organisation bestehen signifikante Abhängigkeitsbeziehungen. Daher sollte die Verbindung der IT-Organisationseinheiten dem Integrationsgrad anderer Unternehmensbereiche bzw. der geplanten gesamtbetrieblichen Integration konform gestaltet werden.

Nach Kromer und Stucky (2002, S. 529 f.) stellt die Neubildung den am häufigsten umgesetzten Lösungsansatz dar. Hierbei werden die IT-Organisationsbereiche der Transaktionspartner vollständig über neue Prozesse und Strukturen verschmolzen. Dies deutet darauf hin, dass IT-Manager M&A-Transaktionen meist zum Anlass einer umfangreichen Reorganisation nutzen. Allerdings orientieren sich viele M&A-Transaktionen auch an dem Absorptionsansatz, indem auf die IT-Organisation eines beteiligten Unternehmens migriert wird. Diese Alternative zielt vor allem auf eine Wertsteigerung durch den Transfer bzw. die veränderte Nutzung IT-organisatorischer Ressourcen ab, die sich zum Beispiel durch Synergieeffekte und Konsolidierungen im Personalbestand ergeben (ebd.).

Im Rahmen einer umfangreichen Restrukturierung der IT-Organisation sollten unterschiedliche Lösungsalternativen in Bezug auf ihren Zentralitätsgrad („zentral vs. dezentral") und entsprechende Sourcing-Optionen („Outsourcing vs. Insourcing") bewertet und festgelegt werden. Ein erhöhtes Risiko liegt hierbei vor allem in einer mangelhaften Planung und Implementierung der zukünftigen IT-Aufbauorganisation (Rigall & Hornke, 2007). Bei der Anwendung einer Absorptionsstrategie und der daraus resultierenden Übernahme einer bestehenden Ablauf- und Aufbauorganisation spielen – aufgrund der Fokussierung auf Synergien und Konsolidierungspotenziale – personalspezifische Aspekte eine herausragende Rolle (ebd.). Die Fachkräfte aller beteiligten Unternehmen verfügen über unternehmensspezifisches Know-how, das vor allem in der Post-Merger-Phase und somit für die Integrationsumsetzung genutzt werden sollte. Der Erschließung des vorhandenen IT-Wissens und der Durchführung von IT-Trainings zur Verteilung des Wissens kommt in der Post-Merger-Phase eine hohe Bedeutung zu. Know-how-Träger sollten so früh wie möglich identifiziert und mit geeigneten Anreizen zum Verbleib im Unternehmen motiviert werden.

7.4 Fallstudie – DZ Bank

Um die Relevanz der betrachteten Thematik für deutsche Banken zu veranschaulichen, wird in diesem Abschnitt eine Fallstudie vorgestellt. Dabei wird die IT-Integration bei der Fusion von GZ Bank und DG Bank zur heutigen DZ Bank basierend auf Experteninterviews und Sekundärdaten untersucht. Zunächst folgt eine Erläuterung des durchgeführten Untersuchungsprozesses, bevor die Fallstudie vor allem in Bezug auf Aspekte der IT-Integration qualitativ analysiert wird.

7.4.1 Der Untersuchungsprozess

Im Kontext der qualitativen Datenerfassung wurden vor allem Experteninterviews mit Bereichs-, Abteilungs- und Projektleitern aus dem Bereich IT-Management bzw. IT-Governance, die direkt in den entsprechenden M&A-Projekten involviert waren, durchgeführt. Diese bilden somit das empirische Fundament der Analyse (Yin, 2003). Da die Analyse auf der in den Abschnitt 3 aufgebauten theoretischen Grundlagen basieren soll, wurde ein gewisser Grad an Struktur vorgegeben und das semistrukturierte Interview als die geeignete Form ausgewählt. Somit wurde den Befragten teilweise eine aktive Steuerung des Gesprächs eingeräumt. Dies ermöglicht, dass die Interviewpartner eigene Situationsdeutungen, Handlungsmotive, Zweck-Mittel-Relationen und die entsprechenden Selbstinterpretationen äußern können (Lamnek, 1995). Für die Datenauswertung wurde eine qualitative Inhaltsanalyse eingesetzt (Gläser & Laudel, 2004, S. 191 ff.). Die Interviews wurde (falls genehmigt) digital aufgezeichnet und zu einem späteren Zeitpunkt mit Hilfe des Fragenkatalogs ausgewertet. Des Weiteren wurden Sekundärdaten (öffentliche Präsentationen, Geschäftsberichte, Tagesordnungen und Presseartikel) herangezogen, um die Qualität der in den Experteninterviews gesammelten Daten zu verbessern bzw. diese zu validieren.

7.4.2 „Fusion unter Gleichen“

Noch während der Post-Merger-Integration der GZ Bank – hervorgegangen aus der SGZ-Bank und GZB-Bank – folgte im März 2001 bereits die Ankündigung der nächsten Fusion: Die Verschmelzung der GZ Bank mit der größten genossenschaftlichen Zentralbank, der DG Bank, zur DZ Bank. Die zwei Zusammenschlüsse markieren wichtige Etappenziele auf dem Weg zur strukturellen Konsolidierung im genossenschaftlichen Finanzverbund. Die DZ Bank (Deutsche Zentral Genossenschaftsbank, Frankfurt am Main) fungiert nach der Fusion als Zentralbank für über 1300 Volks- und Raiffeisenbanken sowie als Geschäftsbank mit internationaler, insbesondere europäischer Ausrichtung. Das genossenschaftliche Finanzinstitut begleitet die Volks- und Raiffeisenbanken in allen für deren Firmen- und Privatkunden relevanten Produkt- und Dienstleistungsfeldern. Darüber hinaus ist die DZ Bank zuständig für den Liquiditätsausgleich zwischen den Genossenschaftsbanken und die Bereitstellung von Refinanzierungsmitteln. Aus der Fusion entstand 2001 ein Finanzinstitut mit rund 4.500 Beschäftigten, das Ende 2001 eine Bilanzsumme von 365 Milliarden Euro aufwies (DZ Bank, 2001).

Die DG Bank wäre eigentlich in Bezug auf die Größe und die weitere strategische Ausrichtung der dominante Fusionspartner gewesen. Allerdings befand sie sich zu dem Zeitpunkt der Transaktion in einer sehr kritischen wirtschaftlichen Verfassung. Vor allem die Expansion im Bereich Großkundengeschäft wurde ihr zum Verhängnis. Die großen Kreditrisiken konnten nicht mehr durch das Eigenkapital gedeckt werden und die DG Bank wurde faktisch zu einem Sanierungsfall. Aus genossenschaftlicher Gesamtsicht gab es zwei Lösungsmöglichkeiten: Der gesamtgenossenschaftliche Sanierungsfond wird aktiviert, oder eine „gesunde“ genossenschaftliche Zentralbank mit entsprechendem Eigenkapital übernimmt die DG Bank und stemmt die Sanierung. Der genossenschaftliche Finanzverbund entschied sich für die zweite Alternative und somit für die Fusion der GZ Bank mit der DG Bank. Dies führte dazu, dass der kleinere Transaktionspartner den größeren übernahm. Aus gesamtgenossenschaftlicher Sicht kann daher von einer rettenden Übernahme gesprochen werden. Allerdings wurde die Transaktion, vor allem von Seiten der DG Bank, auch als feindlich angesehen.

Vor der Fusion bearbeiteten beide Finanzinstitute unabhängig voneinander nahezu identische Geschäftsfelder. Somit kann die Fusion als ein Beispiel für einen horizontalen Zusammenschluss ohne Produktausweitung betrachtet werden. Durch die Koordination und Verzahnung der Einzelaktivitäten sollte eine kosteneffizientere Entwicklung von Dienstleistungen, einschließlich der administrativen Tätigkeiten zu ihrer Bereitstellung, realisiert werden. Vor allem im IT-Bereich der ressourcenintensiven Systementwicklung und -wartung zielte der genossenschaftliche Verbund auf Skaleneffekte ab. Des Weiteren sollten in dem Fusionsprojekt, aufgrund der wirtschaftlichen Schieflage, tiefgreifende Restrukturierungs- und Modernisierungsmaßnahmen thematisiert und umgesetzt werden. Auch die strategische Repositionierung mit dem Ziel der Annäherung an den genossenschaftlichen Wirtschaftsverband, prägte die Integrations- und Restrukturierungsarbeiten.

7.4.2.1 Das Fusions- und Integrationsprojekt

Anfang 2001 begannen die Pre-Merger-Aktivitäten. Aufgrund der schwierigen wirtschaftlichen Situation der DG Bank wurden die rechtlichen sowie die organisatorischen Schritte sehr schnell durchgeführt. Das Closing und der damit verbundene Beschluss der Transaktion (Transaktionsvertrag), sowie die Due Dilligence Prüfung konnten bis zum 30. April 2001 abgeschlossen werden. Die Due Dilligence richtete sich hauptsächlich an den folgenden Fragen aus: Was passiert unmittelbar nach dem Closing? Wie können die Systeme und Daten so zusammengeführt werden, dass ein konsistentes Berichtswesen möglich ist? Wie kann eine IT-Integration in der Post-Closing-Phase realisiert werden?

Nach der Zustimmung der Aufsichtsräte und einer einvernehmlichen Hauptversammlung wurde die neue Bank am 31. August in das Handelsregister eingetragen. Durch diese rechtliche Anerkennung („Change of Control") wurde der operative Zugriff auf die Systeme und wichtigen Unterlagen ermöglicht, was den Beginn der Integrationsumsetzung einleitete. Im Zeitraum von Mai bis September 2001 erfolgte die Initialplanung für das Integrationsprojekt. Die entsprechenden Führungskräfte wurden ausgewählt, der Aufbau der Projektorganisation geregelt und eine grobe Ablaufplanung erstellt. Die Post-Merger-Aktivitäten begannen im September 2001 und das Integrationsprojekt konnte gegen Mitte 2004 wie geplant abgeschlossen werden.

Das Top-Management-Commitment war nach Angaben der interviewten Experten deutlich wahrnehmbar und stellte einen wichtigen Erfolgsfaktor der IT-Integration dar. Final war der Gesamtvorstand für das Post-Merger-Projekt (Integrationsprojekt) verantwortlich. Ein Lenkungsausschuss, bestehend aus drei Vorständen (IT/Operation, Unternehmenssteuerung, Finanzierung/Investment Banking) wurde gebildet und diesem ein Fusions- und Integrationsmanagement (FIM) untergeordnet. Alle planungsrelevanten Dokumente bzw. Prozesse, wie Masterplan, IT-Bebauungsplan (IT-Ziellandschaft) und IT-Migrationsplanung wurden in diesem Gremium abgestimmt und beschlossen. Des Weiteren übernahm das FIM die Steuerung des Projektfortschritts, um kurze Entscheidungswege und somit einen schnellen Durchgriff sicherstellen zu können. Alle Projektleitungsrollen wurden darüber hinaus mit einem IT-Spezialisten und einem Spezialisten aus den entsprechenden Fachbereichen besetzt. Somit wurde die Schnittstelle zwischen Fachbereichen und IT konkret instanziiert.

7.4.2.2 Die IT-Integration

Die ehemaligen Institute GZ Bank und DG Bank verfügten über vergleichbare Produkte und ähnliche Geschäftsprozesse, die allerdings auf Basis unterschiedlicher Organisationsstrukturen und einer heterogenen IT-Infrastruktur realisiert wurden. Durch den Aufbau einer einheitlichen Organisationsstruktur und die Harmonisierung der Geschäftsprozesse, Anwendungssysteme und IT-Infrastruktur, sowie der Beziehungen zu externen Service-Providern und Software-Lieferanten, sollten innerhalb kürzester Zeit maximale Synergien umgesetzt werden. Der Fokus lag vor allem auf der Budget-Tragfähigkeit, und somit standen die Migrationskosten und vor allem die laufenden Betriebskosten im Vordergrund.

Eine Schlüsselrolle zum Erreichen dieser Fusionsziele spielte die IT-Strategie. Diese stand unter der Prämisse, sich fachlich und technisch auf Kernkompetenzen zu fokussieren und die IT-Fertigungstiefe zu verringern. Des Weiteren sollte das Integrationsprojekt dazu genutzt werden, die IT-Architektur grundlegend zu verbessern und zu optimieren (prozessuale und technische Modernisierung). Hierbei sollten vor allem (zentralisierte) host-basierte Systeme und Eigenentwicklungen sowie die damit verbundenen Abhängigkeiten von Rechenzentren oder anderen externen Dienstleistern vermieden und eine IT-Landschaft mit dezentralen Standardlösungen aufgebaut werden. Die Verwendung von offenen Standards und EAI-Plattformen für die unternehmensweite Integration sowie das Auslagern von Teilen des IT-Betriebs an externe Dienstleister waren weitere Vorgaben, die in der IT-Strategie festgehalten wurden.

- Ausgangzustand der IT-Systemlandschaften

Die Frage nach der Integrationsfähigkeit der Altsysteme spielte in der Konzeptionsphase eine wesentliche Rolle. Die Ist-Situation der IT-Landschaft wurde durch IT-Bebauungspläne der Fusionspartner dargestellt. Somit konnten die Systemlandschaften der ehemaligen DG Bank und GZ Bank systematisch gegenübergestellt und verglichen werden. Dieser Vergleich ergab, dass die GZ Bank modernere und standardisierte Systeme einsetzte. Die Systeme der DG Bank waren dagegen auf größere Datenmengen ausgerichtet und noch überwiegend von host-basierten Eigenentwicklungen geprägt. Vor allem das in den 1980er Jahren entwickelte „Zentralbanken-Informationssystem" (ZIS; zentrales Kernbanksystem) der DG-Bank basierte auf Host-Anwendung und sollte durch das modernere SAP-System der GZ Bank („SAP for Banking") ersetzt werden.

Darüber hinaus organsierte die GZ Bank ihre IT-Landschaft bereits nach funktionalen Clustern. Damit war eine Modularisierung der Altsysteme horizontal entlang der Kernprozesse (Vertrieb, Abwicklung, Steuerung, übergreifende Unterstützungsleistungen) und vertikal nach fachlichen und funktionalen Gesichtspunkten (Markt, z.B. Retail, Wholesale; Kunde, z.B. private Kunden, institutionelle Kunden; und Produkt, z. B. Zahlungsverkehr, Wertpapier) gegeben. Die Altsysteme der DG Bank dagegen waren zwar vertikal nach Produkten unterteilt (Zahlungsverkehr, Kredite, internationale Finanzierung, Asset Management), dennoch implementierten die meisten Altsysteme vor allem geschäftsprozessübergreifende Funktionalitäten. Dies erhöht den Aufwand beim Austausch von einzelnen Altsystemen, da viele Geschäftsprozesse betroffen sind und komplexe Abhängigkeiten betrachtet werden müssen.

- Planung und Umsetzung der IT-Integration,

Die Konzentration auf die Kernkompetenzen spiegelte sich auch in den Verantwortlichkeiten des Projektmanagements wider. Die Fachbereiche übernahmen die Federführung bei der Gestaltung der Geschäftsprozesse. Dies deutet aus Sicht der IT auf eine eher reaktive Integrationsvorgehensweise hin. Somit wurden zunächst die Ist-Prozesse analysiert, die Soll-Prozesse gebildet und anschließend die technische Realisierung und Unterstützung durch die IT betrachtet. Auf der Basis dieses Fachkonzepts erfolgte schrittweise die Post-Merger-Integration, die in folgende Hauptphasen unterteilt wurde (Salm, 2008):

- Die Festlegung des Soll-Anwendungsbebauungsplans als architektonisches Zielbild der Fusion
- Die Erarbeitung der IT-Migrationsplanung für die Umsetzung in den fusionsbedingten Einzelvorhaben
- Der Aufbau der Projektorganisation für die Steuerung und Überwachung der termingerechten Umsetzung.

Der Anwendungsbebauungsplan galt als die Voraussetzung, um redundante Geschäftsprozesse und Altsysteme beseitigen zu können. Hierbei wurde der „Best-of-Breed“ Ansatz verfolgt und für jeden Teilbereich ein System (bzw. mehrere Systeme) aus den unterschiedlichen Systemlandschaften ausgewählt (und gegebenenfalls erweitert). Somit konnte, nach der Einschätzung der befragten Experten, eine optimale Lösung (aus bestehenden Systemkomponenten) gebildet und dennoch auf das bestehende Know-how zurückgegriffen werden. Die Altsysteme aus dem „Corporate“-Bereich (Bankbasissysteme, siehe Abbildung 4) wurden vor allem von der ehemaligen GZ Bank übernommen, während zum Beispiel im Investment Banking (Handelsplattformen) auf die Altsysteme der DG Bank migriert wurde. Als Selektionskriterien für die Auswahl der einzelnen Altsysteme wurden insbesondere die Konformität in Bezug auf die IT-Strategie, Funktionalität, Aktualität bzw. Zukunftsfähigkeit, Betriebskosten, Dezentralität, Standardisierung, Datenlast (Performance), grundsätzliche Machbarkeit sowie die Wirtschaftlichkeit herangezogen. Auch die Koexistenz-Strategie wurde als Kompromisslösung übergangsweise akzeptiert und eingeplant. In einzelnen

Teilbereichen mussten neue Systeme entwickelt bzw. angeschafft sowie bestehende Systeme auf neue Releases upgedatet werden.

Der Soll-Anwendungsbebauungsplan bildete im zweiten Schritt die Basis für die zeitliche Umsetzungsplanung der Migration. Dabei mussten sowohl die Altsysteme, die definierten Zielsysteme sowie verschiedenste Nebenbedingen (z.B. Zeit- und Budget-Restriktionen) berücksichtigt werden. Die Erstellung der Integrationsplanung wurde daher von einem Team durchgeführt, das sich sowohl aus Experten für die host-basierten Altverfahren, bankinternen Know-How-Trägern bzgl. der Standardsysteme der GZ Bank als auch externen Beratern zusammensetzte. Innerhalb von zwei Monaten erarbeitete dieses Expertenteam den Grobentwurf für eine stufenweise Migration. Parallel definierten die Fachbereiche auf Basis des Soll-Anwendungsbebauungsplans ihre Integrationsvorhaben. Die Pläne beider Gruppen wurden dann zu einer vernetzten Multiprojektplanung (Masterplan) zusammengeführt (Salm, 2008).

Zunächst wurde der Anwendungsbebauungsplan in vier Themengebiete aufgeteilt, die die Teilprojekte auf oberster Ebene bildeten (siehe Abbildung 4). Darauf basierend erfolgte der Top-Down-Entwurf der Migrationsplanung. Dieser Entwurf konnte anschließend Bottom-Up von entsprechenden Experten und Projektmitarbeitern mit den Einzelvorhaben abgeglichen und auf seine Realisierbarkeit überprüft werden (Salm, 2008).

Abbildung 4: Hauptthemengebiete der IT-Integration – Fusion zur DZ Bank (in Anlehnung an Salm, 2008)

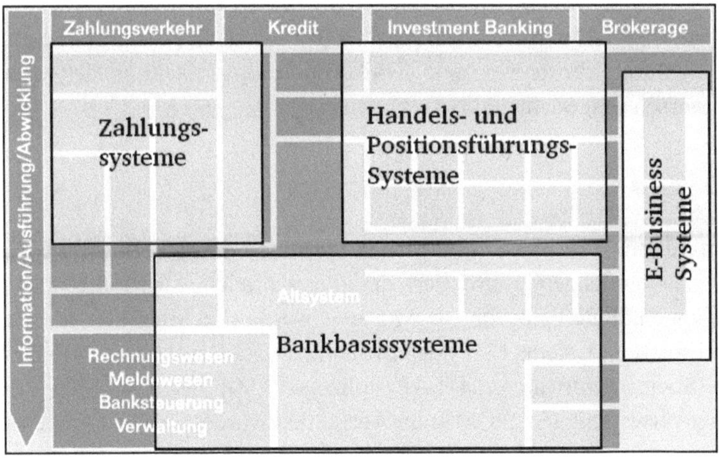

Die Themenfelder „Handel“ (Handels- und Positionsführungs-Systeme) und „Abwicklung“ (Bankbasissysteme) wurden aufgrund intensiver Abhängigkeiten der Einzelvorhaben als besonders kritisch identifiziert. Deshalb richtete die DZ Bank separate Arbeitskreise für diese Bereiche ein. In diesen Arbeitskreisen wurden unter der koordinierenden Leitung der Abteilung IT/Organisation Lösungen inhaltlich und terminlich abgestimmt. Insgesamt mussten rund 100 Teilprojekte vernetzt und koordiniert werden. Ziel war es, durch eine enge Taktung der Einzelvorhaben die Migrationsdauer auf drei Jahre zu beschränken. Der unsichere und kritische Zustand, der sich durch den parallelen Betrieb der verschiedenen Altsysteme ergab (Gefahr der Datenredundanz und die damit verbundenen Inkonsistenzen), sollte so schnell wie möglich überwunden werden. Folglich wurden nicht-geschäftskritische Optimierungspotenziale auf eine anschließende Post-Integration-Phase verlegt.

Im Laufe des Integrationsprojekts wurde sowohl die schrittweise Integrationsvorgehensweise als auch die „Big-Bang“-Strategie angewendet, um auf die neuen Altsysteme zu migrieren. Ausschlaggebend für die Entscheidung in Bezug auf die jeweilige Vorgehensweise waren die Produktkomplexität und die entsprechenden Datenstrukturen. Um die einzelnen Altsysteme flexibler integrieren zu können und Komplexität der Schnittstellen so gering wie möglich zu halten, wurde im Zuge der Modernisierungsstrategie eine neue „Mapping“-Architektur eingeführt. Hierbei baute die DZ Bank auf einer EAI-Middleware-Lösung auf, die die Mapping-Logik durch das „Hub&Spoke“-Prinzip an einer Stelle bündelte und somit die Schnittstellen-Verwaltung zentralisierte. Des Weiteren schlossen sich unmittelbar an das Integrationsprojekt noch zwei weitere große Infrastrukturprojekte im Bereiche BPM (Business Process Management; ab September 2004) und SOA (ab April 2006) an. Das IT-strategische Ziel dieser Entwicklungsschritte war eine flexiblere, modulare und an den Unternehmensprozessen ausgerichtete IT-Architektur.

- Ergebnis

Zum Zeitpunkt der Fusion sah sich die Bank mit einer Vielzahl unterschiedlicher IT-Anwendungen konfrontiert, darunter zahlreiche kostenintensive Eigenentwicklungen. Innerhalb von 30 Monaten wurde die Migration des Zentralbank-Informationssystems (ZIS) der ehemaligen DG Bank auf die modular aufgebaute Standardsoftware von SAP vollzogen. Mit der Einführung der Sicherheitenverwaltung (SAP CMS) im April 2004 wurde die letzte größere Kernfunktionalität des Host-basierten Alt-Verfahrens (ZIS) abgelöst. Auch die Vereinheitlichung der Handelssysteme (Murex) konnte in wesentlichen Teilen im Rahmen des Projekts „Murex-DZ" im Herbst 2004 abgeschlossen werden. Somit dauerte die IT-Integration (inkl. Migration) rund 36 Monate und wurde (nach Angaben der DZ Bank) „on time and budget" abgeschlossen.

Insgesamt waren über 500 Mitarbeiter des Finanzinstituts in das Projekt einbezogen, wobei ca. zwei Drittel dem IT-Bereich zugeordnet werden konnten. Ferner wurden im Schnitt zusätzlich 250 externe Berater und Dienstleister in Anspruch genommen, sodass durchschnittlich 750 Personen in das Projekt involviert waren.

Den Gesamtaufwand für das Integrationsprojekt schätzten die befragten Experten auf rund 1.500 Personenjahre. Allein für die IT-Integration fielen Kosten in Höhe eines dreistelligen Millionenbetrages an. Der personelle Arbeitsaufwand (in Personentage) stellte mit Abstand den größten Kostenfaktor (ca. 70 Prozent der gesamten Projektkosten) dar. Diesen Arbeitsaufwand leisteten die DZ-Bank-Mitarbeiter zum größten Teil selbst, um interne Interessen sicherstellen zu können. Ein weiterer, nicht zu vernachlässigender Kostentreiber, mit rund 20 Prozent der Gesamtkosten, stellte die neue Hardware und die benötigten Softwarelizenzen dar. Diesen Integrationskosten stehen Nutzensteigerungen und Kosteneinsparungen gegenüber. Der wirtschaftliche Nutzen des IT-Integrationsprojekts schlug/schlägt sich vor allem in den Kosten des laufenden IT-Betriebs nieder. Die gesamten Kosten für den IT-Bereich für das Jahr 2004 konnten, nach Angaben von Verantwortlichen der DZ Bank, im Vergleich zum Jahr 2000 um 60 Prozent reduziert werden. Diese weitreichende Konsolidierung ist vor allem durch die Reduktion von Personalkosten realisiert worden. Als Ergebnis der IT-Integration wurde beispielsweise ein Rechenzentrum vollständig geschlossen und so ein großer Kostenblock im Bereich IT-Betrieb eingespart. Des Weiteren konnte durch Einführung der SAP Banking-Plattform eine nachhaltige Senkung der Kosten realisiert und die Nutzung von Outsourcing-Potenzialen und Support-Angeboten im Bereich SAP ermöglicht werden.

Technische (IT-spezifische) Probleme ergaben sich vor allem aufgrund der Heterogenität der IT-Landschaften. So stellte sich die Konvertierung und Migration einzelner Datenbestände als sehr komplex heraus und die Redundanz an Funktionalität der einzelnen IT-Applikationen erhöhte den Migrationsaufwand bzw. den Aufwand für die Ablösung von Altsystemen eklatant.

Die zusammenfassende Bewertung der Experten des Integrationsprojekts fiel allerdings durchaus positiv aus. Hervorgehoben wurde insbesondere das straffe und konsequente IT-Integrationsmanagement, das den Ablauf ausgehend von dem Ist-Zustand über den Soll-Anwendungsbebauungsplan bis zur konkreten Umsetzung in den einzelnen Teilprojekten sehr zielstrebig steuerte. Außerdem wurden die Erwartungen und Synergien voll erfüllt bzw. umgesetzt. So konnte die Cost-Income-Ratio nicht zuletzt aufgrund der erfolgreichen IT-Integration und Konsolidierung von 85 Prozent auf rund 55 Prozent gesenkt und somit ein Spitzenwert in Bezug auf die deutschen Finanzinstitute erreicht werden.[6] Ebenso konnte durch die Modernisierung und Standardisierung der Handelsplattformen vor allem im Investment Banking eine qualitative Verbesserung umgesetzt werden. Dies trug maßgeblich dazu bei, dass die DZ Bank ihre Marktanteile im Derivatehandel ausbauen und eine Spitzenposition (in Bezug auf die Marktanteile nach Marktvolumen) unter den deutschen Zertifikateemittenten einnehmen konnte (Deutscher Derivate Verband, 2008).

7.5 Zusammenfassung

Fachleute aus Wissenschaft und Wirtschaft betonen regelmäßig die Bedeutung und die Herausforderungen einer erfolgreichen Integration der IT im Rahmen einer M&A-Transaktion. Die starke Durchdringung der Finanzinstitute mit IT und der fortschreitende Konsolidierungsprozess führen zu einer erhöhten Anzahl an Integrations-aufgaben. Durch die große Bandbreite an Fehlerquellen in diesem Bereich stellt die Definition einer detaillierten IT-Integrationsstrategie einen erfolgskritischen Faktor bei Unternehmenszusammenschlüssen dar.

In Abbildung 5 werden die Implikationen aus den theoretischen Konzepten (Abschnitt 7.3) sowie die Erkenntnisse aus der Fallstudie in einem Ordnungsrahmen konsolidiert. Dieser kann einerseits als Basis für zukünftige themenspezifische Forschungsaktivitäten verwendet werden, andererseits aber auch die strukturierte Erfassung und den Vergleich von IT-Integrationsprojekten bei M&A-Transaktionen auf einer konzeptionellen Ebene unterstützen. Somit fasst der dargestellte Ordnungsrahmen die unterschiedlichen Dimensionen zusammen und zeigt entsprechende Einflussfaktoren auf, die bei einer IT-Integration adressiert werden müssen.

---

6 Eine Studie von Arthur D. Little, in der 51 europäische Großbanken mit Blick auf ihre Kosteneffizienz der letzten drei Jahre untersucht wurden, ergab, dass die durchschnittliche CIR bei 73,5 Prozent liegt (Arthur D. Little, 2007).

Abbildung 5: Ordnungsrahmen – IT-Integrationsstrategie

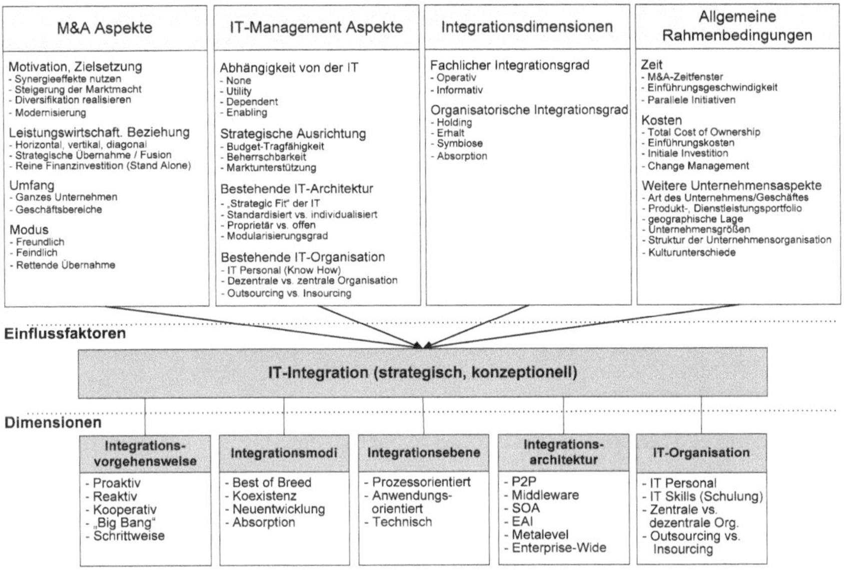

7.6 Handlungsempfehlungen und Ausblick

Mit zunehmender Industrialisierung des Finanzdienstleistungssektors und der damit verbundenen Durchdringung mit IT erhöht sich die Anzahl und die Komplexität an Integrationsaufgaben bei M&A-Transaktionen. Somit stellt die IT-Integration häufig den Hauptkostentreiber als auch den zeitkritischen Faktor dar. Folgende Erkenntnisse und Handlungsempfehlungen können aus der Literatur und den durchgeführten Experteninterviews zusammengefasst werden:

- Die Integrationsfähigkeit der Systemlandschaften sollte bereits vor der Transaktion (im Rahmen einer separaten IT-Due-Diligence) analysiert und entsprechende Risiken aufgezeigt werden.
- Das IT-Integrationsprojekt sollte auf einer fundierten konzeptionellen Basis (IT-Integrationsstrategie) aufgebaut und durch ein starkes Top-Management-Commitment vorangetrieben werden.
- Eine Projektplanung nach dem Gegenstromverfahren ist zu empfehlen. Das Planungsergebnis sollte in einem integrierten Masterplan zusammengefasst werden. Hierbei gilt es vor allem, betroffene Fachbereiche in die

Planungsaktivitäten einzubeziehen und Schnittstellenthemen über eine doppelte Besetzung der Projektleitung zu instanziieren. Führungspositionen sollten schnell besetzt und wichtige Know-how-Träger als fusionserfahrene Mitarbeiter mobilisiert werden.

- Die Integrationsgeschwindigkeit ist besonders bei M&A-Transaktionen im Finanzdienstleistungssektor sehr entscheidend. Die befragten Experten bestätigten, dass zunächst möglichst viele vorhandene Altsysteme genutzt und so wenige Ressourcen wie möglich für Neuentwicklungen verwendet werden sollten.
- Bei der Anwendung eines „Best-of-Breed"-Ansatzes muss von Anfang an sichergestellt werden, dass fehlende und redundante Funktionalitäten weitgehend vermieden werden. Die Funktionsanalyse (der bestehenden Altsysteme) sowie die detaillierte Planung und Konzipierung der IT-Ziellandschaft sollte daher im Vordergrund stehen.
- Das IT-Integrationsprojekt sollte zunächst speziell auf die geschäftskritischen Kernbanksysteme fokussieren. Umfangreiche Modifikations- und Konsolidierungsarbeiten sollten, wenn möglich, in Folgeprojekte ausgelagert werden.
- Im Rahmen des Integrationsprojekts (und anschließenden Folgeprojekten) sollten allerdings auch Innovations- und Konsolidierungsschritte umgesetzt werden, die eine Wettbewerbsfähigkeit fördern und weitere M&A-Transaktionen vorbereiten.

Die befragten Experten bestätigen, dass die meisten Finanzinstitute ihre IT-Infrastruktur in Bezug auf die Integrationsfähigkeit verbessern müssen, um im weiteren Konsolidierungsprozess wettbewerbsfähig zu bleiben. In Zukunft werden vor allem Finanzinstitute mit einer agilen IT-Architektur durch weitere Konsolidierungsschritte den Markt bestimmen. Allerdings muss vor allem das Verständnis für komplexe IT-Integrationsaufgaben bei den Projektleitern und dem Top-Management geschärft werden. Die Vorgabe von realistischen Zielen und die konzeptionelle Ausgestaltung der Vorgehensweise sind substantiell für eine erfolgreiche Integration. Denn nur durch die richtige Strategie können die Potenziale aus der Integration nachhaltig genutzt, die Ziele der M&A-Transaktion erreicht und die angestrebten Synergien gehoben werden.

7.7 Referenzen

Al Mosawi, A., Zhao, L., Macualay, L. (2006): A Model Driven Architecture for Enterprise Application Integration. 39th Hawaii International Conference on Systems Sciences, Tagungsband.

Arthur D. Little (2007): Deutsche Banken weisen in Europa die niedrigste Kosteneffizienz auf. http://www.presseportal.de/meldung/1106064/, Abruf am 2009-01-19.

Bartmann, D., Penzel, H.-G., Petzel, E. (2005): Die Industrialisierung des Bankbetriebs – Wie sich Konzepte der Industrie auf die Banken übertragen lassen. Wiley-VCH, Weinheim.

Berensmann, D., Keller, G., Pfaff, D., Skiera, B. (2004): Die Industrialisierung einer Retailbank mittels Standardsoftware: Profitabilität im Kerngeschäft. Geldinstitute, 35, 10-11.

Berens, W., Strauch, J. (2002): Due Diligence bei Unternehmensakquisitionen – Eine empirische Untersuchung. Die Wirtschaftsprüfung, 55 (10), 511-525.

Berger, A. N., Demsetz, R. S., Strahan, P. E. (1999): The consolidation of the financial services industry: causes, consequences and implications for the future. Journal of Banking and Finance, 23 (2-4), 135-194.

Betsch, O., Thomas, P. (2004): Industrialisierung der Kreditwirtschaft: Informationstechnologie und Managementkonzepte. Gabler Verlag, Wiesbaden.

Bianco P., Kotermanski, R., Merson, P. (2007): Evaluating a Service-Oriented Architecture. Technical Report, Software Engineering Institute der Carnegie Mellon University, http://www.sei.cmu.edu/pub/documents/07.reports/07tr015.pdf, Abruf am 2008-12-26.

Britton, C., Bye, P. (2004): IT Architectures and Middleware – Strategies for Building Large, Integrated Systems. 2. Auflage, Addison-Wesley, Toronto, Ontario.

Broadbent, M., Weill, P. (1997): Management by maxim – How business and IT managers can create IT infrastructures. MIT Sloan Management Review, 38 (3), 77-92.

Brugger, R. (2005): IT-Projekte strukturiert realisieren. Vieweg+Teubner Verlag, Wiesbaden.

Buono, A., Bowditch, J. L. (1989): The human side of mergers and acquisitions – Managing collisions between people, cultures and organizations. Jossey Bass, San Francisco, Kalifornien.

Buxmann, P., Miklitz, T. (2005): IT-Standardisierung und -Integration bei M&A-Projekten. In: Wirtz, B. W. (Hrsg.): Handbuch Integriertes Mergers & Acquisitions Management. Gabler Verlag, Wiesbaden, 1065-1080.

Deloitte (2008): Segel setzen - IT M&A in Deutschland, Strategien für ein erfolgreiches IT-Management. Deloitte-Studie 2008: IT M&A Readiness in Deutschland.

Deutsche Derivaten Verband (2009): DZ BANK neuer Marktführer bei den Zertifikate-Emittenten. Pressemitteilung DZ Bank, Frankfurt am Main, 4. März 2009, http://www.deutscher-derivate-verband.de/DE/Showpage. aspx? pageID=80, Abruf am 2009-03-20.

Dietl, H., Royer, S. (2000): Management virtueller Netzwerkeffekte in der Informationsökonomie. Zeitschrift für Führung und Organisation, 69 (6), 324-331.

DZ Bank (2001): Geschäftsbericht 2001. http://www.dzbank.de/unternehmen/ index.jsp ?path=/downloads/geschaeftsbericht_2001_der_dz_bank1.pdf, Abruf am 2009-02-21.

Ferstl, O. K., Sinz, E. J. (2006): Grundlagen der Wirtschaftsinformatik. Oldenbourg Verlag, München.

Fuß, C., Gmeiner, R., Schiereck, D., Strahringer, S. (2007): ERP Usage in Banking: An Ex-ploratory Survey of the World's Largest Banks. Information Systems Management, 24, 155-171.

Galpin, T. J., Herndon, M. (1999): The complete guide to mergers and acquisitions. Jossey Bass Wiley, San Francisco, Kalifornien.

Giacomazzi, F., Panella, C., Pernici, B., Sansoni, M. (1997): Information systems integration in mergers and acquisitions: A normative model. Information & Management, 32, 289-302.

Gläser, J., Laudel, G. (2004): Experteninterviews und qualitative Inhaltsanalyse. VS Verlag für Sozialwissenschaften, Wiesbaden.

Glöckle, H. (2007): IT-Integration und Migration – Konzepte und Vorgehensweisen. HMD - Praxis der Wirtschaftsinformatik, 257, 7-19.

Gouillart, F. J., Kelly, J. N. (1995): Business Transformation, McGraw-Hill, New York.

Gulledge, T. G. (2006): What is integration? Industrial Management and Data Systems, 106 (1), 5-20.

Handschuh, M., Buchta, D. (2000): Schnelle und erfolgreiche Umsetzung der IT-Post-Merger-Integration. Information Management and Consulting, 15 (3), 29-33.

Haspeslagh, P., Jemison, D. (1991): Managing Acquisitions – Creating Value through Corporate Renewal. The Free Press, New York.

Henningsson, S., Carlsson, S. A. (2007): The Dynamic Relation Between IS Integration and the Merger and Acquisition Process. 13te Asia Pacific Management Conference, Tagungsband, Melbourne.

Janas, T., Schumann, M. (2008): IT-Architekturen beim Zusammenschluss von Unternehmen – Grundlagen. Arbeitsberichte des Instituts für Wirtschaftsinformatik, Göttingen.

Jansen, S. A. (2001): Mergers and Acquisitions – Unternehmensakquisitionen und -kooperationen: Eine strategische, organisatorische und kapitalmarkttheoretische Einführung. 4. Auflage, Gabler Verlag, Wiesbaden.

Keller, W. (2002): Enterprise Application Integration – Erfahrungen aus der Praxis. dpunkt Verlag, Heidelberg.

Keuper, F., Glahn, C., Häfner, M. (2006): Der M&A-Prozess: Konzepte, Ansätze und Strategien für die Pre- und Post-Phase. Gabler Verlag, Wiesbaden.

Koch, A., Menke, J.-P. (2005): IT Due Diligence. In: Berens, W., Brauner, H. U., Strauch, J. (Hrsg.): Due Diligence bei Unternehmensakquisitionen. Schäffer-Poeschel Verlag, Stuttgart, 615–647.

Krafzig, D., Banke, K., Slama, D. (2005): Enterprise SOA. Service-Oriented Architecture. Best Practices. Prentice Hall, Upper Saddle River, USA.

Kromer, G. (2001): Integration der Informationsverarbeitung in Mergers & Acquisitions – Eine empirische Untersuchung. Josef Eul Verlag, Lohmar.

Kromer, G., Stucky, W. (2002): Die Integration von Informationsverarbeitungsressourcen im Rahmen von Mergers & Acquisitions. Wirtschaftsinformatik, 44 (6), 523-533.

Kumar, R. (2002): Managing Risks in IT Projects: an Options Perspective. Information & Management, 40 (1), 63-74.

Kundisch, D., Veit, D. J., Weitzel, T., Weinhardt, C. (2009): Enterprise Applications and Services in the Finance Industry, Lecture Notes in Business Information Processing, Springer, Berlin

Lamnek, S. (1995): Qualitative Sozialforschung. Band 2: Methoden und Techniken. Beltz Psychologie Verlags Union, Weinheim.

Lauritzen, S. (2000): IT-Integration nach Mergers & Acquisitions. IM-Information Management & Consulting, 15 (3), 19-23.

Lehmann, J., Scheuse, T. (2000): Organisatorische Herausforderungen bei strategischen Allianzen und Fusionen. IM-Information Management & Consulting, 15 (3), 13-18.

Markus, M. L. (2000): Paradigm shifts – E-business and business/systems integration. Communications of the Association for Information Systems, 4 (10), 1-44.

Markus, M. L. (2001): Reflections on the systems integration enterprise. Business Process Management Journal, 7 (3), 1-8.

McKiernan, P., Merali, Y. (1995): Integrating Information Systems after a Merger. Long Range Planning, 28 (4), 54-62.

Mehta, M., Hirschheim, R. (2007): Strategic Alignment in Mergers and Acquisitions – Theorizing IS Integration Decision Making. Journal of the Association for Information Systems, 8 (3), 143-174.

Merali, Y., McKiernan, P. (1993): The Strategic Positioning of Information Systems in Post-Acquisition Management. Journal of Strategic Information Systems, 2 (2), 105-124.

Mertens, P. (2001): Lexikon der Wirtschaftsinformatik. 4. Auflage. Springer Verlag, Berlin.

Mertens, P., Bodendorf, F., König, W., Picot, A., Schumann, M., Hess, T. (2005): Grundzüge der Wirtschaftsinformatik. 9. Auflage, Springer Verlag, Berlin.

Morris, J. (2006): Practical Data Migration. British Computer Society, London.

Mußhoff, J. (2007): Erfolgreiche M&A-Transaktionen in der europäischen Bankenindustrie. Deutscher Universitäts-Verlag, Wiesbaden.

Nissen, V., Petsch, M., Schorcht, H. (2008): Service-orientierte Architekturen – Chancen und Herausforderungen bei der Flexibilisierung und Integration von Unternehmensprozessen. Deutscher Universitäts-Verlag, Wiesbaden.

Penzel, H.-G. (1999): Post Merger Management in Banken und die Konsequenzen für das IT-Management. Wirtschaftsinformatik, 41 (2), 105-115.

Penzel, H.-G., Pietig, C. (2000): MergerGuide – Handbuch für die Integration von Banken. Gabler Verlag, Wiesbaden.

Puschmann, T., Alt, R. (2004): Enterprise Application Integration Systems and Architecture – The Case of the Robert Bosch Group. Journal of Enterprise Information Management, 17 (2), 105-116.

Rentrop, C. E. (2004): Informationsmanagement in der Post-Merger-Integration. Erich Schmidt Verlag, Berlin.

Rigall, J., Hornke, M. (2007): Post-Merger Integration: Synergiehebel Informationstechnologie. M&A Review, 8 (11), 496-502.

Robbins, S. S., Stylianou, A. C. (1999): Post-merger systems integration – The impact on is capabilities. Information & Management, 36, 205-212.

Ruh, W., Maginnis, F., Brown, W. (2001): Enterprise Application Intgration. A Wiley Tech Brief, New York.

Salm, H. (2008): Realisierung eines IT-Top-Projekts im Rahmen der Fusion GZ Bank / DG Bank, Projektmanagement Institut Expertentagung, 28. Februar 2008, Frankfurt.

Schick, A. (2008):Neuausrichtung des strategischen IT-Managements in der Finanzdienstleistungs-branche. In: Keuper, F., Grimm, R., Schomann, M. (Hrsg.): Strategisches IT-Management: Management von IT und IT-gestütztes Management. Springer Verlag, Berlin.

Schulz, M. (2007): Bankenkonsolidierung und Finanzinnovation in Japan. In: Moerke, A, Walke, A. (Hrsg.): Japans Zukunftsindustrie. Springer Verlag, Berlin, 317-336.

Shrivastava, P. (1986): Postmerger Integration. Journal of Business Strategy, 7 (1), 65-76.

Stohr, E., Nickerson, J. V. (2003): Enterprise Integration: Methods and Direction. Strategic Alignment, Oxford University Press, Oxford.

Strahringer, S., Zdarsky, F. (2003): IT-Integration bei strategischen Unternehmensbeteiligungen – Technologische Optionen und Vorgehens-weisen. In: Wurl, H.-J. (Hrsg.): Industrielles Beteiligungscontrolling. Schäffer-Poeschel, Stuttgart, 523-554.

Trapp, R.C., Otto, A. (2002): Einsatzmöglichkeiten von EAI bei Mergers & Acquisitions. In: Meinhardt, S., Popp, K. (Hrsg.): Enterprise-Portale & Enterprise Application Integration, dpunkt.verlag, Heidelberg, 102-113.

Weill, P., Ross, J. W. (2004): IT Governance. How Top Performers Manage IT Decision Rights for Superior Results. Harvard Business School Press, Boston.

Wijnhoven, F., Spil, T., Stegwee, R., Fa, R. T. A. (2006): Post-merger IT integration strategies – An IT alignment perspective. Journal of Strategic Information Systems, 15 (1), 5-28.

Winkeler, T., Raupach, E., Westphal, L. (2001): Enterprise Application Integration als Pflicht vor der Business-Kür. Information Management & Consulting, 15 (3), 7-16.

Yin, R. K. (2003): Case Study Research, Design and Methods. Thousand Oaks, Sage Publications, Kalifornien.

8 Practical insight into IT integrations at Deutsche Bank

Dr. Christoph Arlt, Fidelius Kuehn, Dr. Martin Setzer

8.1 Introduction

Integrations at banks are real challenges. They require getting a tight grip on cost, time and delivery without failures and unintentional negative impact on clients. However, the benefits of pooling the strength of two companies and achieving synergies by combining infrastructure engines, applications and processes are promising enough that the massive complexity and effort of IT integrations are mostly worthwhile.

Deutsche Bank has a long history of experiences with acquisitions and holdings – including in the recent past the takeover of Sal. Oppenheim, Berliner Bank and norisbank, the announced consolidation of Postbank as well as the US-integration of Bankers Trust in 1999. All realized projects have taught many colleagues at Deutsche Bank how complex and thrilling integrations can be. Platforms, products and other factors differ respectively in financial institutions thereby creating ever new integration requirements. Furthermore, continuously evolving proprietary landscapes and platforms on both sides create obstacles and migration efforts that cannot have been experienced at former integrations. Each integration is different and requires different styles and speed. Some consolidations are faster and top-down, whereas others are best of breed growth merger and require more gradual, collaborative approaches (Bascle, Duthoit, Goodall, Mathiessen, Strueven, & Tevelson, 2008).

Procedural recurring methods and procedures have, however, been documented and analyzed by IT integration teams that, over time, formed Deutsche Bank's IT Integration framework covering the first moment of IT involvement to the closing of lessons learned documentation. Various other approaches to integrations exist but our framework is customized to Deutsche Bank's requirements. There is not one correct way of conducting integration and all-embracing rule books do not exist. Our framework offers one of the ingredients that help to merge two IT divisions and only parts of it will apply to a specific integration at hand.

This article is structured according to the phases of an IT integration to get as much practical findings across as possible and will convey the respective challenges and necessary focus. We will first concentrate on the steps and phases that have to be run through. Chapter 3 answers the question on how the decision process for one integration scenario works. The stepwise planning and realization of integrations will be the subject of chapter 4 and 5. The knowledge-transfer from one integration into the next will be subject of the lessons learned in chapter 6. The articles concludes in the 7th chapter with a list of key success factors for IT integrations.

8.2 Deutsche Bank's way to approach IT Integrations

While companies disintegrate to focus on their core competence to preserve value or solve capital problems, buyers are attracted by a variety of benefits. Some wish to open gates to new markets, reduce their risk or competitive pressure (Lünendonk, 2010), some aim at higher cost efficiency by using the synergies of two companies, others plan to expand their product range and achieve cross selling benefits and most aspire to gain market share (Deloitte, 2008). The joint strategic measure is always the ability to generate long-term growth and value (Bascle, Duthoit, Goodall, Mathiessen, Strueven, & Tevelson, 2008).

Figure 1: Major holdings and acquisitions

2010	Sal. Oppenheim
2009	Postbank
2007	Berliner Bank
2006	norisbank and Russian United Financial Group
1999	Bankers Trust in US
1989	Morgan Grenfell Group

These acquisition motivations are often the first input variable for the importance of IT in integration projects. Purchasing motivations such as access to new technologies, joint economies of scale or higher capacity utilization (Jansen, 2001) ultimately expect high returns from all back office divisions including IT and operations, while an entry into a new market usually implies a lower IT involvement. IT costs constitute a not to be underestimated part of the total running costs of financial institutions, often amounting to be the second largest behind staff spending, and are an asset as well as a cost driver and major risk factor at all integrations.

8.2.1 The Role of IT in Mergers

The role of IT is sometimes reduced to savings from synergies therewith neglecting its contribution to enable benefits from business divisions such as the technical support of process changes. The total synergy contribution of IT thus includes IT-specific synergies and the enablement of synergies in other divisions.

Retail banking institutions heavily depend on IT and IT's relevance and impact on the value creation has, next to the essential IT platform provisioning and process definition, considerably increased with online sales, service and marketing in the last decades (Hornke & Rigall, Post Merger Integration: Synergiehebel Informationstechnologie, 2007). This development transforms IT from an internal service provider to a driver of change, an enabler and lever of synergies.

During bank acquisitions, however, IT is not one of the most influential factors but a workstream with a large contribution to the integration effort and synergy expectations. The Boston Consulting Group estimates that on average 50% of all synergies in banking mergers are dependent on IT (Bascle, Duthoit, Goodall, Mathiessen, Strueven, & Tevelson, 2008). Since the comprehension of IT processes and demand is often low in business areas, it is however not surprising that 64% of business managers rate the IT integration competence to be merely satisfactory or even poor (Deloitte, 2008). This evaluation cannot only be blamed on the fact that IT is a "different planet" to many. Only the top performing integration managers reach an average of 92% of the expected synergy potential. The average IT manager synergy achievement rate is relatively low at 49% (Gerds & Schewe, 2004). Missing exemplary processes and procedures, little knowledge transfer and rare internal experts have hindered IT integration learning and supported the critical reputation of IT integration projects. To avoid this development at DB and become efficient and successful at post-merger IT integrations in times of increasing numbers of consolidations in the banking sector, integration learning was given high value, integration teams formed and started to use lessons learned to set up schemes, patterns and principles, that could be applied at following integration projects.

8.2.2 Integration Phases and IT Framework

IT platforms are an ecosystem of applications that are continuously processing and calculating. An integration framework has to have not only the flexibility to be adapted to a constantly changing environment but also has to be applicable while running a banking platform. This complexity of changing the chassis while racing the autobahn increases the importance of fine-grained timing and planning. Integration managers therefore have to have a great understanding of technical engineering and of sequencing and integration processes must be customized to the particular complexities and idiosyncrasies (Chanmugam, Anslinger, & Park, 2004). The illustrated DB IT integration framework (figure 2) offers a usable structure and procedures adaptable to different acquisition objectives and application ecosystems at DB and evolves with every integration.

The integration phases shown in figure 1 (screening and due diligence, integration planning, integration execution and post-merger learning) build Deutsche Bank's approach to retail bank IT integrations using experience available in the company as well as the fitting common denominator of many integration theories available.

Figure 2: IT integration framework

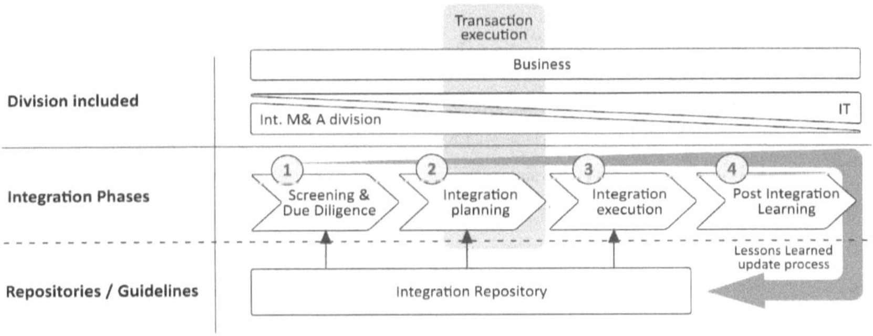

While the involvement of internal DB M&A divisions is strongest at the beginning, the involvement of IT increases the closer the integration and migration comes to execution. The process is illustrated as a sequential one, but in reality most phases strongly overlap. While some modules might already be in the integration execution phase other, less complex, modules might just start planning.

The change of control can happen at any time in the planning phase as it depends on factors such as a favorable market situation and not only on the project phase. Collecting lessons learned is a continuous process but is mostly structured in the dedicated post merger integration learning phase. The structured lessons are integrated into a repository that is used for following integrations.

Our framework adds the ingredient of usable structure, assistance and available procedures but only helps DB to successfully integrate when combined with experienced resources.

8.3 Screening and Due Diligence

The first steps of integrations including the screening of possible acquisition targets, are managed by DB internal M&A or business development divisions with reduced IT involvement. As a matter of fact there are few IT specialists, mostly functional heads, who are involved to share first impressions on possible strategic decisions. Once a share increase is considered and due diligences conducted, a deeper analysis of the target bank is required hence activating work streams from business and organizational strategy to tax, HR, legal, IT and finance.

8.3.1 IT Work Stream in Due Diligence

Deutsche Bank includes IT at an early phase of the due diligence (DD) screening process. The impact IT has on the DD outcome, such as influence on target price or integration effort, is determined by size, integration direction and synergy expectations of the back-office. Deloitte states that IT DDs are only conducted in 2/3 of all reviewed companies, leading to a possible underestimation of IT complexity, feasibility and cost approximation (Deloitte, 2008). Strategically and financially sound acquisitions often bear unanticipated IT costs if IT due diligence assessments have not properly been conducted (Sundberg, Tan, Trey, Lee, Stanis, & Tanriverdi, 2006).

The inclusion of experienced IT experts with integration and strategy background early in the due diligence phase is especially important at aspired full integration and a strong alignment of products. In this case, first business plans established include major IT investments but also aspired IT synergies. Realistic estimations depend heavily on the early integration of IT in this process.

8.3.2 Information Memorandum and Data Room

Leading specialists consulted in the screening phase assess the target bank with the help of an information memorandum, also known as exposé. It is produced by the conducting investment bank or consultancy, constitutes the first source of information about the target bank and is available to all potential buyers. It carries information such as the number of accounts, clients and branches and enables a first glace on the target banks asset portfolio. If conducted in detail, the exposé can cover:

- Key facts (staffing, location), history of economic development and financial data of the target bank
- Information about the businesses (retail and corporate, strategy, market, competitors, clients, products and employee)
- Additional business activity
- Back office and service information such as service and call centers, operations and processing (credit) and other transaction banking
- Risk management including credit risk and mitigations
- Information technology including application landscape, platforms, infrastructure and IT operating mode
- Legal as well as regulatory setting of the transaction (brand, reporting systems, contractual relationships, taxes, compliance)
- Vendor relationships/contracts and sourcing model

With this package of information, IT experts build a first understanding for the operability and investment effort of a potential integration as well as the effects on the current strategy and run-rate cost. Usually IT is not a showstopper for potential integration and the IT analysis focuses on feasibility, risks and benefits of integrations.

The IT DD team is equipped with a checklist built from the experience of conducted integrations that is part of the information repository. This checklist contains a list of basic factors that are key to the analysis of IT effort and integration strategy. These factors include information on the following categories:

- Business model (legal entity, product portfolio, client structure, organization)
- Running costs of the platform systems as well as investment plans and history

- Key IT indicators apart from those given in the exposé
- Platform system information (e.g. standardized or legacy)
- Data center facilities/underlying infrastructure details
- Data integrity
- Organizational setup (Headcount, internals to externals ratio) and other operating information

To access the data required for the IT analysis, the target bank organizes a data room in restricted premises to offer a look into their company's details without allowing to copy or take any documents from the data room. As time in the DD phase is limited, a standard set of questions has been established based on the above mentioned categories. These questions help to collect the information necessary to evaluate the condition and checklists help to avoid having to re-enter the data room and loosing valuable time with assumptions and commitments to expert estimations with a low confidence level. Exemplary questions on the checklist are:

- Which target bank's products are incompatible with the IT platforms?
- Does the bank run on legacy or standard core banking platform? What are the application differences?
- Which surrounding systems and platforms are connected to the target bank's core banking?

Figure 3 exemplifies that the checklist questions do not only result from IT specific categories such as "core banking" in the IT set but also from other information sets such as business product strategy and legal entity strategies. Some business requirements and strategic decisions influence the choice of an integration scenario stronger than specific IT information. The focus of the initial analysis should be those benefits and risks that carry either large synergy potential or a high risk (e.g. with deal-breaking character) and have to be quickly validated and communicated using the data available (Hornke & Menke, Brückenschlag zwischen IT-Due-Diligence und IT-Post-Merger-Integration, 2008). All assessment areas will be reconsidered in the integration planning phase and there is no "absolutely necessary" data output as the data available is different at every DD. The output of this "collection" is the basis for the setup of high level integration scenarios and IT recommendations. The integration planning phase re-estimates all results with more data at hand but rarely comes to a totally oppositional outcome.

Figure 3: Defined IT questions for data room and following analysis

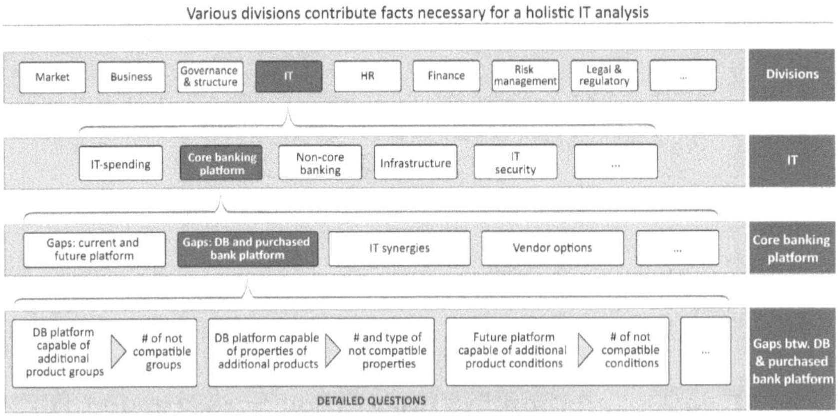

8.3.3 High Level Integration Scenarios and DD Report

The results collected in the DD report can be clustered into three areas: Firstly, recommendations for the future platform strategy, integration scenario and direction, secondly, in a high level integration plan and lastly, into assumptions for the integration cost as well as one-off and run-rate synergies.

For each of these areas, a set of information from the data room is analyzed in combination with internal input such as acquisition objectives, the exposé, research as well as interviews with specialists to deliver estimations with the highest possible confidence level. The integrity of the collected information is important as changes in fundamental factors mostly become costly realignments in later phases. Next to these results, the DD report holds all information of the exposé in a more detailed form. Additional IT information can usually be found about:

- Management, Staff and Culture
- Application Development (e.g., existing portfolio, planned releases, IT Architecture)
- Infrastructure (Data centers, network infrastructure, financials)
- Operations (e.g., organization, strategy, financials)

Figure 4: Influence of portfolio strategy on IT integration scenarios

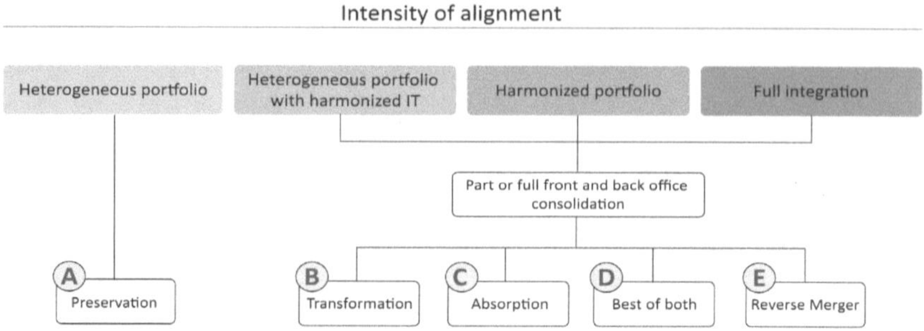

8.3.4 Recommendation for Integration Scenario and Direction

With all information collected and analyzed, the team gives a recommendation on an integration scenario and direction including a detailed benefits and risks assessment. The IT integration direction depends not only on the business envisaged alignment of products, processes, entities and organizations, but also on IT itself. Influential IT factors are among others IT platforms, technical gaps and migration options. While acquisition objectives such as an aspired higher market share often implicate a harmonization of portfolios, an extension of the product range is usually connected with maintaining two heterogenic portfolios. Heterogenic portfolios yield little cost efficiencies but are not necessarily excluding a harmonization of the IT. This case could enable two separate entities with separate market strategies with aligned products that are set up on same processes, platform and applications. A harmonization over the entire portfolio is needless to say the simplest situation: it allows for an aligned strategy and enforces aligned products, processes, organization and IT calling for a complete integration such as absorption or reverse merger.

The more alignment is aspired concerning market strategy, legal entities, products, processes, client services, organization, the more speaks for a full technical consolidation.

The integration direction framework created by Jansen in his article on cross border mergers (Jansen, 2001) applies to many conducted post-merger IT integrations at Deutsche Bank. It offers five different scenarios that need to be considered in the integration planning phase.

- Preservation (target bank company remains in independence including all systems)
- Transformation (both companies take a new, joint way to a new platform)
- Best of both (best practices of both sides creates a hybrid)
- Absorption (seller company is integrated and all its systems switched off)
- Reverse merger (unlikely, but possible: company moves on the purchased bank's platform)

Future-readiness of the own platform compared to the target bank's platform strongly influences the direction taken. If one's own platform is considered suitable to satisfy both own and target bank's future requirements best, a full absorption is the most valid scenario. If the target bank owns the stronger platform or is even acquired to use this asset, the case of a reverse merger applies. If both own application modules that can be connected to the other platform, a "best-of-breed" platform can be developed. This option is often selected when the decision makers fear integration cost and complexity but implies few synergies (Aberg & Sias, 2004) as few applications can be taken out of their platform ecosystem. Furthermore, best-of-breed mergers imply slower decision processes between the platform owners and will cause higher cost and lower synergies. In some cases the merger acts as an innovation event for both companies and triggers a transformation to a new joint platform that would be unprofitable in a standalone case.

Reverse mergers are excluded when the target bank's platform is incapable of handling the volume and complexity of the own portfolio or is simply technologically not desirable. A best of breed is often excluded due to the incompatibility of the platforms. Other scenarios can quickly be excluded due to basics such as scalability of the systems, platform future readiness, complexity or covered functionality of the portfolio. Having reduced the possible scenarios and directions, the evaluation has to be conducted only for the remaining scenarios. The following figure 4 illustrates the process of scenario exclusion, based on the model by Jansen (Jansen, 2001).

Deloitte identified that 78% of IT managers aspiring a complete integration into their company, accept best of breed solutions but reject reverse merger (Deloitte, 2008) even without having had a deep insight into the target bank. The choice on the integration is unavoidably influenced by subjective personal objectives. The analysis should therefore be as impartial and fact based as possible.

Next to effort and time of the preferred integration scenarios, integration plan and financial estimations are input for the DD report.

Figure 5: Exemplarily scenario exclusion and selection process

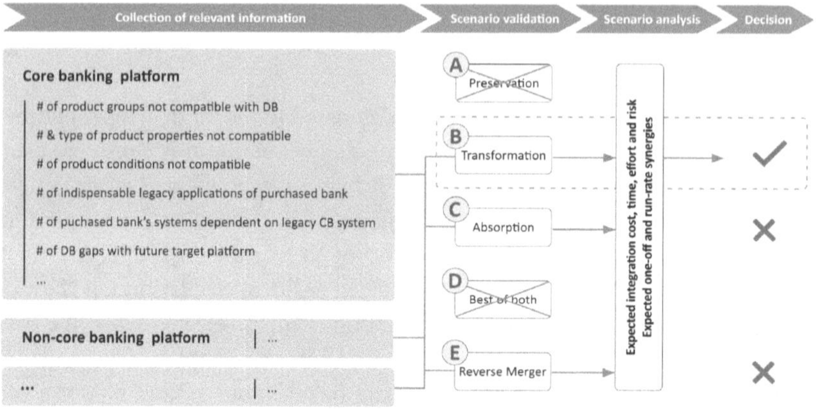

8.3.5 Integration Plan, Cost and Synergy Potential

The integration plan is the high level integration scenario extended with first cost estimations and milestone planning. Consistent IT timelines are substantial success factors for the overall integration. The cost impact analysis of the DD is most crucial to synergy estimations for the group wide business plan. The baseline case of run-rate IT cost, indirect IT cost, operations and project cost is used to create an incremental cost view over years on scenarios. This incremental view shows the total increase of application management, consumption and infrastructure and compares them with both Deutsche Bank's and target bank's baseline cost. Roughly adding the incremental ramp up project cost and ramp down synergies yields a first view on the investments over the next years and the assumed synergy potential. Overzealous cost-reduction initiatives should, however, be avoided especially in client-facing functions that anyway suffer from integration disruptions (Caye, et al., 2008).

Preconditions such as the similarity of IT platforms and scalability, planned releases as well as running and planned IT projects can strongly influence integration cost and thereby the purchasing price. Total integration investment always decreases the price the bank is willing to pay for the target bank.

The integration scenario including the integration direction, a high level integration plan, risk analysis and estimation on costs and synergies are the major output of the IT DD report. It is then distributed to the group divisions for their consolidated analysis and recommendation.

8.4 Integration Planning

A purchasing decision of the business implies the reopening of the IT analysis at a larger scale. Oliver Wyman quoted in an article about post merger integration that every day between the end of the transaction and end of integration costs money for the purchasing company (Oliver Wyman, 2009). To gain momentum, integration steering committees leading the entire project are set up relatively quickly. The number of activated IT workstreams depends on the target bank's portfolio and size. The categories analyzed are the same as in the DD phase, only the level and amount of information available of the target bank is significantly higher and the group of resources staffed to their analysis is larger. While the DD phase has a clear finishing date with the conclusion of the report, the integration phase is long term and details the planning of high level estimations based on DD results as well as the applicable integration steps with the help of bottom-up validations and strategic top-down adjustments. The integration scenarios recommended in the DD report are part of this re-evaluation. The newly available data leads to adjustments of prior results such as IT scope, integration direction and effort as well as considerable communication effort of these changes to the business and other stakeholders. Integration planning ranges from a detailed project and roll-out plan on when and how to integrate the banks' data on the target systems to a large scope preparation phase including the reengineering of target systems before integrating the banks. Timing depends on how deep the analysis of integration scenarios, integration plans and financial indications can go. To avoid unnecessary loops in the bottom up integration path planning due to untuned strategic decisions, business model and target picture definition needs to be set up first. The priorities must be straight: "Day one" requirements should be planned first (Gerds & Schewe, 2004), followed by tasks such as the enablement and acceleration of large tactical synergies, transparent communication and the strategic orientation of the joint future bank.

8.4.1 Target Picture: Defining where to go

The team defining the IT target picture requires technical specialists such as enterprise architects as well as professional program managers. While an extraction from their line work might not be necessary during small integrations, larger integrations and especially integrations where a best-of-breed or reverse merger are aspired run smoother with a team solely working on the integration. This team of experts can then, independently of their delivery role and requirement of divisional success, impartially suggest the best solution for the future joint bank. It is an essential top management task to release these people from their former line or project function.

- Pre-requisite business model

The most essential pre-requisite of a consistent and stable planning is the defined future business model including product planning and future operating models. Product planning also covers decisions to eliminate or transfer products including specific product features. The business model furthermore considers basic decisions on the willingness to accept client impact such as changes in account numbers and products. A validation of the integration direction and all connected project and migration plans can only be sustainable with a stable and clear strategy of the future business model.

- Validation of scenarios

The definition of the way to get to the future portfolio uses the assumptions of the business model and re-examines the integration direction scenario, business cases and migration plans suggested in the DD. These results are evaluated for cost, time, effort, risks, strategic benefits, synergies and quick wins. Usually, business cases for at least two or three scenarios are set up including project effort investments, one time as well as run rate synergies. Financial expertise is required to set up business cases and to estimate profit and losses, as well as balance sheet effects.

Validations of the integration scenarios and execution plans heavily depend on new information on scalability and flexibility of the target platform. This platform needs to allow for a wider product range as well as new functions and processes required by the additional business model. Before a change of control, information on systems cannot be exchanged. After change of control, teaming of experts from both sides strongly improves the quality of data used for scenario analysis and planning. Next to integration objectives such as cost, time and risk control, planning always aims at achieving a high degree of standardization and industrialization and at avoiding duplication.

- Planning includes operating model and people strategy

The future IT operating model includes people and location, sourcing strategies, the organizational setup, handling of legal entities, as well as vendor service level definition. Employee planning, such as the definition of employee transfers and capacity adjustments, immediately are in scope with setting a high level synergy goal that can at no point consist of infrastructure cost reductions only. People issues also include development perspectives with roles and competency models as well as timely training plans not only for IT specialists but also for branch end-users. Depending on the business model and integration scenario given, the effort of this planning can vary strongly. An interconnected future operating model might even require external insights to not merely learn from experience gathered in the market but also to avoid potential obstacles when implementing the most efficient operating model.

One of the most important principles of integration planning is to mitigate risks as well as the impact on available resources. This concerns not only the setup of the integration planning and execution team but the entire division. Efforts are threefold: While ensuring stability of running systems, the IT organization executes an integration of another bank and furthermore enables the business to achieve synergies on its own. Prioritization and coordination of IT and business requirements tend to put conflicting pressure on employees. IT specialists potentially push for the best solution from an IT perspective, business interests often focus on the product offering (Aberg & Sias, 2004) and client impact. Integrating a bank is a juggle of decreasing total IT costs by becoming more efficient while ensuring stability of the systems, realizing other mandatory projects, demanding from the project team being excellently prepared and showing constant awareness regarding all risks and interfacing topics. Deloitte put it similarly: "How do you capture synergies [...], while integrating clients, suppliers, processes, products, systems, and employees and building a strategic platform that leverages new capabilities and value propositions without disrupting or hurting business momentum [...]?" (Pleasance, Miller, & Marriott, 2007).

Therefore the new operating model and people strategy should be planned and communicated early, often and clearly and the topic should be supported by professional change management to ensure that the resources can concentrate on their tasks rather than their own organizational future.

8.4.2 Integration Path: Define how to get there

Defining the actual road to execute the integration cannot be detailed enough. Every step and interface needs to be planned, assured and reassured and all possible error scenarios have to be taken into consideration. This does not only apply to high level migration plans that decide on the milestones of data migration but also to interdependencies in implementation project plans as well as risk definition and mitigation plans.

A strategic implementation concept includes a migration strategy and a master plan that shows major interdependencies of the migration activities. When all groups agree on a high level master plan, a bottom up evaluation has to be conducted challenging former assumptions. The migration project can only be executed when the project plan contains all details from milestones, activities and interfaces to management reporting and resource planning and is consistent in itself.

One of the most critical IT planning tasks is the migration plan that includes the choice between manual and technical migration or a combination of both. A manual migration with physical closing and opening of accounts requires less technical design, building and testing, but is only applicable to small volumes as it requires many resources. The risk connected to a reduced testability and quality assurance to avoid human error is in some cases taken to handle specialized products of low volume. Since migrating manually requires a large set of rules, preparation and training, it is not as industrialized as a full technical migration but makes most sense when migrating special products of lower quantity. In technical or automated migrations the IT staff creates applications with rules and routines that map the account information (Aberg & Sias, 2004). Technical migrations fit transfers of historical data and other large data sets best. The larger the target bank, the more feasible it becomes to set up technical migrations for most products, avoiding manual effort and more importantly decreasing the possibility of manual errors when migrating. Large scale migration projects often choose a combination of technical migrations combined with limited manual migration for special products or incorrect datasets. This approach mitigates critical risks while being cost effective.

Next to the consideration of a manual migration, it has to be decided whether a phased or a big bang migration should be executed. A fully automated migration often comes with a big bang migration. Manual migrations often require a phased migration as manual effort demands its time. Phased migrations carry a high complexity of interfaces and sometimes long parallel operation of systems, while big bang migrations are connected to a higher failure risk and require more rigorous testing.

8.5 Integration Execution

At Deutsche Bank, the integration execution is driven by one integrated project that is organized into two major streams – the data migration stream and the business transformation stream. The migration stream focuses on the migration of all data from the source systems to the target systems while the business transformation stream addresses the integration of the purchased bank itself. It includes the design of the business model and organizational structure of the purchased bank, process integration, if applicable execution of legal entity mergers, change management, qualification of employees, and others. The following sections will concentrate on the migration stream.

8.5.1 Set-up of Target Systems and Data Migration

On the IT side the execution of the integration consists of two major parts. After identification of the purchased bank's systems during the planning phase, these systems need to firstly be configured and enhanced to enable them to process the migrated data. This includes setup of static data e. g. for legal entity set-up, branding configurations, and branch set-up. Enhancements of the target systems may be required for products that are to be maintained with identical features and functionality as in the source systems. Secondly, the data migration consists of the extraction, transformation and loading of all data to be migrated from the source to the target systems. Both parts follow the project phases outlined in the following section.

8.5.2 Project Phases from Analysis to Migration

The project phases follow the CMMI-based Quality Management System (QMS) model that defines the standard approach to software development at Deutsche Bank. In migration projects, however, there are characteristics that need special attention and hence will be covered below.

8.5.2.1 Analysis

During the analysis phase, business requirements are documented by the business and analyzed by IT. For data migrations, these business requirements documents include the data field mapping that is required independently of the migration path (e. g. manual or automatic migration). Each data field of the databases of the operative source systems needs to be mapped to a data field in the target systems. Such mapping can be complex if a number of source data fields are required to determine the value of a single target data field or if lookup tables need to be included in the mapping process. The data field mapping – even on a functional level – demands strong support from the business. Tools used to document the mapping rules are of high importance. They need to enforce documentation standards. Data mapping should be transferable in an easy and straightforward way to the design documents. Larger data migration projects require tools that support a structured documentation of the overall functional migration design.

8.5.2.2 Design, Build and Test

The design, build and testing phases, including unit tests and component integration tests, follow the standard approach as described in the QMS model.

8.5.2.3 Integration Testing

To a large extent, the final integration test phases are specific to data migration projects. The thorough planning, preparation and execution of test phases described below are key to a successful migration.

The system integration test (SIT) validates the target systems. Set-up and enhancements of the target systems are tested without migrated data. The data migration test (DMT) arranges for an integrative test of the migration software. All data (e. g. client data, product data) to be migrated in an automatic way is extracted from the source systems, transferred and transformed, and finally loaded into the target systems. Comparisons are made between the online data in the source and in the target systems.

The overall integration test starts only after successful completion of both the SIT and the DMT. This test phase focuses on the migration process – automatic and manual – as well as the processing of the migrated data in the target systems. This includes for example online updates, or end-of-day/end-of-month processing. In the final test phase, in the user acceptance test (UAT), all test objects are tested from a business point of view and are signed off by the business after having passed successfully.

The test phases described above are carried out in test cycles. A test cycle consists of a) extraction of data from source system, b) transformation of the data, c) loading of the data into the target systems, d) execution of test cases, and e) deletion of all data loaded to prepare for the next cycle. In terms of project planning the start date of the first integration test cycle is a crucial milestone that needs to be defined and communicated very early in the project, as all subprojects will be required to be ready for integration testing at a particular date.

8.5.2.4 Dress Rehearsal and Rollout

After successful completion of all test phases, dress rehearsals will be conducted. These rehearsals aim at simulating the go live activities as closely as possible. If the migration is structured in several phases (e.g. automatic migration of partner data, migration of static account data, migration of balances, manual migration activities), the dress rehearsals are structured accordingly. As the migration software and the target systems have already been signed off in the test phases, the dress rehearsals' focus is on the organizational components of the migration and the communication structures. These include the operations of a command centre that tracks the progress and reports the status of the migration (e.g. by mail, by text message, and in regular status calls) and logs issues that may come up during the migration and tracks their progress as well. Escalation processes on various levels (e. g. project management, steering committee, senior management project board) are formally initiated by the command center as well.

During the dress rehearsals all technical migration activities – from data extraction and transformation to loading data into the target systems – as well as all organizational migration activities are carried out according to the migration script that includes all activities on a detailed level (e. g. persons responsible on the IT and on the business side, person responsible for the execution, person responsible for reporting of the activity's progress, planned and actual execution times). The tracking of the execution of each migration activity by the command center requires a tool that can be easily accessed. Applications with browser based user interfaces are the most compatible solution for these tasks. Each person responsible for the execution of an activity enters in a timely manner the completion rate ("no run", "not completed", "passed", "failed", "n/a") of that activity in the tool. The command center tracks the execution according to the timelines given in the migration script.

Figure 6: Berliner Bank IT integration in facts

BERLINER BANK INTEGRATION	FACTS & FIGURES
Customers	approx. 345.000
Data records migrated	2.300.000
Conversion rules	8.800
Project duration	15 months
Test cases	5.850

Special attention needs to be given to the execution of the verification specification. To verify the correctness and completeness of the data migrated, technical and functional check points are defined and included in the migration script. Technical check points require an IT sign off, functional check points need to be signed off by the business. In addition, a separate specification details the reconciliation of the balance transfers carried out in the course of the migration. The verification that all funds have been transferred to the correct accounts in the target systems is essential.

The disaster recovery and variance control specification defines how to proceed in cases of emergency. They cover disasters like non-availability of IT systems or entire buildings. This also includes how to deal with variances that are detected during the verification of the completeness and correctness of the migrated data and that are larger than the pre-defined tolerance levels.

After completion of the dress rehearsals, the migration is executed in production ("Go Live") according to the production migration script. The production script is based on the script used in dress rehearsals, but includes modifications regarding migration steps that could not be carried out in the dress rehearsals, such as change of payment flows in production or sending out information to clients (e.g. account statements, cards, PIN/TAN).

8.5.2.5 Post Integration Support

The immediate time period after the go live requires close monitoring of the status of issues that occurred during the migration as well as new issues that came up immediately after the migration. The command center will still be operated for this purpose. It tracks all issues and ensures their resolution according to their priority. Status reporting continues until all issues are either closed or a hand over to responsible persons in the line organization has been carried out.

8.6 Post Merger Learning Process

The last phase of our integration framework, the post integration learning phase, is often assumed to be the least important to the integration success, but is strongly undervalued regarding its importance for the success of future integrations and disintegrations.

In the post merger learning phase lessons learned are captured and documented. Deutsche Bank uses an integrated approach to collect findings and learning considering as many views of staff and management involved in the migration project as possible.

The framework used to collect and document findings and associated learning consists of a 3-level-structure of categories with the highest level consisting of the four key dimensions methodology, functional architecture/business transformation, application/technical architecture, target/actual comparison. For each finding the following attributes are recorded:

- Type: positive or negative finding
- Severity: high, medium, or low
- Dimensions impacted: time, effort/costs, functionality, employees, clients
- Project phases impacted: analysis, design, build & test, integration test, rollout, production

8.6.1 Approach to Gathering Lessons Learned

The collection of findings and learning from project staff is organized in a number of "bottom up" workshops with a maximum of 10 participants. These workshops use brainstorming methods and key dimensions of the framework described above. All members of the project boards (project management, steering committee, senior management project board) are interviewed individually to include the management perspective in the survey as well. These "top down" interviews are semi-structured based on an input/process/output model. All findings and learning – from both bottom up workshops and top down interviews – are captured in databases according to the framework of categories together with the mentioned attributes.

8.6.2 Evaluation of Gathered Lessons Learned

The evaluation consists of three steps. In a first step, findings and learning belonging to the same category – on the lowest of the three levels of the category framework – are grouped into topics. A topic may include both negative and positive findings as long as their content connects them. This grouping is done separately for the findings of the bottom up workshops and the top down interviews. The topics then are ranked considering the severity of the individual findings the topic consists of. The resulting two lists (bottom up and top down) of the most highly ranked topics will then be the basis for the second step. In this step, management reviews the results taking into account external migration expertise as well. The objective of including externals is to add an outside view that includes benchmarks with industry's best practices. The third and last step then is to derive a list of recommended actions and to compile the final reports, constituting the major source of lessons learned.

8.6.3 Integration Repository and its Application

The finalization of the lessons learned report can fall into the time of closing an integration project. Even though information and obstacle mitigations are collected during the integration execution, the actual work of structuring lessons learned and making them re-usable arises at the end. The motivation to process this information for templates and guides for a potential prospective but not announced integration is usually low, especially considering that all resources are already assigned to new projects. On the contrary, the importance of this information assorting is at the start of a new integration considered to be very high. Therefore the setup or update of an integration repository after having concluded all integration actions requires vigorous motivation and management support.

The content of a repository is manifold. It ranges from high level descriptions of the entire integration process to templates for the DD data room. These documents have to be clearly structured and restricted to only the applicable information: It has to be ensured that lessons specific to a particular integration are not recorded. The repository has to cover essential information to serve as an important store of knowledge for upcoming integrations.

8.7 Key Success Factors

No integration can be exempted from potential failure. Financial and time objectives might not be met even when all procedural steps and formal requirements of the integration framework are correctly applied. We have derived a list of overarching key success factors that applied to most of our integrations. Partly collections of key success factors have a stronger focus on soft factors such as stakeholder management and decision making (Penzel, 2000) and partly on timing and process management (Carleton & Lineberry, 2004). The ones we consider to be of highest importance to integrations are migration planning, cost control, side topics, governance, change management and resources.

8.7.1 Early Migration Planning

While the migration is the most important and risk bearing of all project phases, it is often taken too little into consideration in planning. This can result from underestimation of migration risks but also from investment prioritization of more visible integration efforts. Missing prioritization and communication with other mandatory or integration projects can lead to resource allocation conflicts risking project delivery. Furthermore, migration technique decisions (automatic/semiautomatic or manual) are sometimes based on budget constraints and not on the necessary functionality and side topics are tackled too late in the project. To mitigate these outcomes, tactical investments in the current landscape should be reduced to control and focus on migration costs. This also counts for product setup and customizations on the target systems that are not compatible with Deutsche Bank's product landscape. The product number and specifications (processes and complexity) should be the basis for the choice on the migration technique. Two other decisive planning factors should be the client impact and cost implications caused by different scenarios. All actions planned must be valued according to these planning factors. Client impact can be caused directly by insufficient training of employees working on new IT systems or little dedicated branch support but also by inadequate and late communication to the client on changing processes. The impact can also stem from inaccuracies at the data cleansing stage before transferring the client data possibly resulting in missing account balances or vanishing of portfolios.

8.7.2 Rigorous Cost Control

The reasons for IT integration cost under- and overestimations must not to be neglected. Cost drivers, however, are diverse in any project and rarely connected to the size of the project. Drivers for these fluctuations can be cost omissions, functional scope changes, missing standards in project management and decisions making, underestimation of contract and vendor management but also missing knowledge of the purchased bank's IT. Functional scope changes, such as more target products, new branding and client impact requirements, also lead to IT cost changes in the integration process but can be controlled by a rigid change request process. IT project costs usually become more reliable when detailed IT specifications are written at a later stage within the process. In some cases this can result in higher implementation costs. Unfortunately, most strategic decisions have to be made long before knowing these real costs. Therefore, IT business cases constituting the basis for strategic decisions should include confidence levels and fluctuation estimations to minimize the impact of real cost outliers on the defined scope.

IT synergies are especially hard to numeralize in the DD phase and often only become reliable with knowledge of the purchased bank's technical details after change of control. Technical and functional assumptions change in the course of integration phases when integration methods, the purchased bank's systems and the joint future system become more transparent. Underestimations make specific IT business cases, rigorous investment and synergy tracking as important as the personal commitment to costs and synergies.

8.7.3 Holistic Planning including Cross Topics

Exit products are products that are planned to be discontinued, other products may be transferred to similar products in the future joint bank. Whenever clients decide not to agree with the product transfer, their products have either to be continued manually on the future platform or quickly to be implemented for these clients. To avoid high efforts, exit products and discontinued products must be identified early. Furthermore, clients, especially those with product changes that require approval, need to be contacted early to give enough time for communication and their decision making. Those products that cannot yet be closed due to missing approvals need to be tracked and monitored closely.

Migrations often require account numbers to be changed. This implies that incoming payments to the old number need to be routed to the new client accounts after the migration for a smooth migration from the client's point of view.

Other topics such as tax, legal and emergency concepts are also central to the overall success. A "my out of scopes have to be someone's in scope" principle takes the team into responsibility to ensure that these cross topics, that are not specific to one IT domain only, are covered. A wash list including disaster recovery concepts, variance control specifications, migration scripts, audit trails, tax concepts and test management can help to track smaller topics and ensure an all-embracing integration.

8.7.4 Implementation of Transparent and Committed Governance

Limited and insufficient overall coordination often leads to unregulated milestone planning and issue management that cause costs and risk. Inadequate coordination and governance can also lead to missing end-to-end responsibilities, inefficient budget allocation and resource prioritization as well as uncertainty.

To avoid these outcomes, industrialized and standardized processes and clearly defined end products should be defined. Furthermore long term commitment of senior management supports personal responsibility to deadlines and planning. Assigning the same top manager to the integration planning and to the delivery often leads to a beneficial start-to-end responsibility and stabilization of the project. Strategic business, product and organizational decisions have a strong influence on the technical integration execution. Changes cause the master planning to become unstable and unreliable therefore increasing the migration cost.

Efficient governance with regular steering committees and management meetings including all relevant stakeholders stabilizes the program as far as possible. A strong steering system can ensure political, coordination and conciliation efforts to establish consensus on priorities, budgets and timings (Gerds & Schewe, 2004).

Governance also improves with a committed cross functional project team which closely cooperates with line functions. Covering different teams accelerates decisions and identifies hidden synergies (Bascle, Duthoit, Goodall, Mathiessen, Strueven, & Tevelson, 2008). Team members should have clearly defined roles to facilitate identification of responsibilities in a constantly changing project environment. Senior management should set an example of a combination of hands-on pragmatism that requires all project members to show decision making willingness and take risks consciously with a good sense for critical details.

8.7.5 Early Communication and Stringent Change Management

One danger of large projects is the isolation of some strategic planning team in an ivory tower expecting the rest of the organization to read their minds when passing their offices. Sufficient communication increases not only employee satisfaction with the overall project and decreases fears of potential unemployment but also clients' buy in on the changes made to their products and client facing processes (Oliver Wyman, 2009). Adequate communication can decrease risks at integration execution (Setzer, 1999) by focusing not only on results but also on the communication of activities. Employee training is always limited by time, rarely because of the associated costs but due to low prioritization.

The effect on the client can be reduced by mandatory communication topics in the context of the product portfolio. The negative impact is decreased by identifying critical factors, starting communication early with a focus on benefits and lastly training branch employees for an adapted daily business. Furthermore, costumers must be informed as early as possible about changes to and discontinuation of their products. IT changes sometimes imply changes to transactions processes or even changes of account or bank identification numbers. These effects on clients are one of the first subjects of IT integration consequences as they imply client dissatisfaction and workload in the branches.

Training of IT staff on new systems should neither be underestimated. Missing know-how on IT systems and integration abilities can create serious integration problems (Gerds & Schewe, 2004). Internal staff should share a common vision and know the long-term objectives of the project and thereby act in concert. Any resource connected plans should be conveyed with a realistic expectation management to decrease employee uncertainties. This will also support the joint enthusiasm needed to overcome cultural differences and demonstrates the desire of a new company culture (Pleasance, Miller, & Marriott, 2007). A basic requirement for all open and regular communication activities is that the responsibility lies at top management and is connected to the strategic orientation.

8.7.6 Resource Motivation and Management

While governance and communication efforts can be adjusted over the integration process, resource decisions are usually hard to change. Problems can arise when management responsibilities change too frequently and should only be encouraged when a change of specific personnel is beneficial to the team. Organizational responsibility should be interconnected with budget responsibility to allow end-to-end control. Furthermore, prioritization and resource conflicts between line and project organization are decelerating the integration progress but can be tackled by installing appropriate governance such as a matrix organization.

On the structural side, top management should be assigned to the program management and the purchased bank's board to enable faster decision making. A transition service agreement details the purchased bank's support if its motivation to support the migration is low. Appointing persuasive and motivating cluster leaders with appropriate rights to live a strong spirit and pragmatism setting a good example for employees (Grube & Töpfer, 2002). 100% dedication of key resources to the project as well as incentive mechanisms strengthen governance. While the beginning phases only require a team which manages the screening and DD analysis, later phases can activate around 300 to 600 people implementing the migration. Establishing a team spirit in such a large and fast changing organization is critical to the necessary commitment.

Integrations also carry a high risk of employees leaving the purchased bank. The Boston Consulting Group noted that IT personnel retention is one of the top priorities in banking integrations (Bascle, Duthoit, Goodall, Mathiessen, Strueven, & Tevelson, 2008). Key personnel should directly be contacted with a clear plan of career opportunities and personal training to avoid an "us versus them" mentality.

Decision making and collaboration is facilitated by joining IT and business integration execution teams but also building teams with the purchased bank's experts and including them into the decision making process. These teams should have clearly defined responsibilities, expectations, and roles. A joint project plan supports the interfaces in addition to that. However, team spirit is only improving the project delivery if resources bring the necessary integration know-how. A concentration and institutionalization of potentials in a standing, powerful team of project managers, technical and functional specialists who are immediately available for integrations is difficult. The low frequency of integration does not allow for integration specialist roles within the company. Gerds and Schewe even state that only 47% middle and lower managers have integration experience. This relatively low percentage of integration knowledge in the involved management reflects on the knowledge transfer to employees. Even if employees are willing to support the integration, they are often lacking the necessary abilities (Gerds & Schewe, 2004). Missing experience in specific integration topics can be filled by outside-in views and strategic insight of external experts of consultancies helping to make the integration successful. To motivate and train the teams, commitment must be demanded but also strongly rewarded. Bilateral trust within the team and top management is mostly more important than available timelines and checklists.

8.8 Conclusion

The construction of our integration framework at Deutsche Bank is just one out of various approaches to structure integration processes. The framework enables us at Deutsche Bank to conduct IT integration more efficiently. Combining these aids with the above mentioned key success factors and most importantly with the right selection of resources will lead to sustainable integration success. The time spend on the selection of the correct resources is crucial in large integration projects. It is of utmost importance for key integration managers to bring along a strong internal network and knowledge of strengths and weaknesses of external partners as well as a understanding for the platforms' maturity levels.

When comparing the value of optimal integration planning described in the previous chapters against basic requirements for management and the pre-integration planning it quickly appears that IT integrations depend more heavily on soft factors such as IT/business alignment and open communication to increase transparency than on the availability of templates and procedural repositories. Integration success at the end relies upon institutionalized cooperation of divisions, lived pragmatism, flat hierarchies and a bonding team spirit.

8.9 References

Aberg, L., & Sias, D. (2004). Taming postmerger IT integration. McKinsey on Finance , pp. 20-25.

Bascle, I., Duthoit, C., Goodall, S., Mathiessen, J., Strueven, P., & Tevelson, R. (2008). Thinking Laterally in PMI. The Boston Consulting Group.

Carleton, R., & Lineberry, C. (2004). Achieving post-merger success: a stakeholder's guide to cultural due diligence, assessment, and integration. John Wiley and Sons.

Caye, J.-M., Franken, H., Friedmann, D., Gell, J., Hill, J., Khanna, D., et al. (2008, 6). Special Issues in PMI: Dealing with Carve-Outs, Unions, and Other Challenges. Focus: Trends in Postmerger Integration III .

Chanmugam, R., Anslinger, P., & Park, M. (2004). Post-merger integration myths versus high-performance realities. accenture.

Deloitte. (2008). IT M&A Readiness in Deutschland. Deloitte.

Gerds, J., & Schewe, G. (2004). Post Merger Integration. Münster: Springer-Verlag.

Grube, R., & Töpfer, A. (2002). Post-Merger-Integration: Erfolgsfaktoren für das Zusammenwachsen von Unternehmen . Schäffer-Poeschel .

Hornke, M., & Menke, J.-P. (2008, Februar). Brückenschlag zwischen IT-Due-Diligence und IT-Post-Merger-Integration. Controlling , pp. 89-96.

Hornke, M., & Rigall, J. (2007). Post Merger Integration: Synergiehebel Informationstechnologie. M&A Review , pp. 496-502.

Jansen, S. (2001). Pre und Post- Merger Integration bei grenzüberschreitenden Zusammenschlüssen. In A. Jansen, G. Pciot, & D. Schiereck, Internationales Fusions-Management (pp. 3-34). Schäffler-Poeschel.

Lünendonk. (2010). Mergers & Acquisitions / Post Merger Integration. Kaufbeuren.

Oliver Wyman. (2009). Post Merger Integration - Nur effektives Integrationsmanagement führt zu nachhaltig erfolgreichen Übernahmen.

Penzel, H.-G. (2000). Klare Strategie und Zielausrichtung: Erfolgsfaktoren für das Post Merger Management in Banken. Führung und Organisation , 18-36.

Pleasance, D., Miller, R., & Marriott, T. (2007). Capturing Sustainable Value. Deloitte.

Setzer, M. (1999, Oktober). Interview mit Dr. Martin Setzer zum Megadeal Deutsche Bank/Bankers Trust. Unternehmens-Berater , pp. 24-26.

Sundberg, B., Tan, Z.-D., Trey, B., Lee, H.-J., Stanis, G., & Tanriverdi, H. (2006, volume 6). A Framework for Conducting IT Due Diligence in Mergers and Acquisitions. ISACA Journal

9 Rechenzentrumskonsolidierung in einer dezentralen Organisation

Thomas H. Tack

9.1 Einleitung

Die Sparkassen-Finanzgruppe steht für ein Geschäftsvolumen[1] von 3.410 Milliarden Euro (2009) und ist damit die größte Kreditinstitutsgruppe in Deutschland und Europa.[2] Hinter diesem erfolgreichen Auftritt steht aber nicht wie im Privatbankenbereich ein durchstrukturierter Konzern, sondern ein Zusammenschluss aus 620 Unternehmen: 431 rechtlich eigenständige Sparkassen, zehn Landesbanken in sieben Landesbankkonzernen, zehn Landesbausparkassen, elf Erstversicherergruppen der Sparkassen, die DekaBank sowie zahlreiche Kapitalbeteiligungsgesellschaften und Spezialkreditinstitute (DSGV, 2010).

Wie alle Finanzdienstleister sind diese Institute stark von modernster Informationstechnologie (IT) abhängig. Da IT aber nicht nur ein Produktions-, sondern auch ein Kostenfaktor ist, kommt dem Management der optimalen IT-Bereitstellung eine große Bedeutung bei. Alleine die über den inzwischen einzigen, zentralen IT-Dienstleister der Sparkassen (und einiger Landesbanken) betreuten Geräte und Konten geben bereits einen Eindruck von der Dimension dieser Aufgabe (Finanz Informatik, 2010):

- 329.721 Endgeräte , davon
- 273.448 Arbeitsplatzgeräte / PCs
- Geldautomaten
- Kontoauszugsdrucker
- sonstige SB-Terminals
- 130,8 Mio. betreute Konten, davon

---

1 Nach Angaben des DSGV (2010): Bilanzsumme, Bestandsvolumen, Fondsvermögen, Beteiligungsvolumen (Zahlen gerundet)

2 Wichtige Teile dieses Beitrags, insbesondere zur Gründung und Entwicklung des SIZ stemmen aus einem unveröffentlichten Manuskript des Autors gemeinsam mit Dr. Richard Nowak, bis 1997 Bereichsleiter „Anwendungskoordination“ im SIZ. Eine Darstellung, wie das SIZ über seine Arbeit das IT-Management der Sparkassen-Finanzgruppe beeinflusste, findet sich auch in Stülpnagel (2006).

- 30,7 Mio. Online-Konten
- 72,76 Mrd. abgewickelte technische Transaktionen

Dabei muss man sich auch den in einer dezentralen Organisation wie der Sparkassen-Finanzgruppe notwendigen Abstimmungs- und Entscheidungsprozess deutlich machen[3]. Dass es unter solchen Rahmenbedingungen heute mit der Finanz Informatik nur noch einen großen IT-Dienstleister auf der Sparkassenseite – statt elf noch Anfang 1998 – gibt, ist deshalb eine wichtige Errungenschaft für die Sparkassen-Finanzgruppe, die sich auch in klingender Münze niederschlägt: Für die beteiligten Unternehmen stellt die Finanz Informatik ab 2012 Einsparungen von 200 Mio. Euro jährlich in Aussicht (Neumann, 2010b). Aber auch schon während der Migrationsphase auf das einheitliche Gesamtbanksystem kann die Finanz Informatik die Kostenplanung unterschreiten – in 2009 um 85 Mio. Euro (SparkassenZeitung 2009).

Dieser Beitrag beleuchtet, wie sich aus den historisch gewachsenen regionalen Rechenzentren letztlich die Finanz Informatik entwickelte. Eine wichtige Rolle bei diesem Prozess spielte das SIZ Informatikzentrum der Sparkassenorganisation, das 1990 mit dem Ziel der „Vereinheitlichung der DV-Landschaften der Sparkassenorganisation" gegründet wurde. Die Entwicklungsgeschichte dieses Dienstleisters spiegelt über die letzten fast zwanzig Jahre auch die rasante Entwicklung im IT-Bereich der Sparkassen-Finanzgruppe und die strukturellen Veränderungen wider, die sich daraus ergaben.

9.2 Die Informatikstrategie der Sparkassen-Finanzgruppe – die Vorgeschichte

Die Geschichte der Datenverarbeitung in der Sparkassen-Finanzgruppe begann Anfang der 1960er Jahre. In diese Zeit fällt bereits die erste Gründung einer Koordinationsinstanz in Form des „Instituts für Automation der deutschen Sparkassen und Girozentralen (IfA)". Es entstand 1965 auf Initiative der Landesbanken/Girozentralen, um vorrangig die maschinell-optische Beleglesung zu entwickeln. Daneben wurden dem IfA noch allgemeine Koordinierungsaufgaben übertragen, die im Laufe der Zeit immer mehr in den Vordergrund traten. Aber

3 Mit dem Thema der komplexen Planungsprozesse für die Anwendungsbereitstellung in der Finanz Informatik mir ihren über 400 Kunden beschäftigt sich z.B. Neumann (2010a).

die Zeit war noch nicht reif für eine bundesweite Kooperation, das IfA wurde 1974 geschlossen.

Einen kleinen Teil der IfA-Mitarbeiter übernahm der Deutsche Sparkassen- und Giroverband (DSGV) als Abteilung Datenverarbeitung. Diese war maßgeblich an der Entwicklung des „Automationskonzeptes 1987" beteiligt, das die Diskussion um eine bundesweite Koordinierung erneut in Gang setzte. Es stellte über die bisherigen Überlegungen zur Kosteneinsparung durch Kooperation hinaus die Anforderungen des Gruppenwettbewerbs heraus, der eine zeitgerechte Entwicklung qualitativ hoch stehender Datenverarbeitungsanwendungen notwendig machte. Daraus resultierte dann die Forderung nach schlagkräftigen Entwicklungseinheiten, deren Arbeit im Interesse aller Institute koordiniert werden sollte.

Die Diskussion war zunächst auf die Sparkassen ausgerichtet. In den Beratungen zeigte sich jedoch, dass eine stärkere Vereinheitlichung der Datenverarbeitung der Sparkassen-Finanzgruppe ohne Einbeziehung der Landesbanken/Girozentralen Stückwerk bleiben musste. Nach den eingehenden Diskussionen in allen Gremien des DSGV wurde deshalb einmütig beschlossen, die langfristige Vereinheitlichung der Datenverarbeitung in der Sparkassen-Finanzgruppe anzustreben und zu diesem Zweck das SIZ zu gründen. Im zweiten Halbjahr 1990 stimmten alle Regionalverbände und Landesbanken/Girozentralen dem Vertragswerk zu. Am 22. November 1990 wurde das SIZ als GmbH formell gegründet. Es nahm seine Arbeit in Bonn-Oberkassel auf und zog Ende 2004 in das Sparkassenhaus, den früheren Sitz des DSGV. Maximal hatte das SIZ 93 fest angestellte Mitarbeiter im Jahre 2001.

9.3 Die erste Phase (1990-2000): Das SIZ als Institution der Kooperation

Um dem im Gründungsauftrag festgeschriebenen Ziel der langfristigen Vereinheitlichung der Datenverarbeitung nachkommen zu können, war von Anfang an eine enge Verbindung von SIZ, DSGV und den regionalen Entwicklungseinheiten angestrebt. Dies schlug sich dann in einer vielfältig verknüpften Struktur der SIZ-Arbeit nieder.

9.3.1 Die Struktur

Die wichtigsten Partner des SIZ waren die zehn sogenannten „Entwicklungseinheiten“. Die fünf großen Verbandsrechenzentren (VRZ) und die Datenverarbeitungsabteilungen der fünf großen Landesbanken übernahmen jeweils die Rolle als „Führende Kooperationspartner“. Auf Seiten der Sparkassen waren dies die Verbandsrechenzentren aus Niedersachsen (stellvertretend für das Saarland, Schleswig-Holstein, Berlin, Ostdeutschland), Westfalen-Lippe (stellvertretend für Hessen), Rheinland (stellvertretend für Rheinland-Pfalz), Württemberg (und Baden), sowie Bayern. Die entsprechende Rolle auf Seite der Landesbanken/Girozentralen wurde den Instituten aus München, Stuttgart und Mannheim, Frankfurt (stellvertretend für Mainz, DGZ), Düsseldorf (stellvertretend für Kiel, Saarbrücken) und Hannover übertragen. Idealtypisch sollte sich jede Entwicklungseinheit einer gemeinsamen Software bedienen. Dies war jedoch nicht immer der Fall.

Die Leiter dieser Entwicklungseinheiten bildeten mit der Geschäftsführung des SIZ und einem Vertreter des DSGV das „Direktorium“, das Kooperationsgremium im strategisch-operativen Bereich. Hier fielen die wichtigsten Entscheidungen für das gemeinsame Vorgehen, hier entwickelte sich dann auch der Geist der „SIZ-Gemeinschaft“. Der Aufsichtsrat war mit hochrangigen Persönlichkeiten aus den Verbandsregionen und den Landesbanken besetzt. Gesellschafter waren die Sparkassenverbände (oder Verbandsrechenzentren) und die Landesbanken.

9.3.2 Das Basiskonzept

In den ersten beiden Jahren der SIZ-Arbeit stand die Entwicklung eines Basiskonzepts im Vordergrund. Dessen Ziele waren die Steigerung der Wirtschaftlichkeit, eine verbesserte Unterstützung der Institute und die Herstellerunabhängigkeit. Ab etwa 1993 sollten dann Anwendungen nur auf dieser Grundlage, möglichst gemeinsam, erarbeitet werden.

In einer gewaltigen Anstrengung wurden die Teilprojekte Anwendungsarchitektur, Software Engineering/Sprachen, Systemtechnik, Kommunikationstechnik und die Querschnittsprojekte Büroautomation, Benutzeroberfläche und Sicherheit vornehmlich mit Mitarbeitern aus den Entwicklungseinheiten angegangen. Zusammen mit einigen externen Mitarbeitern waren insgesamt ca. 200 Personen am Basiskonzept beteiligt. Der gesamte Prozess wurde begleitet von der Beratungsgesellschaft McKinsey & Company.

Das Basiskonzept sollte die Grundlage für eine gemeinsame Anwendungsentwicklung in der Sparkassen-Finanzgruppe bilden, um dadurch die Einheitlichkeit herbeizuführen. Eine wichtige Voraussetzung war, dass die Entwicklungseinheiten im Gründungsprozess eine Einsatzverpflichtung für die im SIZ entwickelten Komponenten übernommen hatten. Je mehr sich aber das Basiskonzept seiner Fertigstellung näherte, desto mehr erwies sich gerade diese Einsatzverpflichtung als Hemmschuh. Die realen Umsetzungen in den einzelnen Entwicklungseinheiten verhinderten eine kurzfristige und breite Implementierung. Daraus entstand im ersten Halbjahr 1992 eine intensive Diskussion über die Zukunft des SIZ. Sie mündete in der Neufassung des Gesellschaftsvertrags und einer Zusatzvereinbarung.

9.3.3 Koordination und Kooperation

Auf Basis des geänderten Gesellschaftsvertrags vom 26. März 1993 wurde nun die Freiwilligkeit zum bestimmenden Element der Zusammenarbeit im SIZ. Dem SIZ fiel die Leitfunktion bei der Ermöglichung und Förderung von Kooperationen im IT-Bereich zu. Dazu diente zunächst die Konkretisierung des Basiskonzepts. Im Zentrum standen das Anwendungsentwicklungsmodell (AE-Modell), das SKO-Datenmodell, ein Prozessmodell sowie die Entwicklung einer herstellerneutralen Plattform (SIZ-API). Diese Arbeiten bildeten immer mehr die Basis zukunftsorientierter Softwareentwicklung in den dezentralen Einheiten. Sie erleichterten Kooperation und Austauschbarkeit, jetzt auf freiwilliger Basis.

Im Laufe der Zeit traten jedoch die infrastruktur- und anwendungsorientierten Arbeiten immer mehr in den Vordergrund. Schwerpunkte lagen dabei in den Bereichen Sicherheit, Kundenselbstbedienung, Zahlungsverkehr und Telekommunikation. Beispiele dafür sind der Aufbau eines Datennetzes zwischen den Entwicklungseinheiten (S-Net), Dokumenten-Management-Systeme/Archivsysteme, Zahlungsverkehr mit Banken und Firmenkunden (ONGUM), einschl. Entwicklung eines Internet-Portals und einer Signieranwendung (signis), Pilotierung der Sparkassenkarte und GeldKarte mit Chip, Realisierung einer Evidenzzentrale und Ladezentrale für die Elektronische Geldbörse, ein neues PIN-Verfahren, eine Schnittstelle für kryptografische Sicherheitsverfahren (Krypto-API), Aufbau eines Computer-Notfallteams (S-CERT), Weiterentwicklung und Umsetzung des Standards für Online-Banking (HBCI), eine Schnittstelle zur Integration der Verbundpartner und die DV-

Anforderungen aus der Europäischen Währungsunion/Einführung des Euro. Bei verschiedenen Projekten des DSGV bat der Betriebswirtschaftliche Ausschuss das SIZ um Unterstützung bei den IT-technischen Aspekten, z.B. in den Bereichen Multikanalstrategie, Business Process Reenginering (BPR), Einheitliches Rating, Scoring beim Konsumentenkredit und Adressen-risikomanagement.

Diese Beispiele aus einer noch längeren Liste zeigen die Vielfalt der SIZ-Arbeit zu dieser Zeit. Sie reichte von grundlegenden, strategischen Arbeiten über gemeinsame und zentrale Anwendungen, Unterstützung in der sich wandelnden Technik bis zur Interessenvertretung der Sparkassen-Finanzgruppe nach außen. Alle Ergebnisse standen den Institutionen der Organisation zur Verfügung und verbesserten bzw. beschleunigten deren Entwicklungsarbeit. Darüber hinaus boten sie weitere Chancen für gemeinsame Projekte und für die Austauschbarkeit der Ergebnisse. Im Jahre 1998 wurde durch die Entwicklungseinheiten der Versuch gemacht, den monetären Nutzen der SIZ-Arbeit abzuschätzen. Sie bezifferten den Netto-Nutzen aus der Arbeit des SIZ auf ca. 160 Mio. DM pro Jahr (Stülpnagel, 2006).

9.4 Ein Zwischenschritt (2000-2002): Veränderte Rahmenbedingungen und neue Herausforderungen

9.4.1 Die Wandlungen in der Automationslandschaft

Im ersten Jahrzehnt seines Bestehens führte die SIZ-Arbeit zur Etablierung zahlreicher Standards und zur Realisierung gemeinsamer Anwendungen. Vor allem förderte die „SIZ-Gemeinschaft" einen Geist freizügiger Informationskultur und eine Vertrauensbasis, die erheblich zu der Konzentration der Kräfte im IT-Bereich beitrug; ohne sie wäre die heutige Automationslandschaft vielleicht gar nicht zustande gekommen. Mit diesem (Zwischen-) Ergebnis hatte sich aber die Rolle des SIZ als Motor der Vereinheitlichung der Informationstechnologie in der Sparkassen-Finanzgruppe relativiert.

Insbesondere das Großprojekt „S-Buchen" legte die Grundlage zu einer deutlichen Konsolidierung der Automationslandschaft. Dabei kooperierten die Verbandsrechenzentren in München, Stuttgart, Düsseldorf und Münster mit dem Ziel, einen spartenunabhängigen Buchungskern zu entwickeln. Sie übertrugen dem SIZ vielfältige Moderations- und Dienstleistungsaufgaben. Die Zusammenarbeit der Partner war so fruchtbar, dass sie im Rahmen dieses Prozesses (mit

Ausnahme der bayerischen IZB SOFT) zur Sparkassen Informatik (vgl. Tabelle 1) fusionierten.

Parallel entstand aus der Kooperationsgruppe um die dvg Hannover die FinanzIT. Mithin war die Anzahl der Rechenzentren in der kurzen Phase von Anfang 1998 bis Anfang 2003 von elf auf nur noch drei geschrumpft: die Sparkassen Informatik mit Hauptsitz in Frankfurt, die FinanzIT mit Hauptsitz in Hannover und die, allen Avancen zunächst widerstehende bayerische IZB SOFT, München. Gleichzeitig schrumpfte die Anzahl der „Eigenanwender"-Sparkassen, also jener Institute ohne Anbindung an einen dieser IT-Dienstleister, auf eine Restgröße zusammen.

Tabelle 1: Der Weg der regionalen (Verbands-) Rechenzentren in die Finanz Informatik[4]

<table>
<tr><td>Gründung</td><td colspan="11">Unternehmen</td></tr>
<tr><td>Früher</td><td>SIG</td><td>SRZ</td><td>RHSO</td><td>BWS</td><td>DVG</td><td>RWSO</td><td>IZB SOFT</td><td>dvs</td><td>dvg</td><td>SIK</td><td>nbg</td></tr>
<tr><td>Region</td><td>R-Pf</td><td>Rheinl.</td><td>Hessen-Thüring.</td><td>Westf.-Lippe</td><td>Baden</td><td>Württemb.</td><td>Bayern</td><td colspan="4">Nord- und Ostdeutschland (außer Thüringen), Berlin, Saarl.</td></tr>
<tr><td>16.06.1998</td><td colspan="2" rowspan="3">SIS West</td><td></td><td></td><td rowspan="2"></td><td rowspan="2"></td><td rowspan="5"></td><td rowspan="4"></td><td rowspan="4"></td><td rowspan="4"></td><td rowspan="4"></td></tr>
<tr><td>01.01.1999</td><td colspan="2" rowspan="2">Informatik Kooperation</td></tr>
<tr><td>01.01.2000</td><td colspan="2">SI-BW</td></tr>
<tr><td>01.01.2001</td><td colspan="6" rowspan="2">Sparkassen Informatik</td></tr>
<tr><td>01.01.2003</td><td colspan="4" rowspan="2">FinanzIT</td></tr>
<tr><td>01.01.2006</td><td colspan="7">Sparkassen Informatik</td></tr>
<tr><td>01.01.2008</td><td colspan="11">Finanz Informatik</td></tr>
</table>

4 Vgl. Wikipedia (2010), dort finden sich auch weitere Angaben zu einzelnen, hier genannten Rechenzentren, eigene Ergänzung der Regionen.

9.4.2 Die SIZ-Arbeit auf dem Prüfstand

Im zweiten Halbjahr 2000 wurde die Arbeit des SIZ vor dem Hintergrund der veränderten Rahmenbedingungen auf den Prüfstand gestellt. Dabei wurden die strategischen Optionen für das SIZ diskutiert („Weiter so", „Auflösung/Integration" oder „Neuausrichtung"). Bereits im Oktober 2000 bestätigte der SIZ-Aufsichtsrat im Grundsatz die Funktion des SIZ als organisationsweit tätiges IT-Institut für die Sparkassen-Finanzgruppe. Auf dieser Basis wurden bis März 2001 erste Eckpunkte einer Neuausrichtung festgelegt. Als Voraussetzung für eine erfolgreiche Neuausrichtung des SIZ sah es der Aufsichtsrat an, für die zukünftige SIZ-Arbeit ein klares Leitbild als verbindlichen Orientierungsrahmen zu schaffen. Ein solches Leitbild sollte eine Vision, die Ausrichtung auf den Markt sowie die Kernarbeitsfelder und Leistungsformen umfassen.

9.4.3 Eckpunkte der SIZ-Neuausrichtung

Nach der grundsätzlichen Verständigung über die Neuausrichtung sollte es aber noch bis ins Jahr 2002 dauern, bis eine Einigung über den neuen Gesellschaftsvertrag erreicht wurde. Diese Neuausrichtung brachte dem SIZ vier nachhaltige Veränderungen:

- Die „IT-Vernetzung" rückt ins Zentrum der SIZ-Aktivitäten und löste damit das alte Ziel der „IT-Vereinheitlichung" ab.
- Damit verbunden war eine Ausrichtung von der umlage- zur auftragsfinanzierten Dienstleistungserbringung.
- Hierbei gelten alle Unternehmen und Institute der Sparkassen-Finanzgruppe (und ggf. darüber hinaus) als potenzielle Auftraggeber, als Markt für das SIZ. Das marktorientierte Geschäftsmodell galt bereits mit dem Beginn des Jahres 2003.
- Gleichzeitig wurde die bisherige Gesellschafterstruktur geöffnet, um interessierten Unternehmen und Instituten aus der Sparkassen-Finanzgruppe, vor allem auch Verbundunternehmen, größere Mitwirkungsrechte an der unternehmerischen Entwicklung und Ausrichtung des SIZ einzuräumen.

9.5 Die Entstehung der Finanz Informatik und die komplementäre Entwicklung des SIZ als Dienstleister für den sicheren IT-Verbund

9.5.1 Strategische Ausrichtung der Sparkassen-Finanzgruppe im IT-Bereich

Zur Sicherung der zukünftigen Wettbewerbsfähigkeit hat die Sparkassen-Finanzgruppe Ende 2002 eine Strategie mit den Handlungsfeldern „Erträge steigern", „Kosten senken" und „Verbund organisieren und profilieren" beschlossen. Diese Ziele gilt es auch im Bereich der IT der Sparkassen-Finanzgruppe umzusetzen. Mit seiner Fokussierung auf den „IT-Verbund" war das SIZ ideal auf die Unterstützung dieser Strategie ausgerichtet. So konnte das SIZ mit dem Geschäftsjahr 2003 einen erfolgreichen Neuanfang absolvieren und sich seither als eigenständiges Unternehmen mit Kunden innerhalb und außerhalb der Sparkassen-Finanzgruppe etablieren (SIZ, 2010). Dabei konzentrierte sich das SIZ zunächst auf Kompetenzfelder, in denen es bereits anerkannter Partner in der Sparkassen-Finanzgruppe war: Electronic Banking, Multikanaltechnologie, Kartentechnologie, Verbundkoordination und Sicherheitstechnologie.

Im Rechenzentrumsbereich erhöhte die auf nur noch drei Einheiten geschrumpfte Zahl die Transparenz – und damit auch den Effizienzdruck der Sparkassen und ihrer Verbände als Eigentümer der Rechenzentren. Diesem Druck konnte die Zwischenlösung mit den drei Rechenzentren auf Dauer nicht standhalten. Zunächst schloss sich die IZB SOFT der Sparkassen Informatik an (2006), im Juli 2008 kann es dann zur rückwirkenden Fusion von FinanzIT und Sparkassen Informatik zur Finanz Informatik (BörsenZeitung, 2008).

9.5.2 Vorteile der Rechenzentrumskonsolidierung

Verglichen mit der Situation mit mehreren Rechenzentren, die den Instituten unterschiedliche Buchungssysteme zur Verfügung stellten, sind die strategischen Vorteile der Reduzierung auf ein Rechenzentrum mit (mittelfristig) nur noch einem Gesamtbanksystem gravierend: Gemeinsame Produkte und Strategien der Sparkassen-Finanzgruppe, z. B. im Vertrieb, können in einem solchen Umfeld noch zielgerichteter in IT-Unterstützung umgesetzt werden. Entwicklungs-, Pflege und Wartungsaufwand sinken und administrative Funktionen können reduziert werden (Neumann, 2009).

Diese Überlegungen gelten auch für den weiter wachsenden Bereich regulatorischer Vorschriften (Basel II, MARisk u.v.m. bis in die Bereiche Compliance und Informationssicherheit) sowie die Implementierung nationaler (EBICS) und internationaler (SEPA) Standards und Vereinbarungen. Dabei findet sich das IT-Management in den Instituten wie im Rechenzentrum vor der schwierigen Aufgabe, dass die Gestaltungsanforderungen zunehmen, die Wettbewerbssituation aber nicht nur stabile, sondern idealerweise sinkende IT-Kosten erfordert. Insofern müssen alle Synergiepotentiale gehoben werden. Hier leistet die Rechenzentrumskonsolidierung einen wichtigen Beitrag, dessen ganze Kraft aber erst mit dem Abschluss der Umstellungen in den Instituten zum Tragen kommt.

Mit dem aus der S-Buchen-Kooperation hervorgegangenen Gesamtbanksystems OSPlus verfügt die Finanz Informatik über eine leistungsfähige und flexible IT-Lösung für die aktuellen Herausforderungen der Sparkassen, die seit 2003 schrittweise bei den Instituten eingeführt wird und sich auch im Fusionsprozess als das Standardsystem durchsetzte. Neben den Kostenvorteilen auf der Entwicklungsseite können auf der Produktionsseite, speziell im zentralen Betrieb von Großrechnern und Servern bei zunehmender Anzahl der betreuten Institute Economies of Scale realisiert werden (Katzenburg, 2009). Zudem eröffnen sich allein schon über die schiere Dimension der in der Sparkassen-Finanzgruppe eingesetzten Hardware und Software Einkaufsvorteile aus einer Standardisierung und Bündelung. Schließlich erlaubt die Rechenzentrumskonsolidierung die mittelfristige Optimierung von Standorten und Mitarbeiterkapazitäten. Hierbei muss man sich verdeutlichen, dass die ursprünglichen Standorte der noch in 1998 elf Rechenzentren regionalen und natürlich auch regionalpolitischen Überlegungen folgten, die aus Sicht eines kostenbewussten, bundesweiten Dienstleisters aber zumindest hinterfragt werden müssen. Aktuell ist die Zahl der Rechenzentrumsstandorte von 19 (1998) auf nur noch sechs geschrumpft (Katzenburg, 2009).

9.5.3 Kosten und Erträge aus der Rechenzentrumskonsolidierung

Die Vorteile der Konsolidierung sind aber nicht ohne erhebliche Investitionskosten zu erreichen: Zwar brachte die Sparkassen Informatik bereits 299 betreute Sparkassen mit in die Finanz Informatik ein.Der Migrationsaufwand für die über die FinanzIT neu hinzugekommenen Sparkassen sowie je fünf Landesbanken und Landesbausparkassen wurde bei der Fusion allerdings auf 450 Mio. Euro geschätzt, denen ab 2012 jährliche Einsparungen in Höhe von mehr als 200 Mio. Euro gegenüberstehen sollten (Börsen-Zeitung, 2008). Im April 2010 meldete die Finanz Informatik die 350. Sparkasse, die mit OSPlus arbeite und bezeichnete das seit 2003 laufende Einführungsprojekt von OSPlus als eines der größten Banken-IT-Projekte dieser Art in Deutschland und Europa. Mit Projektende 2011 werden mehr als 200.000 bankspezifisch beschäftigte Mitarbeiter mit OSPlus arbeiten (Neumann, 2010b).

9.5.4 Senkung der dezentralen IT-Kosten

Im IT-Bereich entstehen den Instituten aber nicht nur Kosten für die in Anspruch genommenen Rechenzentrumsdienstleistungen (zentrale IT-Kosten), sondern auch aus der Bereitstellung und dem Betrieb eigener IT-Anwendungen (dezentrale IT-Kosten). Hier bietet die Finanz Informatik den Instituten im Rahmen des Projekts „IT-Konsolidierung“ an, dezentral betriebene IT-Systeme zu übernehmen. Auf diese Weise lassen sich „erhebliche Kosteneinsparungen für Hardware, Software, Stellflächen, Strom und Klimatisierung realisieren“, die mit weiteren Synergieeffekten im Rechenzentrumsbetrieb einhergehen (Katzenburg, 2009). Die Finanz Informatik gibt an, hier bereits die dezentrale IT-Infrastruktur von 200 Sparkassen konsolidiert und über 100.000 sogenannte „Thin Clients“ in die eigene IT-Infrastruktur integriert zu haben (Neumann 2010b).

9.6 Ausblick

Die Sparkassen, Landesbanken und ihre Verbundpartner werden sich in den nächsten Jahren noch stärker auf ihre Kernkompetenz konzentrieren und die Vertriebsaktivitäten stärken und dabei ihre Prozesse optimieren. Die hiermit einhergehende Auslagerung der Informationstechnologie schafft die Voraussetzung für eine Industrialisierung von IT-Dienstleistungen. Neben der Bündelung von Entwicklungsbudgets und der Nutzung von Größenvorteilen in der Produktion ist die konsequente Standardisierung ein wesentlicher Beitrag zur Kostensenkung.

Die Finanz Informatik wird die Migration der verbleibenden Sparkassen auf OSPlus bis spätestens 2011 abschließen und parallel das Angebot für Landesbanken und die weiteren Unternehmen der Sparkassen-Finanzgruppe (Verbundpartner) ausbauen. Aus der Institution für die DV-Vereinheitlichung SIZ ist inzwischen ein etabliertes IT-Produkt- und Beratungshaus geworden, das die Vertriebssparkassen u.a. mit Outsourcing-Angeboten unterstützt und auch über die Sparkassen-Finanzgruppe hinaus Leistungen in den Bereichen IT-Sicherheit, eBanking, Verbund- und Kartentechnologie erbringt (SIZ, 2010).

Abkürzungen in diesem Kapitel

BWS - Buchungszentrale der westfälisch-lippischen Sparkassen [Bearbeiten]

DSGV - Deutscher Sparkassen und Giroverband e.V.

DV - Datenverarbeitung

EBICS - Electronic Banking Internet Communication Standard (Zahlungsverkehr mit Firmenkunden)

dvg - Datenverarbeitungsgesellschaft mbH

DVG - Gesellschaft für Datenverarbeitung der badischen Sparkassenorganisation

dvs - Datenverarbeitungsgesellschaft Sparkassenorganisation mbH

IT - Informationstechnologie

nbg - Netzbetriebsgesellschaft mbH

RHSO - Rechenzentrum der hessischen Sparkassenorganisation

SEPA - Single Euro Payments Area (einheitlicher europäischer Zahlungsverkehrsraum)

SIG - Sparkassen-Informatik-Gesellschaft Rheinland-Pfalz mbH

SIK - Sparkassen Informations- und Kommunikationsservice GmbH

SIZ - Informatikzentrum der Sparkassenorganisation

SRZ - Rheinland - Sparkassen-Rechenzentrum Rheinland

RWSO - Rechenzentrum der württembergischen Sparkassenorganisation

IZB SOFT - Informatik-Zentrum Bayern Software-Gesellschaft der bayerischen Sparkassen

9.7 Referenzen

Börsen-Zeitung (2008) Sparkassen-IT-Dienstleister besiegeln Fusion. 16.07.2008

DSGV (2010) Jahresbericht der Sparkassen-Finanzgruppe - Das Profil, Deutscher Sparkassen- und Giroverband

Finanz Infomatik (2010) Zahlen & Fakten, Internet-Auftritt, 28.07.2010, http://www.f-i.de/internet/pages/Unternehmen/Zahlen-Fakten.html

Katzenburg, U. (2010) RZ-Konsolidierung bringt viele Vorteile. In: SparkassenZeitung, 30.01.2009

Neumann, F. (2009) IT-Kompetenz für den Verbund. In: Zeitschrift für das gesamte Kreditwesen, 12/2009, S. 40f

Neumann, F. (2010a) Qualitätssteigerung durch enge Nutzereinbindung. In: Sparkassen-Management-Praxis, Ausgabe Nr. 58, Januar 2010, S. 104-8

Neumann, F. (2010b) In der Informationstechnologie wurden wichtie Meilensteine erreicht. Börsen-Zeitung, 24.04.2010

SIZ (2001): 10 Jahre SIZ., Eigenverlag

SIZ (2010) IT-Grenzen überwinden - mit IT Grenzen überwinden, Geschäftsbericht 2009

SparkassenZeitung (2009) Finanz Informatik - 85 Millionen Euro gespart, Beilage "Für 2010 gewappnet", Dezember 2009

von Stülpnagel, A., et al., (2001), Möglichkeiten und Grenzen einer einheitlichen IT-Architektur für die Sparkassen-Finanzgruppe. In: Öffentliche Banken, Zeitschrift für öffentliche und gemeinwirtschaftliche Unternehmen (ZögU)

von Stülpnagel, A. (2006): IT-Management in vernetzten Strukturen am Beispiel der Sparkassen-Finanzgruppe : In: Handbuch IT-Management TCW, Transfer-Centrum, . - München , S. 383-407

Wikipedia (2010). Finanz Informatik. Internet-Auftritt, 28.07.2010: http://de.wikipedia.org/wiki/Finanz_Informatik#dvs_Datenverarbeitungsgesellschaft_Sparkassenorganisation_mbH

Teil D: Der Weg in die Akquisition

10 Das kurze unglückliche Leben der Sachsen LB – von einer Landesbank ohne tragfähiges Geschäftsmodell zu einem Übernahmeziel und Notverkauf

Gero Böttcher, Malte Raudszus und Prof. Dr. Dirk Schiereck

10.1 Einleitung

Die Akkumulation eines existenzgefährdenden Refinanzierungsrisikos und das dann folgende Fehlen von Refinanzierung werden als Auslöser des Notverkaufs der Landesbank Sachsen (Sachsen LB, SLB) an die Landesbank Baden-Württemberg (LBBW) gesehen. Ursächlich für den Aufbau risikoreicher Positionen war das Verlagern des ertragspolitischen Schwerpunktes der SLB auf das außerbilanzielle Kreditersatzgeschäft. Dessen durchschnittlicher Anteil am Gesamtergebnis der Gruppe betrug im Zeitraum 2002 bis 2006 82,3%.[1] Es gilt eine Antwort auf die Frage zu finden, weshalb sich dieser Schwerpunkt bilden konnte, wo doch ursprünglich die regionale Wirtschaft sowie die Sparkassen die Kernkunden der SLB bilden sollten. Dabei wird sich zeigen, wie eine fehlgeleitete Geschäftspolitik eine Bank zum Übernahmeziel eines Notverkaufs machen kann. Schlüsselereignis in der Geschichte der SLB, wie anderer Landesbanken, war das Gesetz zur Aufhebung der Gewährträgerhaftung im Jahr 2001,[2] die die wettbewerbsverzerrende Haftung der Länder für ihre Landesbanken beenden sollte. Eines der Folgeereignisse war die im Jahr 2003 ausgelöste Ratingherabstufung der SLB durch Standard & Poor's auf ein fiktives BBB+ für die Zeit ohne Staatsgarantien.[3] Als Konsequenz musste die Bank einen Weg finden, aus eigener Kraft zurück in den Bereich des Investment Ratings zu gelangen, um ihre Refinanzierung kostenstabil zu halten. Das Geschäftsmodell stand damals zum Wiederholten Male in der Kritik, nicht nachhaltig ertragssichernd ausgerichtet zu sein. Es sollte deshalb erneut überarbeitet werden.

---

1 Vgl. SMF (2008), S. 1ff.

2 Vgl. Hofmann (2006), S. 11f. und o.V. (2002), Schonfrist, S. 13.

3 Vgl. o.V. (2004), Unternehmensstrategie, S. 4.

Vor diesem Hintergrund geht die nachfolgende Analyse insbesondere zwei Aspekten nach: Zunächst wird untersucht, inwieweit die SLB sich das Ziel setzte, ihre Ertragssicherung primär über die Erlösseite statt über erhebliche Kostensenkungen und/oder Zusammenschlüsse mit anderen Instituten zu erreichen.[4] In einem zweiten Schritt gilt es dann zu erforschen, ob die SLB aufgrund eingeschränkter Geschäftsmöglichkeiten (wirtschaftsschwache Region, regionales Wettbewerbsverbot zu Sparkassen sowie Ertragsverlust an die Sächsische Investitions- und Aufbaubank) Schwierigkeiten bei der Identifizierung von Erlöspotenzial hatte. Das Kreditersatzgeschäft wäre dann eine von wenigen Alternativen für Ertragswachstum gewesen.[5] Durch die außerbilanzielle Führung war für Kreditersatzgeschäft keine Eigenkapitalbindung erforderlich, es stellte eine Diversifizierung zum regionalen Geschäft dar, hatte wegen geringen Personalaufwands eine niedrige Aufwands/Ertrags-Relation und erwirtschaftete vor allem durch die Fristentransformation von Asset Backed Securities (ABS) in Asset Backed Commercial Paper (ABCP) außerordentliche Erträge.

In diesem Kontext wird auch zu untersuchen sein, warum sich aus einer rein additiven Geschäftsopportunität bis zum Jahr 2006 der de-facto Ertragsschwerpunkt herausbildete. Hiermit verbunden ist die Prüfung des ursprünglich definierten Geschäftsmodells der SLB bei Ihrer Gründung, denn dessen Unzulänglichkeit erscheint von Beginn an ein regelmäßiger Auslöser für wiederkehrende Überarbeitungen während der Lebensdauer der Bank gewesen zu sein.Folgende zwei Kernfragen lassen sich dazu formulieren:

War die SLB schon bei Gründung ohne ein solides Geschäftsmodell ausgestattet und konnte auch während ihrer Entwicklung keine risikoadequaten Ertragsalternativen ausschöpfen?

Welche Einschätzung in Bezug auf eingegangene Risiken teilten Vorstand und Aufsichtsinstitutionen im kapitalmarktbasierten Kreditersatzgeschäft?

Um zu möglichen Antworten dieser Fragen zu gelangen, wird in den folgenden Teilen der Analyse die Entwicklung der SLB von Gründung bis Verkauf an die LBBW dargestellt. In Teil 2 bilden Gründung sowie Entwicklungen des Geschäftsmodells bis 2007 den Kern der Ausführungen. Teil 3 erörtert die Struktur der außerbilanziellen Kapitalmarktaktivitäten, wie es zu ihrem existenzgefährdenden Anwachsen kam und warum die SLB sich schließlich durch die einsetzende Finanzmarktkrise in erheblichen Refinanzierungsschwierigkeiten wieder-

4 Vgl. o.V. (2004), Vertrauensvorschuss, S. 4.

5 Vgl. Sachsen LB (o.J.j), S. 8f.

fand. Teil 4 fasst die wichtigsten Erkenntnisse zusammen und widmet sich in einer abschließenden Bewertung der Frage, wie die SLB zum Übernahmekandidaten für die LBBW wurde.

10.2 Wiederkehrender Anpassungsbedarf im Geschäftsmodell der Sachen LB

10.2.1 Gründung der Sachsen LB und Geschäftsmodell bis zum Jahr 1999

Aus sächsischer Sicht war es nach der Wiedervereinigung Ziel für den gesamten Raum der neuen Bundesländer, eine gemeinsame und selbständige Sparkassenzentralbank zu errichten. Angebote der westlichen Landesbanken, verschiedene Betreuungsgebiete in Ostdeutschland zu übernehmen, wurden abgelehnt. Sachsens damaliger Finanzminister Milbradt führte als Argument die Bewahrung von Eigenständigkeit in struktur- und wirtschaftspolitischer Hinsicht an,[6] und Thüringens Finanzminister Zeh warnte vor der Bildung eines zentralistischen Gefüges.[7] 1991 scherten Thüringen und Sachsen-Anhalt jedoch aus dem gemeinsamen Zielbild aus und ließen die Helaba bzw. Nord LB in ihren Bundesländern tätig werden. Milbradt sah daraufhin keine Chance mehr für eine gemeinsame Landesbank mit Mecklenburg-Vorpommern und Brandenburg und kommunizierte, dass es keine vernünftige Alternative zur Gründung einer eigenen Landesbank gäbe.[8] Wieso die 1991 bereits gegründete Sächsische Investitions- und Aufbaubank nicht ausreichend Spielraum für wirtschaftspolitische Eigenständigkeit Sachsens gab, wurde nicht tiefgreifend diskutiert. Obwohl kein „Wunschkind“, wurde die Landesbank Sachsen Girozentrale (Sachsen LB) zum 1. Januar 1992 als Anstalt des öffentlichen Rechts mit Hauptsitz in Leipzig gegründet.[9] Sie war zu dem Zeitpunkt die zwölfte Landesbank in Deutschland.[10] Der Freistaat Sachsen und die sächsischen Sparkassen beteiligten sich mit je-

6 Milbradt (2008), S. 2ff. Ein Angebot der Bayerischen Landesbank eine bayrisch/ sächsisch/thüringische SüdostLB zu errichten, wurde durch das sächsischen Kabinetts abgelehnt. Vgl. o.V. (1991), Zukunft, S. 13.

7 Vgl. Buchholz (1990), S. 10.

8 Milbradt (2008), S. 7.

9 Vgl. Sachsen LB (o.J.a), S. 7.

10 Vgl. Büschgen (1998), S. 90.

weils 37,45% am Eigenkapital von 500 Millionen DM, die SüdwestLB mit 25,1%.[11] Die sächsischen Sparkassen und ihre Gewährträger bildeten dazu den Beteiligungszweckverband sächsischer Sparkassen. Als Finanzminister wurde Georg Milbradt auch zugleich Vorsitzender des Verwaltungsrats der Bank.[12] Im Errichtungsgesetz für die Landesbank Sachsen-Girozentrale vom 19. Dezember 1991 wurden der SLB die typischen Landesbankenaufgaben zugewiesen. Sie war als Staats- und Kommunalbank für den sächsischen Raum tätig und diente den sächsischen Sparkassen als Zentralbank. Als Geschäftsbank sollte sie insbesondere die Wirtschaft im Bundesland durch Bankleistungen fördern.[13] War im ursprünglichen Errichtungsgesetz noch festgelegt, dass die SLB u.a. Geschäftsbank ist und „(...) als öffentlich-rechtliches Wettbewerbs-unternehmen Bankgeschäfte aller Art“[14] betreibt, wurde dies im Gesetz zur Neuordnung der öffentlich-rechtlichen Kreditinstitute im Freistaat Sachsen einschließlich der Sächsischen Aufbaubank vom 03.05.1999 durch den Zusatz „und sonstige Geschäfte, die ihren Zwecken dienen“[15] ergänzt.

Die wirtschaftliche Situation in Ostdeutschland und der damit verbundene Aufbau Ost waren nach Vorstandschef Michael Weiss maßgebliche Einflussfaktoren für die ursprüngliche Ausrichtung der Geschäftstätigkeit der SLB. Die Sparkassen, der öffentlich-rechtliche Sektor sowie große Unternehmen und Investoren stellten zum damaligen Zeitpunkt die Zielgruppen der SLB dar.[16]

Dass das wirtschaftliche Potenzial für die SLB tatsächlich stark begrenzt war, wurde bei Ihrer Gründung nicht berücksichtigt. Die Wiedervereinigung hatte einen Prozess der Deindustrialisierung ausgelöst, der mit einem Mangel an Unternehmen und Kapital sowie einer sinkenden Einwohnerzahl ein Land mit Gemeinden schwacher Finanzkraft zurückließ.[17] So wurden auch die durch

---

11 Vgl. Braun (1992), S. 502f. Bei der Gründung wurde mit der SüdwestLB die Vereinbarung getroffen, dass dieses Institut Aufbauhilfe für die SLB leistet und nach erfolgreichem Abschluss ihre Rolle als Mitgesellschafter wieder aufgibt. Nach Angaben der Beteiligten wurde 1997 dieses Ziel erreicht. Vgl. o.V. (1997), SüdwestLB, S. 20. Die SüdwestLB veräußerte zum 1. Januar 1998 ihren Anteil zu gleichen Teilen an das Bundesland und an den Verband. Vgl. Sachsen LB (o.J.d), S. 26.

12 Vgl. Der Tagesspiegel (01.10.2008).

13 Vgl. § 2 Abs. 1-4 SächsLB.

14 § 2 Abs. 3 SächsLB.

15 Art. 3 Nr. 3 Gesetz zur Neuordnung.

16 Vgl. Weiss (1995), S. 24.

17 Vgl. Priewe (2002), S. 711.

Steuervergünstigungen und Subventionen induzierten übermäßigen Bauinvestitionen[18] von einem Investitionsrückgang Ende der 1990er Jahre getroffen. In der Folge brach das Wirtschaftswachstum in den neuen Ländern ein.[19] Das so geminderte wirtschaftliche Geschäftspotenzial für die SLB wurde weiter durch die Sächsische Investitions- und Aufbaubank geschmälert, die primär zur Finanzierung wirtschaftspolitisch getriebener Investitionen geschaffen worden war. Neben dem innersächsischen Markt war es so unausweichlich, von Beginn an die SLB auch darüber hinaus für andere Märkte zu öffnen, um genügend Geschäft für die Bank zu generieren. Geschäfte außerhalb Sachsens sollten die Ertragsgrundlage festigen, das Risiko der Landesbank streuen und somit begrenzen, sowie den Sparkassen und ihren Kunden ein breites Angebot verschiedener Leistungen und Produkte eröffnen.[20]

Das ursprüngliche Geschäftsmodell der SLB war, wie für Landesbanken üblich, auf verschiedene Bereiche sowie national und international ausgelegt. Neben dem reinen Kreditgeschäft war die SLB auch als Emissionsbank für Firmen und Kommunen tätig und entwickelte für diese neuartige Finanzierungsinstrumente, wie z.B. die Kommunalen Schatzanweisungen für das Bundesland Sachsen. In der Sparte *Internationales Geschäft* unterstützte die SLB vornehmlich sächsische Unternehmen im Auslandsgeschäft und bot hierfür Export- und Projektfinanzierungen an. Im Bereich *Immobilien* betätigte sich das Institut sowohl im Inland (mit Schwerpunkt Sachsen, aber auch deutschlandweit) als auch im Ausland (vor allem in Großbritannien, Frankreich und in den USA) in der Betreuung und Finanzierung von Immobilien, teilweise als Konsortialpartner. Unter *Capital Markets* wurden die Kapitalmarktgeschäfte der Bank zusammengefasst. Daneben bot die SLB in ihrer Rolle als Sparkassenzentralbank den sächsischen Sparkassen Beratung, Betreuung und Unterstützung an und stellte ihnen verschiedene Produkte und Dienstleistungen (z.B. im Wertpapiergeschäft) zur Verfügung.[21]

Die breit gefächerte geschäftliche Ausrichtung der SLB ähnelte zu der Zeit somit stark der anderer Landesbanken. Auch die Bilanzstruktur und die Ertragslage des Instituts entsprachen denen dieser Bankengruppe. Der Zinsüberschuss stellte jahrelang die Haupteinnahmequelle der Bank dar, die Zinsspanne selbst war aber ausgesprochen gering, das Institut war chronisch ertragsschwach. Ge-

---

18 Vgl. Priewe (2002), S. 706.

19 Vgl. Priewe (2002), S. 708.

20 Vgl. Milbradt (2008), S. 6.

21 Vgl. Sachsen LB (o.J.b), S. 23 und Sachsen LB (o.J.c), S. 11.

messen an dem relativ niedrigen Volumen der Forderungen bzw. der Einlagen der Sparkassen zeigt sich die nachrangige Bedeutung der Landesbank als Liquiditätsausgleichsstelle für diese Institute, trotz eines solchen, im Errichtungsgesetz festgelegten Auftrags.

10.2.2 Das Geschäftsmodell der Sachsen LB in den Jahren 2000 bis 2003

Vor dem Hintergrund des drohenden Wegfalls der Gewährträgerhaftung, eines zunehmenden Wettbewerbsdrucks und der geänderten Eigenkapitalanforderungen durch Basel II sah sich die SLB im Jahr 2000 gezwungen, eine neue strategische Ausrichtung für das Institut und ihre Beteiligungen zu erarbeiten.[22] Um weiterhin ihr gutes Rating zu sichern, sollte im Mittelpunkt dieser Neuausrichtung eine verstärkte Orientierung auf die Wertschöpfung innerhalb der Sachsen LB Gruppe stehen.[23] Im Jahr 2000 wurde die Unternehmensberatungsgesellschaft *McKinsey & Company* beauftragt. Als wesentliche Geschäftsfelder sollten das Firmendirekt- und Konsortialgeschäft, die Leasing-Finanzierung, klassische Immobilienfinanzierungen und das Asset-Swap-Geschäft streng ertragsorientiert ausgerichtet und entwickelt werden.[24] Die Tageszeitung *Die Welt* berichtete in diesem Zusammenhang, dass die Berater keine Kernkompetenzen in der SLB hätten erkennen können und zudem die schlechte Führung des Instituts bemängelt hätten.[25]

Vorstandschef Weiss hatte andere Vorstellungen für die Bank und plante, das Kreditgeschäft mit Firmenkunden und das Immobiliengeschäft teilweise zu reduzieren. Er begründete den Teilrückzug aus dem Firmenkundengeschäft mit Kreditnehmern ohne Rating damit, dass die Möglichkeiten hierfür in Sachsen und den angrenzenden Regionen beschränkt wären und der entsprechende Markt durch die sächsischen Sparkassen abgedeckt werden könne. Weiss plädierte dafür, sich verstärkt auf Kapitalmarkgeschäfte und die Sparkassen als Kundengruppe zu konzentrieren.[26]

---

22 Vgl. Sachsen LB (o.J.e), S. 13 und Sachsen LB (o.J.f), S. 5.

23 Vgl. Sachsen LB (o.J.e), S. 13.

24 Vgl. SRH (2009), S. 26.

25 Vgl. Müller (2001), S. 14.

26 Vgl. Milde (2001b), S. 7. Laible schied zum Jahresende 2001 aus der SLB aus (sein Vertrag reichte ursprünglich bis Mitte 2002). Nach Angaben der Leipziger Volkszeitung

Laut einem späteren Bericht des Sächsischen Rechnungshofes (SRH) stand auch die Beteiligungsverwaltung, die das Referat zur Rechtsaufsicht im Sächsischen Staatsministeriums der Finanzen führte, dem Vorhaben, die Kapitalmarktaktivitäten der Bank bei gleichzeitiger Beschränkung des Kreditgeschäfts auszudehnen, kritisch gegenüber. In Vermerken an den Vorsitzenden des Verwaltungsrats monierte die Arbeitsebene der Beteiligungsverwaltung u.a., dass sich durch diese strategische Neuausrichtung die SLB von ihrem öffentlichen Auftrag entfernen würde und zudem solch grundsätzliche Entscheidungen nicht im Kompetenzbereich des Vorstandes lägen. Zwar diskutierte der Verwaltungsrat zur Strategie kontrovers, nahm am 30.10.2001 diesen dann jedoch zustimmend zur Kenntnis. Diese Kenntnisnahme war aber an die Vorgabe geknüpft, die Kooperation mit den Sparkassen, der mittelständischen Wirtschaft und dem regionalen Sparkassenverband (OSGV) in den Geschäftsfeldern der Landesbank zu intensivieren.[27]

Die allgemeine geschäftliche Neuausrichtung sah letztlich vor, ertragsreiche Geschäfte mit hoher Eigenkapitalverzinsung und niedriger Aufwands/Ertrags-Relation auszubauen, die Eigenkapitalbasis substanziell zu stärken, die Komplexität im Unternehmen zu reduzieren und die Konzentration auf risikoarme Adressen und eine breite Portfoliodiversifikation auszurichten.[28] Zur Verbesserung der Refinanzierungsmöglichkeiten dehnte die SLB ihre Kapitalmarktaktivitäten (unter anderem im Geldhandel und durch die Vergabe von Schuldverschreibungen) aus.[29] Der klassische Firmenkredit sollte verstärkt durch das Asset-Swap-Geschäft mit Unternehmen mit Rating ersetzt werden. Hier erwartete man sich bei gleichen Erträgen weniger Aufwand und Risiko.[30] Die Swap-Geschäfte wurden wegen besserer Ratingnoten auch über Zweckgesellschaften der Bank betrieben.[31] Da die Sparkassen auf Grund von Basel II mehr Eigenkapital benötigen würden, wollte die Landesbank vermehrt Produkte entwickeln, die keine

---

hatten Mitglieder des Aufsichtsrats auf dieser Trennung bestanden. Vgl. Milde (2001c), S. 8.

27 Vgl. SRH (2009), S. 27f.

28 Vgl. Sachsen LB (o.J.f), S. 6 und S. 63.

29 Vgl. Sachsen LB (o.J.g), S. 16.

30 Vgl. o.V. (2003), Weiterentwicklung, S. 47 und Sachsen LB (o.J.f), S. 16.

31 Vgl. o.V. (2003), Weiterentwicklung, S. 47. Nach Milbradts späteren Angaben wurde aber während seiner Zeit als Verwaltungsratsvorsitzender noch nicht geplant, das Kapitalmarktgeschäft zu Gunsten des Kreditgeschäfts auszudehnen. Vgl. Milbradt (2008), S. 16.

Kapitalunterlegung erfordern, wie z.B. außerbilanzielle Geschäfte oder Provisionsgeschäfte.[32]

10.2.3 Das Geschäftsmodell der Sachsen LB ab dem Jahr 2004

Im Jahr 2003 sprachen zwar die Ratingagenturen der SLB gute bis sehr gute Ratings für ihre Long Term Deposits zu (Fitch: „AAA“, Moody's: „Aa2“, Standard & Poor's: „AA“),[33] allerdings stufte Standard & Poor's die Landesbank für die Zeit ohne Staatsgarantien auf ein fiktives „BBB+“ herab.[34] Durch diese Benotung drohten der SLB Schwierigkeiten bei der zukünftigen Refinanzierung und damit einhergehend eine Einschränkung des Geschäfts und der Ertragslage. Das erhoffte Hochstufen auf ein „Single-A“-Rating wurde somit für das Institut unwahrscheinlich.[35] Die Landesbank sah sich erneut gezwungen, ihre Geschäftsstrategie zu überarbeiten.[36]

Nach Berichten der Tageszeitung *Die Welt* hatte Standard & Poor's bemängelt, dass konkrete Schritte zur Steigerung von Synergieeffekten zwischen Sparkassen und SLB fehlen würden und das Geschäftsmodell der Landesbank als „fragwürdig“ bezeichnet.[37]

Als mögliche Antworten auf dieses Problem wurde das Zusammengehen mit einer anderen Landesbank (WestLB, BayernLB oder LBBW) oder eine Fusion mit den beiden größten ostdeutschen Sparkassen (Dresden und Leipzig) überlegt.[38] Beide Optionen wurden letztlich abgelehnt.[39] Ein im Juni 2005 beschlossenes Maßnahmenpaket der Anteilseigner der SFG sah neben einer Kapitalerhöhung für die SLB (durch das Land Sachsen mit 300 Millionen Euro[40]) eine Intensivierung des Liquiditätsausgleichs innerhalb der Gruppe, eine Überarbeitung des Geschäftsmodells der SLB und ein Kooperations- und Integrationsmodell

32 Vgl. o.V. (2003), Weiterentwicklung, S. 46f.
33 Vgl. Sachsen LB (o.J.h), S. 2.
34 Vgl. o.V. (2004), Unternehmensstrategie, S. 4.
35 Vgl. o.V. (2004), Grundsatzentscheidung, S. 1.
36 Vgl. o.V. (2004), Unternehmensstrategie, S. 4.
37 Vgl. Schwaldt (2005), S. 10.
38 Vgl. o.V. (2004), Grundsatzentscheidung, S. 1.
39 Vgl. o.V. (2004), Vertrauensvorschuss, S. 4.
40 Vgl. Sachsen LB (o.J.j), S. 7.

zwischen den Sparkassen und der SLB vor.[41] Zusätzlich strebte die Sparkassen Finanzgruppe (SFG) ein gemeinsames Verbundrating an.[42] Im Dezember 2005 unterzeichnete die SLB mit der WestLB AG ein Kooperationsvertrag.[43] Dazu sollte die WestLB in verschiedenen Geschäftsfeldern Produkte, Leistungen und Servicedienste anbieten, die SLB aber weiterhin Marktpartner der Sparkassen bleiben.

Nach der Überarbeitung des Geschäftsmodells wollte sich die SLB klar als Verbund- und Spezialbank am Markt positionieren. Als Verbundbank sollte das Angebot für die Sparkassen erweitert und die Zusammenarbeit mit diesen verbessert werden. Als Spezialbank plante die SLB die Positionierung in profitablen Segmenten (z.B. Auslandsimmobilien, im Bereich *Alternative Energien* oder am Markt für Asset Backed Securities).[44] Daneben sollten Wertpapieranlagen und Kreditengagements (insbesondere Inlandsimmobilien-finanzierungen und internationale Unternehmensanleihen) im Umfang von 3,5 Milliarden Euro reduziert, Risikoaktiva zur Optimierung der Eigenkapitalquote gesenkt und von ihrem Beteiligunsportfolio rund 30 Beteiligungen bis 2007 veräußert werden.[45]

Zwar war der Zinsüberschuss während dieser Jahre weiterhin die Hauptertragsquelle der SLB, wurde aber 2003 durch Erträge aus Aktien und anderen nicht festverzinslichen Wertpapieren sowie Beteiligungen und Anteilen an verbundenen Unternehmen ein- und später auch überholt. Der Anstieg dieser Position beruhte vor allem auf der Geschäftstätigkeit der SLB Europe. Dieses Tochterunternehmen stellte für die SLB den wesentlichen Ertragsbringer in dieser Zeit dar. Bereits ein Jahr nach der Gründung erzielte die SLB Europe den größten Jahresüberschuss (rund 10,1 Mio. Euro) in der Gruppe. Im Vergleich dazu betrug der zweitgrößte Jahresüberschuss rund 8,7 Mio. Euro und wurde von der EastMerchant GmbH erzielt.[46] In den darauf folgenden Jahren konnte die SLB Europe kontinuierlich ihre Erträge steigern. 2006 erzielte das Unternehmen rund 47 Mio. Euro, während an zweiter Stelle erneut die EastMerchant GmbH mit rund 5,6 Mio. Euro stand. Ein Jahr später erlangte die SLB Europe dann aber

---

41 Vgl. Sachsen LB (o.J.j), S. 7.
42 Vgl. SFG (2005), S. 11.
43 Vgl. Sachsen LB (o.J.j), S. 8f.
44 Vgl. Sachsen LB (o.J.j), S. 8f.
45 Vgl. o.V. (2005), Kapitalerhöhung, S. 15.
46 Vgl. Sachsen LB (o.J.e), S. 64ff.

einen Jahresfehlbetrag von über 158 Mio. Euro und stand damit an letzter Stelle in der Gruppe.[47]

Die SLB Europe schüttete bereits 2003, vier Jahre nach der Gründung, 25 Mio. Euro Dividende an die SLB aus[48] und steigerte diesen Wert bis auf 57,5 Mio. Euro im Jahr 2005[49] (im darauf folgenden Jahr sank die Dividende auf 47 Mio. Euro).[50]

10.2.4 Personalwechsel in Vorstand und Verwaltungsrat der Sachsen LB

Neben den Schwierigkeiten bei der Neuausrichtung des Geschäftsmodells der SLB wurde die Landesbank mit personalpolitischen Problemen konfrontiert, die mehrmals zu Wechseln in Vorstand und Verwaltungsrat führten. Beispielsweise musste der gesamte Vorstand der Jahre 2001 bis 2005 ausgetauscht werden. Im Juni 2001 verließ das Vorstandsmitglied Dieter Burgmer, dem mangelnde Loyalität gegenüber Vorstandschef Michael Weiss vorgeworfen wurde, nach nur 16 Monaten Amtszeit die Bank.[51]

Nach einem Untersuchungsbericht der Wirtschaftsprüfungsgesellschaft *Ernst & Young* nutzte der Vorstand der Mitteldeutschen Leasing GmbH (MDL), Ludwig Hausbacher, seinen Position in der Leasing-Tochtergesellschaft der SLB, um verschiedenen Geschäftspartnern finanzielle Vorteile zukommen zu lassen. Im März 2003 wurde Hausbacher entlassen[52] und als dessen Nachfolgerin Andrea Braun, die Lebensgefährtin von Weiss, eingesetzt.[53] Die Vorstände der SLB Michael Weiss und Rainer Fuchs gestanden ein, dass ein etwaige strengere Kontrolle der MDL und ein schnelleres Eingreifen notwendig gewesen wären.[54] Ende Februar 2005 wurden die beiden von ihren Posten abberufen. Im Rechtsstreit um eine Kapitalerhöhung bei der MDL äußerte das Oberlandesge-

---

47 Vgl. Sachsen LB (o.J.e), S. 64ff., Sachsen LB (o.J.f), S. 100f., Sachsen LB (o.J.g), S. 92f., Sachsen LB (o.J.h), S. 78f., Sachsen LB (o.J.i), S. 74ff., Sachsen LB (o.J.j), S. 103ff., Sachsen LB (o.J.k), S. 128f. und Sachsen LB (o.J.l), S. 71f.

48 Vgl. SLBE (o.J.a), S.8.

49 Vgl. SLBE (o.J.b), S. 8.

50 Vgl. SLBE (o.J.c), S. 28.

51 Vgl. Milde (2001a), S. 7.

52 Vgl. o.V. (2004), Fehler, S. 14.

53 Vgl. Gericke (2005), S. 5.

54 Vgl. o.V. (2004), Fehler, S. 14.

richt Dresden gegenüber der SLB einen Manipulationsverdacht bei gerichtsrelevanten Akten. Braun wurde ebenfalls von ihren Aufgaben entbunden. Gegen sie wurden Ermittlungen wegen des Verdachts der Insolvenzverschleppung eingeleitet.[55]

Im November 2005 wurde der stellvertretende Vorstandsvorsitzende der SLB Hans-Jürgen Klumpp von der Eigentümerversammlung entlassen, nachdem gegen ihn Vorwürfe der schwerwiegenden Illoyalität gegenüber Vorstandskollegen und das eigene Haus öffentlich wurden. Demnach wurde der damalige Geschäftspartner Hausbacher von Klumpp aufgefordert, diskreditierende Informationen aus Geschäfts- und Privatleben von Vorstandskollegen an einen Journalisten weiterzugeben. Nach dem Rücktritt des Vorstandschefs Weiss war auf Klumpp zwischenzeitlich dieses Amt übertragen worden, bis Herbert Süß diesen Posten Mitte 2005 übernahm.

Aufgrund von gegensätzlichen Meinungen über das strategische Vorgehen der Sachsen CDU bis zur Landtagswahl 2001 entließ Biedenkopf am 30.01.2001 daraufhin den Finanzminister Milbradt, der somit auch sein Amt als Vorsitzender des Verwaltungsrats der SLB verlor. Der bisherige Staatskanzleichef Thomas de Maizière wurde zum neuen sächsischen Finanzminister ernannt und wurde so auch der Verwaltungsratsvorsitzende der Landesbank. Nach dem Rücktritt Biedenkopfs im Jahr 2002[56] wurde im April des gleichen Jahres Milbradt zum neuen Ministerpräsidenten Sachsens gewählt, der Horst Metz zum Nachfolger von de Maizière berief. So wurde das Amt des Vorsitzenden nach nur 16 Monaten erneut auf eine andere Person übertragen.

10.2.5 Der Sachsen-Finanzverband und die Sachsen-Finanzgruppe

Neben den bereits beschriebenen Problemen wurde auch die Errichtung eines institutsübergreifenden Finanzverbandes in Sachsen von erheblichen Schwierigkeiten begleitet. So sollte zur Bündelung der sächsischen Sparkassen, der SLB und der Sächsischen Aufbaubank GmbH, initiiert durch Biedenkopf und Milbradt, eine Holding unter öffentlich-rechtlicher Trägerschaft mit dem Namen SachsenBank errichtet werden.[57] Dies lehnten jedoch in Leipzig, Dresden und

55 Vgl. Geinitz (2005), S. 22.

56 Vgl. o.V. (2002), Rücktritt, S. 1.

57 Vgl. o.V. (1998), SachsenBank, S. 1.

Chemnitz die SPD-Stadträte[58] sowie DSGV und OSGV u. a. wegen des befürchteten Verlusts der Selbstständigkeit der Sparkassen ab.[59] Die Landesregierung kam den Kritiken teilweise entgegen, indem eine Überarbeitung des Gesetzes den Kommunen mehr Mitspracherechte zugestand und Austrittsrechte bei strukturellen Veränderungen in der Holding einräumte. Um das partnerschaftliche Konzept hervorzuheben, wurde der Begriff *Holding* durch *Verband* ersetzt.[60] Am 30. September 2000 wurde der Sachsen-Finanzverband (SFV) aus der SLB und sechs, später sieben, der damals 22 sächsischen Sparkassen gegründet.[61]

Am 21.10.2001 erfolgte eine Abstimmung über den Entwurf zum *Gesetz zur Erhaltung der kommunal verankerten Sparkassen im Freistaat Sachsen,* vorgelegt von der Bürgerinitiative *Pro Kommunale Sparkasse.* Durch diesen Entwurf sollte im Wesentlichen zu der bis 1999 geltenden Fassung des Sächsischen Sparkassengesetzes zurückgekehrt werden, die Auflösung des Sachsen-Finanzverbandes würde aber nicht automatisch erfolgen.[62] Die Mehrheit der abstimmenden Bevölkerung des Freistaates (85,2% der abgegebenen, gültigen Stimmen) stimmte für dieses Gesetz und damit gegen die Verbandlösung. Bei der Erarbeitung eines entsprechenden neuen Gesetzes müssten aber u.a. das Ergebnis des Volksentscheides und die Freiwilligkeit als Grundlage für eine Kooperation beachtet werden.[63] Ende Mai 2002 beschloss die sächsische Landesregierung einen neuen Gesetzentwurf zur Gründung einer Sachsen-Finanzgruppe (SFG). Im Gegensatz zur SFV als Anstalt war geplant, die SFG als Körperschaft des öffentlichen Rechts zu organisieren, um so die Sparkassenmerkmale wie Dezentralität und kommunale Verankerung deutlich hervorzuheben. Der Sachsen-Finanzverband wurde zum 31. August 2003 aufgelöst und rückwirkend zum 1. Januar 2003 mit der Sachsen-Finanzgruppe verschmolzen. Im August 2003 schlossen sich die SLB und sechs der zu diesem Zeitpunkt noch 21 sächsischen Sparkassen zur Sachsen-Finanzgruppe zusammen. Innerhalb der SFG wurden der SLB die Aufgaben zugewiesen, als Schnittstelle zu den internationalen Finanzmärkten zu fungieren und das Angebotsspektrum der Sparkassen durch die Entwicklung neuer Produkte und Dienstleistungen zu erweitern.[64]

58 Vgl. Siebert (1998), S. 6.
59 Vgl. o.V. (1998), Köhler, S. 4.
60 Vgl. o.V. (1999), Kommunen, S. 11.
61 Vgl. Sachsen LB (o.J.e), S. 4.
62 Vgl. Stadt Leipzig (2001), S. 5.
63 Vgl. SMF (18.09.2008).
64 Vgl. Weiss (2004), S. 36.

10.3 Intransparente Akkumulation existenzgefährdender Finanzrisiken bei der Sachsen LB

10.3.1 Stetige Steigerung außerbilanzieller Kapitalmarktaktivitäten steigern Finanzrisiko

Sowohl die SLB als auch ihre Tochtergesellschaft SLB Europe waren im Kreditersatzgeschäft tätig. Beide Institute hielten dazu selbst (Synthetic Assets Leipzig und Dublin) aber auch über eigens gegründete Zweckgesellschaften (Conduits) Portfolien, bestehend vor allem aus Schuldverschreibungen, Verbriefungsprodukten und Kreditderivaten. Daneben investierte die SLB auch in großem Umfang in Spezial- und Publikumsfonds (Strategic Investments). Die Produkte, in die investiert wurde, wiesen i.d.R. ein Investment Grade auf. Abbildung 1 stellt die Volumenentwicklung der entsprechenden Kapitalmarktaktivitäten dar.

Abbildung 1: Volumenentwicklung der Kapitalmarkaktivitäten der Sachsen LB-Gruppe, Quelle: SMF (2008), S. 2

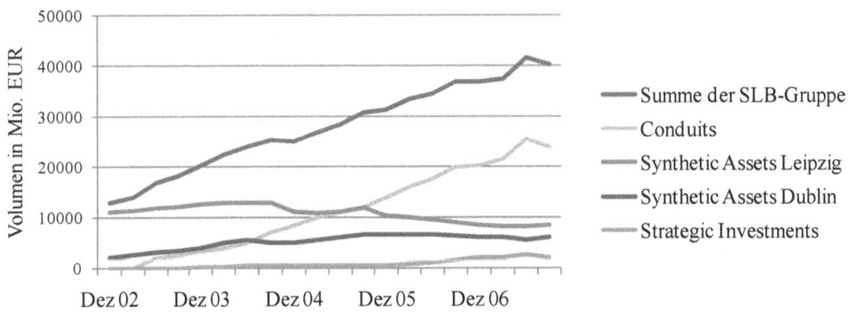

Die Ertragslage der SLB-Gruppe wurde vor allem durch diese Geschäfte bestimmt. Deren durchschnittlicher Anteil am Gesamtergebnis der Gruppe betrug im Zeitraum 2002 bis 2006 82,3%. Ohne sie wäre in den Geschäftsjahren 2002 und 2005 ein negatives Ergebnis erzielt worden.[65]

Im Rahmen dieser Kapitalmarkttätigkeiten gründete die Tochtergesellschaft SLB Europe mehrere Zweckgesellschaften. Als wesentliche wurden 2003 das

65 Vgl. SMF (2008), S. 1ff.

Conduit *Georges Quay Funding I Limited* und ein Jahr später das *Conduit Ormond Quay Funding plc* eingerichtet. 2007 wurde das Structured Investment Vehicle *Sachsen Funding I Ltd.*[66] aufgebaut.[67] Abbildung 2 stellt die Volumenentwicklung dieser drei Zweckgesellschaften vom 30. Juni 2003 bis zum 30. September 2007 dar. Das Gesamtvolumen der drei Zweckgesellschaften betrug am Höhepunkt ihrer Entwicklung im Juni 2007 ca. 26 Mrd. Euro, wovon ca. 17 Mrd. Euro auf Ormond Quay entfielen. Die Kapitalmarktaktivitäten der gesamten SLB-Gruppe hatten zum gleichen Zeitpunkt einen Umfang von ca. 41 Mrd. Euro,[68] und im Vergleich dazu erreichte die Bilanzsumme der SLB am Ende des gleichen Jahres eine Höhe von 62,3 Mrd. Euro. Das Kernkapital der gesamten Gruppe besaß Ende 2006 nur ein Volumen von ca. 1,4 Mrd. Euro.[69]

Da solche Zweckgesellschaften oftmals als Stiftungen aufgesetzt wurden, konnten die Pflichten ihrer Aufführung in der Bilanz nach § 290 HGB umgangen werden,[70] und sie mussten nicht mit Eigenkapital unterlegt werden. Somit verfügten die Conduits in der Regel selbst über sehr wenig eigene Mittel. Im Fall von Refinanzierungsnotwendigkeiten konnten sie daher die sich daraus ergebenen Risiken oft nicht selbst abdecken.[71]

Neben der SLB bzw. ihrer Tochterbank hatten auch andere Banken Zweckgesellschaften errichtet, wie Tabelle 1 zeigt. Allerdings überstieg das Volumen von Ormond Quay das der Zweckgesellschaften der anderen Banken (mit Ausnahme das des Conduits Rhineland der Deutschen Industriebank) deutlich.

Die Zweckgesellschaften der SLB Europe refinanzierten sich vor allem über die Emission von *Asset Backed Commercial Papers* (ABCP), denen zuvor erworbene Asset Backed Securities (ABS) als Sicherheiten zu Grunde lagen, sowie über Pensionsgeschäfte.[72] Durch ABS und Varianten wie *Mortgage Backed Securities* (MBS) und *Collateralized Debt Obligations* (CDO) verkaufen beispielsweise Kreditinstitute Teile ihrer Forderungen am Kapitalmarkt an Dritte weiter.

---

66 Sachsen Funding I wurde als besondere Form eines SIV, als ein SIV-Lite, aufgelegt. Hierbei beträgt das Verhältnis Eigenkapital zu Fremdkapital nicht wie üblicherweise eins zu zwölf, sondern eins zu 30 oder sogar eins zu 40. Vgl. Heilmann (2007), S. 10.

67 Vgl. SMF (2008), S. 1ff.

68 Vgl. SMF (2008), S. 2.

69 Vgl. Sachsen LB (o.J.k), S. 68ff.

70 Vgl. Rathmann (2007), S. 8.

71 Vgl. o.V. (2007), Finanzkrise, S. 20.

72 Vgl. SMF (2008), S. 3 und SRH (2009), S. 39.

Abbildung 2: Volumenentwicklung der Zweckgesellschaften, Quelle: SMF (2008), S. 4

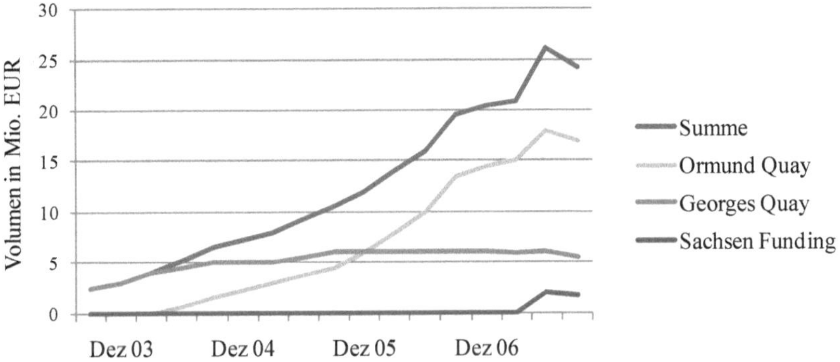

Die Verbriefungsprodukte dienen zum einem dem Transfer des Risikos aus der Kreditgewährung, da dieses auf die Käufer der Papiere übertragen wird (die gewährten Darlehen befinden sich nicht mehr in den eigenen Bilanzen) und zum anderen als Refinanzierungsmöglichkeit über den Verkaufspreis. In den ABS werden dabei jeweils eine Vielzahl von Forderungen gegenüber verschiedenen Gläubigern gebündelt.[73] Die Haftungsmasse der Zweckgesellschaften ist auf die angekauften Forderungen beschränkt.[74] Aus den Zahlungseingängen der Kreditnehmer an das Kreditinstitut werden Zins- und Tilgungsleistungen an die Käufer der ABS weitergeleitet. Kommt ein Schuldner seinen Kreditzahlungen gegenüber dem Institut nicht nach, wirkt sich dies auch negativ auf die Zahlungen an die ABS-Inhaber aus.[75] Die forderungsbesicherten Wertpapiere beinhalten somit ein Ausfallrisiko. Ratingagenturen stufen die Bonität dieser Papiere ein, die sich u.a. nach der Qualität der beinhalteten Forderungen richtet.[76]

Bei den Asset-Backed-Commercial-Paper-Programmen von Ormond Quay dienten die ABS ihrerseits als Sicherheit für die emittierten Wertpapiere. Durch den Spread zwischen den erworbenen, langfristigen ABS (die höhere Zinsen erwirtschaften) und den emittierten, kurz- bis mittelfristigen Commercial Papers

73 Vgl. Perridon/Steiner (2007), S. 436ff.

74 Vgl. Bussmann et al. (2003), S. 285.

75 Vgl. Perridon/Steiner (2007), S. 437.

76 Vgl. Bussmann et al. (2003), S. 285.

(für die niedrigere Zinsen zu zahlen sind) versuchten solche Zweckgesellschaften, Erträge zu erzielen.[77]

Tabelle 1: Volumina von Zweckgesellschaften deutscher Banken, Quelle: FAZ (03.08.2008)

Conduits	**Banken**	**in Mrd. Dollar (Oktober 2006)**
Arabella	Hypo-Vereinsbank	2,8
Bills	Deutsche Bank	0,6
Checkpoint Charlie	Landesbank Berlin AG	1,8
Compass	WestLB	7,9
Coral	DZ Bank	3,4
Giro Lion	Bayerische Landesbank	7,1
Kaiserplatz	Commerzbank	6,8
Lake Constance	Landesbank Baden-Württemberg	8,2
Opusalpha	Helaba	1,1
Ormond Quay	Landesbank Sachsen	14,8
Poseidon	HSH Nordbank	4,4
Rheingold	Deutsche Bank	3,8
Rheinmain	Deutsche Bank	7,5
Rhineland	IKB Deutsche Industriebank	14,8
Salome	Hypo-Vereinsbank	1,2
Silver Tower	Dresdner Bank	7

Zweifel an der Werthaltigkeit der Sicherheit der ABS oder sinkende Marktpreise können dazu führen, neue Käufer für die ABCP finden zu müssen, wodurch die Zweckgesellschaften in Refinanzierungsschwierigkeiten geraten können. Um dies zu verhindern, können zum einen höhere Zinsen als Risikoprämie

77 Vgl. Risk (14.08.2008).

an die Käufer gezahlt werden oder durch zusätzliche Sicherheiten das Risiko der Anleger vor finanziellen Ausfällen gemindert werden.[78] Durch von dem Mutterinstitut bereitgestellte Liquiditätsfazilitäten können die Zweckgesellschaften entweder neue Papiere erwerben und so bei Wertverlusten von anderen Papieren den Wert des Portfolios beibehalten oder die Tilgung der zur Refinanzierung ausgegebenen Papiere sicherstellen.

Im Juni 2005 wurde auf Beschluss des Vorstands und nach Genehmigung des Kreditausschusses der SLB die Ausweitung des Volumens von Ormond Quay bestimmt. Die Liquiditätslinie wurde per Vorratsbeschluss auf 1,7 Mrd. Euro (= 4%) heraufgesetzt, wonach das Volumen der Zweckgesellschaft auf maximal 43 Mrd. Euro hätte ausgeweitet werden können.[79] Durch die Gewährung dieser Liquiditätsfazilität übernahm somit die SLB das Erstverlustrisiko, wonach Verluste bis zu 4% des Gesamtportfolios durch die Landesbank zu tragen gewesen wären. Zusätzlich wurden zwischen der SLB Europe und Ormond Quay so genannte *Valuation Agreements* vereinbart. Beim Erreichen einer Wertschwelle von 97% des ursprünglichen Marktpreises wurde in den Richtlinien von Ormond Quay zur Risikoabsicherung ein Verkauf dieser Wertpapiere vorgesehen. Verluste aus Veräußerungen, die durch Unterschreiten dieses Triggers ausgelöst werden und die Liquiditätsfazilität von 4% übersteigen, waren nach dieser Vereinbarung durch die SLB Europe in voller Höhe auszugleichen. Die SLB Europe haftete somit auch für die restlichen 96% des Portfoliovolumens.[80] Da die SLB gegenüber der SLB Europe ihrerseits eine Patronatserklärung[81] abgegeben hatte, trugen beide Institute und somit über die Gewährträgerhaftung letztlich auch der Freistaat Sachsen das gesamte Risiko von Ormond Quay. So war das gesamte Volumen dieser Kapitalmarktaktivitäten durch die staatlichen Haftungsgarantien abgedeckt.[82] Trotz des bedeutenden Umfangs wurden weder das sich aus diesen Haftungskonstruktionen ergebende Risiko richtig erfasst noch zwischen den zuständigen Gremien ausreichend kommuniziert.

---

78 Vgl. SRH (2009), S. 40f.

79 Vgl. SMF (2008), S. 7.

80 Vgl. SRH (2009), S. 35ff. und S. 45.

81 Eine Patronatserklärung begründet die Verpflichtung des Mutterunternehmens gegenüber Kreditgebern, ihr Tochterunternehmen zu jedem Zeitpunkt in die Lage zu versetzen, ihre Zahlungsverpflichtungen aus dem Kreditverhältnis zu erfüllen. Vgl. o.V. (1992), Patronatserklärung, S. 2548.

82 Vgl. SMF (2008), S. 4.

Die Zweckgesellschaften wurden bis zum Jahr 2007 weder in den Geschäftsberichten der SLB - abgesehen von zwei Ausnahmen - noch in denen der SLB Europe erwähnt. 2005 und 2006 wurde lediglich aufgeführt, dass ein ABCP-Programm mit Ormond Quay als Kreditnehmer „(…) international mehrfach als die beste europäische Struktur dieser Art prämiert wurde“[83] und dass „die internationalen Prämierungen dieses Vehikels und dessen volumenseitige Etablierung unter den globalen Top 10 (...) die Wahrnehmung und Wertschätzung der Managementqualität der SLB Europe“[84] belegen.

Bereits zur Zeit der Gründung der SLB Europe befassten sich die Gremien der SLB mit der Abschaffung eines Limits für Risikogeschäfte. Dies wurde jedoch zunächst von der Bankenaufsicht verweigert, da nach ihrer Ansicht innerhalb der Landesbank keine effiziente Großrisikosteuerung bestand.[85] Zwischen Oktober 2004 und April 2005 führte die Wirtschaftsprüfungsgesellschaft *KPMG* im Auftrag der BaFin eine Überprüfung der SLB Europe nach § 44 KWG durch. Dem Abschlussbericht zufolge wurden weder die Risiken der Bank ausreichend dargestellt, noch das Institut in genügendem Umfang durch die Konzernzentrale kontrolliert.[86] Die BaFin wies auch auf den wachsenden Umfang der außerbilanziellen Aktivitäten und deren Bedeutung für die SLB hin, da diese deren Risiken trug. Da der Portfolioumfang von Ormond Quay während dieser Zeit noch nicht die spätere Bedeutung hatte, wurde diese Zweckgesellschaft vermutlich nicht in der Überprüfung berücksichtigt und somit auch nicht das Risikopotenzial dieser Zweckgesellschaft erkannt. Nach Angaben der SLB wurden die festgestellten Mängel daraufhin abgearbeitet. So wurde in der Verwaltungsratssitzung am 09.10.2006 festgestellt, dass das Institut die Beanstandungen bis Ende Juni 2006 behoben hätte.[87] Dies wurde auch durch die Wirtschaftsprüfung-Gesellschaft *PricewaterhouseCoopers* im März 2007 bestätigt.[88]

83 Sachsen LB (o.J.j), S. 24.

84 Sachsen LB (o.J.k), S. 39.

85 Vgl. Burger (2008), S. 5.

86 Vgl. Petersdorff (2007), S. 37. und SMF (2008), S. 6.

87 Vgl. SRH (2009), S. 43f.

88 Vgl. Petersdorff (2007), S. 37.

10.3.2 Gestörte Refinanzierung außerbilanzieller Kapitalmarktaktivitäten führt zu Notverkauf

Am 17.08.2007 gab die SLB in einer Ad-hoc-Mitteilung Zweifel dahingehend bekannt, ob die Refinanzierung von Ormond Quay mit einem Volumen von 17,3 Mrd. Euro weiterhin sichergestellt werden könnte.[89] Ein Pool aus der Sparkassen-Finanzgruppe stellte der SLB eine Kreditlinie in der Höhe dieses Volumens zur Verfügung, um die Liquidität der Zweckgesellschaft weiterhin zu gewährleisten. Diese Unterstützung wurde an die Bedingung geknüpft, dass die Eigentümer des Instituts für die Zukunft einen Partner finden müssten. Laut Finanzminister und Verwaltungsratsvorsitzenden Metz konnten durch dieses gemeinschaftliche Vorgehen die drohenden Liquiditätsprobleme der Landesbank schnell beseitigt werden. Die Ratingagenturen Fitch und Moody's überprüften ihre Ratings bezüglich der SLB. Unter anderem aus Sorge über die Portfolios von Ormond Quay und George Quay senkte Fitch den Ausblick für ihre Bonitätsbewertung für die Landesbank und die Sachsen-Finanzgruppe auf „negativ".[90] Die Ratingagentur Moody's begründete ihre Herabstufung auf einen negativen Ausblick ebenfalls mit den milliardenschweren Finanzvolumina der beiden Zweckgesellschaften.[91]

Am 23.08.2007 wurden erneut Liquiditätsprobleme der SLB, diesmal ausgelöst durch ihre Fondsinvestitionen, bekannt, wobei aber unterschiedliche Aussagen über die genaue Höhe existierten. Die Tageszeitung *Die Welt* sprach in diesem Zusammenhang allgemein von einem Liquiditätsengpass von über 400 Mio. Euro.[92] Die Sächsische Zeitung berichtete, dass die SLB durch Geschäfte mit einer Londoner Hedgefonds-Gesellschaft 250 Mio. Euro verloren hätte.[93] Nach Angaben der Frankfurter Allgemeinen Zeitung wurde ein Fonds auf Grund der Geschehnisse am Kapitalmarkt geschlossen, für den die SLB mit 350 Mio. Euro Eigenkapital gehaftet hätte.[94] Die Zeitschrift Schweizer Bank gab an, dass die SLB neben ihrer Beteiligung an der Londoner Gesellschaft noch mit 400 Millionen Euro an einem weiteren Fonds beteiligt gewesen wäre, der ebenfalls in

---

89 Vgl. Sachsen LB (02.08.2008).
90 Vgl. o.V. (2007), Fitch, S. 5.
91 Vgl. o.V. (2007), Moody's, S. 3.
92 Vgl. Müller (2007), S. 10.
93 Vgl. Wolf (2007), S. 25.
94 Vgl. Burger (2007), S. 3.

Schieflage geraten wäre.[95] Am gleichen Tag trat der für das Kapitalmarktgeschäft der SLB zuständige Vorstand Stefan Leusder zurück.

Am 25.08.2007 beschlossen die Minister Sachsens und Baden-Württembergs sowie die Eigentümerversammlungen der SLB und der LBBW den Verkauf der Landesbank. Die LBBW stellte in der darauf folgenden Woche 250 Millionen Euro als Finanzhilfe zur Verfügung und führte die SLB treuhänderisch weiter. Die LBBW ließ sich ein Rücktrittsrecht einräumen, falls noch größere, zum Zeitpunkt unbekannte Risiken aufgedeckt werden würden.

Am 30.08.2007 wurden auch die anderen Vorstandsmitglieder der SLB abberufen. Vorstandsvorsitzender Metz übergab sein Amt zum 15. September an Joachim Hoof weiter und trat als sächsischer Finanzminister zurück. Milbradt schloss seinerseits aber einen Rücktritt von seiner Funktion als Ministerpräsident aus.[96] Am 13.12.2007 einigten sich der Freistaat Sachsen und die LBBW auf eine Liquiditäts- und Haftungsregelung für die Risiken aus den strukturierten Anlageprodukten. Das Bundesland übernahm eine Ausfallbürgschaft in Höhe von 2,75 Mrd. Euro und erhielt für die SLB einen Kaufpreis von 328 Mio. Euro. Der endgültige Kaufpreis wurde somit an die untere Grenze der im August aufgeführten Preisspanne von 300 bis 900 Mio. Euro festgesetzt. Die Fehler der SLB hatten sie kurzfristig zu einem Notübernahmeopfer gemacht.

Die risikobehafteten, außerbilanziellen Anlagestrukturen der Landesbank wurden auf eine außerbilanziell geführte Zweckgesellschaft namens *Sealink Funding Limited* übertragen, die durch die Ausfallgarantien sowie einen Liquiditätsschirm abgesichert wurde. Der Liquiditätsschirm von ca. 17,5 Mrd. Euro wurde zur Hälfte von der LBBW und zur anderen Hälfte von den anderen Landesbanken bereitgestellt. Die Haftungsregelung sah eine gestaffelte Verteilung vor. Der Freistaat Sachsen haftete bis zu einer Höhe von 2,75 Mrd. Euro für mögliche Verluste aus denen den Zweckgesellschaften zugrunde liegenden Wertpapieren. Für Verluste über diese Summe hinaus haftete die LBBW mit weiteren 6,0 Mrd. Euro. Die übrigen Landesbanken sollten letztendlich die Verluste, die über den Gesamtbetrag von 8,75 Mrd. Euro hinausreichen würden, tragen. Somit konnte das gesamte Ausfallrisiko von 17,5 Mrd. Euro gedeckt werden.[97]

95 Vgl. Neubauer (2007), S. 40.

96 Vgl. o.V. (2007), Person, S. 4.

97 Vgl. o.V. (2007), Landesbürgschaft, S. 4.

Die SLB firmierte am 18.10.2007 in eine Aktiengesellschaft um und ging ab dem 1. April 2008 als Sachsen Bank in die LBBW auf. Als Teil dieses Institut wurde der ehemaligen Landesbank das Geschäft mit gehobenen Privatkunden und mit mittelständischen Geschäftskunden zugewiesen. Die Zentralbankfunktion für die Sparkassen und alle weiteren Aktivitäten übernahm eine Niederlassung der LBBW in Leipzig.[98] Daneben wurde geplant, die Sachsen Bank als Kompetenzzentrum für Osteuropa mit der Ausrichtung auf Privat- und Firmenkunden zu etablieren.[99]

10.3.3 Analyse gestörter Refinanzierungsfähigkeit zeigt mangelhaftes Risikomanagement

Nach dem Ende der SLB gab das sächsische Finanzministerium ein Gutachten bei der Wirtschaftsprüfungsgesellschaft *Ernst & Young AG* in Auftrag, um zu überprüfen, ob die jeweiligen Stellen in der SLB ihre Steuerungs-, Unterrichtungs- und Kontrollpflichten ordnungsgemäß ausgeübt hätten.[100] Als Hauptgrund für die Schieflage der SLB wurde aufgeführt, dass der Vorstand wesentliche Risiken aus den außerbilanziell geführten Geschäften der SLB und der SLB Europe nicht berücksichtigt hätte. Dies wäre nach den Gutachtern verwunderlich, da die SLB zwischen 2003 und 2006 ihr Risikomanagement bezüglich des Kreditersatzgeschäftes versucht hatte zu verbessern und im gleichen Zeitraum die SLB Europe sowie das Synthetic Asset-Geschäft von der internen Revision bzw. der Konzernrevision überprüft worden waren. Wesentliche Fehler wären aber dennoch nicht beseitigt worden.

Die Geschäftsleitung hätte die Liquiditätsrisiken zudem nur als untergeordneten Risikofaktor eingestuft, was aber bei dieser Form von Geschäften völlig fehlerhaft gewesen wäre. Bei der Überprüfung der Synthetic-Asset-Geschäfte der SLB Europe durch die KPMG zwischen 2004 und 2005 wurde insbesondere das Risikomanagement beanstandet. Da aber 2006 der Verwaltungsrat bei Beisein eines Vertreters der Bundesbank über die Beseitigung der Mängel informiert worden war, hätte dieser davon ausgehen können, dass die Risikoberichtserstattung von nun an vollständig wäre. Die Bedeutung der Vereinbarung zur Übernahme der wirtschaftlichen Risiken wäre zwar vom Vorstand richtig er-

98 Vgl. o.V. (2008), LBBW, S. 17.

99 Vgl. Sachsen LB (o.J.l), S. 56.

100 Vgl. SMF (10.08.2008).

fasst, aber anschließend nicht in das Risikomanagementsystem der Bank umgesetzt worden. Die sich aus dieser Vereinbarung ergebenen Risiken wären in den Jahres- und Konzernabschlüssen der darauf folgenden Jahre nicht erwähnt worden, auch nicht als beschlossen wurde, das Volumen von Ormond Quay zu erweitern.[101] Nach dem Gutachten war dies „(...) ein Versäumnis des Gesamtvorstandes, der unabhängig von den internen Zuständigkeiten insgesamt für die ordnungsgemäße Geschäftsorganisation verantwortlich ist."[102] Das hätte zur Folge gehabt, dass unter anderem der Verwaltungsrat nur unzureichend über die Verpflichtungen aus dieser Vereinbarung informiert war: „Dritten war es daher nicht möglich, sich ein den tatsächlichen Verhältnissen entsprechendes Bild von der Lage der Bank zu machen." Des Weiteren wurde das Ausbleiben einer angemessenen Reaktion auf die Krise von Seiten der Bank beanstandet. Die Geschäfte wären durch die Errichtung von Sachsen Funding im März 2007 weiter ausgedehnt worden, obwohl schon zu diesem Zeitpunkt die Existenz einer Finanzkrise bekannt gewesen wäre.[103]

So hätte die Zweckgesellschaft eine Buy- and Hold-Strategie verfolgt, wonach die erworbenen Verbriefungsprodukte bis zum Ende ihrer Laufzeit nicht verkauft werden sollten, um so die sich aus ihnen ergebenden Zahlungen zu erhalten. Da aber die Refinanzierung dieser Investments kurzfristig ausgelegt war, mussten im Gegenzug dauernd neue Käufer für die ABCP gefunden werden. Eine solche Strategie hätte nach dem SRH aber nur verfolgt werden können, wenn die Bank für den Fall von Marktstörungen über ausreichend Mittel zur Refinanzierung der eingekauften Wertpapiere verfügte. Da die ABS als Sicherheit für die Emission der ABCP dienten, ist es schwierig, bei Zweifel an ihrer Werthaltigkeit oder bei nachgebenden Marktpreisen Käufer für die ABCP zu finden. Jene würden dann höhere Zinsen fordern, oder die Sicherheiten müssten entsprechend ausgeweitet werden. Die anhaltende, weltweite Zunahme des Kreditersatzgeschäftes hätte den Verkauf von Wertpapieren und somit die Refinanzierung erschwert. Bei unzureichender Liquidität hätten die ABS trotz gesunkenen Marktpreises verkauft werden müssen, was zu Verlusten geführt hätte.[104] Das Liquiditätsrisiko wurde laut SRH jedoch nicht ausreichend im Risikomanagementsystem der Bank verarbeitet, was aber um so mehr erforderlich gewesen wäre, als das Volumen der Geschäfte solch einen Umfang einnahm, dass bereits

101 Vgl. SMF (2008), S. 5ff.

102 Ebenda, S. 8 (im Original teilweise hervorgehoben).

103 Vgl. ebenda, S. 8f.

104 Vgl. SRH (2009), S. 40ff.

kurzfristige Kapitalmarktstörungen zu Liquiditätsproblemen und ohne Erweiterung der Eigenkapitalbasis zu Solvenzproblemen geführt hätten.[105]

Ebenso hätten es die Führungskräfte der SLB unterlassen, sowohl die Risiken aus der Patronatserklärung als auch aus den Valuation Agreements ordnungsgemäß zu erfassen. Der SRH kritisierte auch die Auffassung des SMF, die Erteilung einer Patronatsverpflichtung zur Optimierung der Bonitätsbeurteilung wäre ein bankübliches Verhalten. Seiner Ansicht nach hätte das Errichtungsgesetz zur SLB die Geschäftsführung nicht zu dieser Vergabe ermächtigt. Daneben stellte der Sächsische Rechnungshof weitere Zweifel an der Erfüllung der Sorgfaltspflichten durch die verschiedenen Gremien der Landesbank fest. So hätte „der Vorstand der SLB (...) es über Jahre hinweg versäumt, eine den gesetzlichen Vorschriften entsprechenden Geschäftsorganisation sicherzustellen" und „(...) durch die ständige Ausweitung des Kreditersatzgeschäftes die SLB in eine die Existenz bedrohende Situation geführt."[106]

10.3.4 Aufsichtsinstitutionen nahmen Aufsichtspflicht nicht ordnungsgemäß war

Auch der Verwaltungsrat der SLB wurde in die Kritik des SRH eingefasst. Dieser würde auch eine Mitschuld tragen, da er seiner Pflicht zur Selbstinformation und Überwachung der Entwicklung der SLB-Gruppe insbesondere bei Kenntnis über Volumen der Synthetic-Asset-Geschäfte, Mängeln im internen Kontroll- und Risikofrüherkennungssystemen und risikoreichen Geschäftsaktivitäten wie dem Valuation Agreement nicht ausreichend nachgegangen wäre. Auch die Praxis dieses Gremiums wurde vom Rechnungshof beanstandet. So hätten ordentliche Mitglieder des Öfteren bei Sitzungen gefehlt und zum Teil wäre eine notwendige Erfahrung oder Fachkompetenz im Bankensektor nicht bei allen dieser Personen erkennbar gewesen. Bei der Überarbeitung des Geschäftsmodells hätte der Verwaltungsrat den neuen, einseitig auf Kapitalmarktaktivitäten ausgerichteten Strategiewechsel zur Kenntnis genommen, ohne aber, abgesehen von einigen Mitgliedern, diese neue Ausrichtung zu hinterfragen. Der Vorstand hätte so ein neues Geschäftsmodell ohne Vorgaben der Anteilseigner entwickeln können. Dadurch wäre nach Meinung des SRH gegen haushaltsrechtliche Vorgaben verstoßen worden, da die unternehmerische Betätigung des Bundeslandes nur dann

105 Vgl. ebenda, S. 59f.

106 Vgl. ebenda, S. 10-44.

erlaubt sei, wenn dabei wichtige sächsische Interessen eine Rolle spielen, die reine Gewinnerzielungsabsicht sei allein aber dafür nicht ausreichend. Das Finanzministerium des Freistaates betonte aber, dass die Mittel, die die Landesbank als Geschäftsbank erwirtschaftet hätte, für eine Erfüllung des öffentlichen Auftrages notwendig gewesen wären.[107]

Auch der Kreditausschuss, dessen Vorsitzender der Verwaltungsratsvorsitzende war, hätte laut Aussagen des Rechnungshofes gegen seine Sorgfaltspflicht verstoßen. Trotz Kenntnis der Valuation Agreements und richtiger Darstellung der Risikolage durch den Vorstand hätte er der Einrichtung von Ormond Quay zugestimmt und darauf auch die permanente Volumenerhöhung zugelassen, dabei das Risiko für die SLB aber ignoriert.[108]

Als Rechtsaufsicht über die Landesbank hätte auch das Sächsische Staatsministerium der Finanzen bzw. das entsprechende Referat der Beteiligungsverwaltung die Haftungskonstruktionen der SLB anmahnen müssen. So wäre das Ministerium über alle wesentlichen Sachverhalte informiert gewesen, nach deren Meinung leitete sich die SLB aber in eigener Verantwortung.

Letztlich wurde auch der Abschlussprüfer in die Kritik des Rechnungshofes mit einbezogen. Dieser hätte die Haftungslage der Bank nicht ausreichend erfasst, obwohl es einer Abbildung des Risikos in den Jahresabschlüssen bedurft hätte.

Ministerpräsident Milbradt stritt eine Mitschuld von SMF und Verwaltungsrat ab. Erst die Kapitalmarktaktivitäten nach seiner Zeit hätten die Probleme verursacht und die Verantwortung für diese Entwicklung trüge daher der Vorstand der SLB.[109] Zudem hätten Vorstand und Bankgremien nicht oder nur unvollständig über die Risiken informiert.[110] Schuldige sah Milbradt außerdem in der Bankenaufsicht (BaFin)[111] und den Jahresabschlussprüfern, die einen uneingeschränkten Bestätigungsvermerk erteilt hätten. Zumindest die BaFin wies aber die Vorwürfe ungenügender Kontrollen ihrerseits zurück.[112]

---

107 Vgl. ebenda, S. 79.

108 Vgl. ebenda, S. 43 und S. 54.

109 Vgl. ebenda, S. 34, 63.

110 Vgl. Milbradt (2008), S. 63.

111 Vgl. ebenda, S. 25.

112 Vgl. o.V. (2007), BaFin, S. 11.

10.4 Synthese zum Scheitern des Geschäftsmodells der Sachsen LB

10.4.1 Zusammenfassung und Rückblick auf die Kernfragen

Die durch den Markt (z.B. Ratingagenturen) wiederkehrende Skepsis an der nachhaltigen Ertragsstärke des Geschäftsmodells der SLB veranlasste den Vorstand wiederkehrend Anpassungen durchzuführen. Ursprünglich angedachte Segmente wie Großunternehmen, Mittelstand oder Wirtschaftsförderung, waren entweder zu klein oder durch die Sparkassen und die sächsische Investitions- und Aufbaubank abgedeckt. Im Zuge dessen rückte das Kapitalmarktgeschäft durch seine einfache Skalierbarkeit, einer niedrigen Aufwands/Ertrags-Relation sowie zunächst attraktiven Renditen in den Fokus. Das inhärente Risiko solcher Kapitalmarktaktivitäten wurde möglicherweise betrachtet aber nicht berücksichtigt. Aufgrund des substantiellen und zunehmend steigenden Ergebnisbeitrags sowie des Fehlens einer Geschäftslimitierung durch die unternehmenseigene Exekutive (Vorstand), die internen Aufsichtsgremien (Verwaltungsrat, Kreditausschuss), die Eigentümer (Land Sachsen, SMF, Sparkassen des Landes Sachsen) und die externen Aufsichtsinstitutionen (Wirtschaftsprüfer, BaFin) konnte das außerbilanzielle Kapitalmarktvolumen zu einem geschäftsgefährdenden Risiko anwachsen. Als Auslöser eines Liquiditätsproblems hätte bereits eine leichte Irritation des Marktes genügt, die globale Finanzkriese tat ihr übriges.

Der Umfang des Geschäftspotenzials in den bei der Gründung festgelegten Kernsegmenten-Sparkassen, dem öffentlich-rechtlichen Sektor sowie großer Unternehmen und Investoren war zu gering für ein selbstständiges Institut. Während die Sparkassen ihre Abhängigkeit von der SLB im Zeitverlauf minderten, stellten große Unternehmen und Investoren bis auf Einzelfälle kaum ein tragfähiges Segment dar. Bei wirtschaftspolitischer Förderung trat zudem die Sächsische Investitions- und Aufbaubank mit ihren staatlich geförderten Kreditzinsen als Konkurrent auf. Die Alternativen, positive Erträge zu erwirtschaften, hätten möglicherweise in einer Fusion mit einer anderen Institution, der Ermöglichung offenen Wettbewerbs im gesamten Markt oder der deutlichen Redimensionierung der Bank gelegen. Jede dieser Alternativen wäre einem Prozessrisiko ausgesetzt gewesen. Das hätte ein Verlust des Machteinflusses bei einer Fusion, Konfrontation mit den Sparkassen im offenen Wettbewerb oder öffentlichkeitswirksamer Personalabbau bei Redimensionierung sein können. Das Risiko, nur einen geminderten Erfolg zu erzielen, wäre hinzugekommen.

Über die Einschätzung des Vorstandes und der Aufsichtsgremien in Bezug zur Risikolastigkeit des Kreditersatzgeschäftes lassen sich nur Vermutungen anstellen. Es ist jedoch bemerkenswert, dass der SRH die mangelnde Fachkenntnis einiger Verwaltungsratsmitglieder sowie deren Abwesenheit bei Sitzungen beanstandete. Ein Mindestmaß an Grundverständnis bezüglich des Zusammenhangs von Erträgen, Aufwand, diese zu erwirtschaften, und eingegangenen Risiken wäre jedoch von jedem zu erwarten gewesen. Dieses Grundverständnis, ob vorhanden oder nicht, hat sich zumindest nicht in einem maßregelnden Verhalten gezeigt.

10.4.2 Politische Zeugung eines „Nicht-Wunschkindes“ ohne hinreichende Geschäftsgrundlage

Sollte ein Eindringen der westlichen Landesbanken in die neuen Bundesländer unter den Argumenten der Verhinderung eines „zentralistischen Gefüges“ oder des Verlusts von „struktur- und wirtschaftspolitischer Eigenständigkeit“ verhindert werden, ist dies letztendlich durch den Notverkauf der SLB an die LBBW nun auch in Sachsen geschehen. Der Preis dafür in Form der finanziellen Belastung durch die durch das Land Sachsen übernommenen Risiken ist enorm.

War die Gründung der SLB wirklich notwendig, um die wirtschaftspolitischen Ziele der Landesregierung zu verwirklichen? Die Autoren dieses Aufsatzes stellen das in Frage: Für ihre finanzpolitische Eigenständigkeit hatte das Land bereits 1991 die Sächsische Investitions- und Aufbaubank gegründet. Im Verglich zu den anderen neuen Bundesländern, wo letztendlich frühzeitig westliche Landesbanken die Sparkassenzentralbankfunktion und ähnliche Aufgaben wahrnahmen, erscheint die Entscheidungsmotivation für eine Sächsische Landesbank rein politisch gewesen zu sein. Die angeführte Argumentation zur „struktur- und wirtschaftspolitischen Eigenständigkeit“ ist deshalb nicht nachvollziehbar.

Dass die SLB in einem Bundesland knappen privatwirtschaftlichen Leistungsgefüges und somit geringem Ertragspotenzials gegründet wurde, stattete sie von Beginn an mit einem nicht-nachhaltigen Geschäftsmodell aus. Die Handlungsoptionen einer frühen oder späteren Fusion mit anderen Landesbanken oder einer Redimensionierung der Bank auf die vorhandenen Geschäftspotenziale stellten Alternativen dar. Die letztendlichen Motive der entscheidenden Politiker gegen diese Wege bleiben dem Bürger verschlossen, aber es kann die

Vermutung angestellt werden, dass sie denen der Gründung der SLB sehr ähnlich waren. Politisches statt wirtschaftliches Denken stand im Vordergrund.

10.5 Referenzen

Braun, A. (1992): SachsenLB. Die jüngste deutsche Landesbank, in: Sparkasse, 109 S. 502-504.

Buchholz, A. (1990): Verschiedene Modelle in den alten und neuen Bundesländern. Auseinandersetzungen um das Fördergeschäft, in: Handelsblatt, Nr. 238 vom 11.12.1990, S. 11.

Burger, R. (2007): Dramatische Stunden an der Elbe. Am Ende war das Schicksal der Sachsen LB ganz schnell besiegelt, in: FAZ, Nr. 198 vom 27.08.2007, S. 3.

Burger, R. (2008): Die Suche nach den Schuldigen geht weiter. Wer ruinierte die Sachsen LB? in: FAZ, Nr. 44 vom 21.02.2008, S. 5.

Büschgen, H.E. (1998): Bankbetriebslehre. Bankgeschäfte und Bankmanagement, 5. Aufl., Wiesbaden.

Bussmann, J. et al. (2003): Ist das Dreisäulensystem noch zukunftsfähig – sektorübergreifende Geschäftsmodelle? in: O. Betsch und G. Merl (Hrsg.): Zukunft der Finanzindustrie. Das Überdenken von Geschäftsmodellen, Frankfurt a.M., S. 263-285.

Der Tagesspiegel (01.10.2008): Milbradt bestreitet Verantwortung für Bankenkrise, http://www.tagesspiegel.de/politik/deutschland/Bankenkrise-Georg-Milbradt;art122,2504372.

FAZ (03.08.2008): Bafin schaut sich die Landesbank Sachsen an, http://www.faz.net/s/RubD16E1F55D21144C4AE3F9DDF52B6E1D9/Doc~ECB090E6CCA5E4DC08E0567D81ACD4847~ATpl~Ecommon~Scontent.html.

Geinitz, C. (2005): Nach dem Rauswurf der Führung steht die Kapitalbeschaffung im Fokus, in: FAZ, Nr. 58 vom 10.03.2005, S. 22.

Gericke, U. (2005): Regierungschef und Sachsen LB unter Druck. Kritiker rücken Landesbank in die Nähe der Bankgesellschaft. in: Börsen-Zeitung, Nr. 26. vom 08.02.2005, S. 5.

Gesetz zur Neuordnung (1999): Gesetz zur Neuordnung der öffentlich-rechtlichen Kreditinstitute im Freistaat Sachsen einschließlich der Sächsischen Aufbaubank GmbH vom 3. Mai 1999.

Heilmann, D. (2007): Die Dublin-Connection, in: Handelsblatt, Nr. 170 vom 04.09.2007, S. 10.

Hofmann, T. (2006): Der öffentliche Bankensektor Deutschlands im Umbruch. Aktuelle Entwicklungen und Zukunftsperspektiven, Hamburg.

Milbradt, G. (2008): Statement des Ministerpräsidenten des Freistaates Sachsen Prof. Dr. Georg Milbradt, Untersuchungsausschuss Sachsen LB des Sächsischen Landtages am 31.03.2008. Quelle (14.08.2008): http://www.medienservice.sachsen.de/news/29661

Milde, U. (2001a): Dieter Burgmer muss nach Streitigkeiten Hut nehmen, in: Leipziger-Volkszeitung / Stadtausgabe, Nr. 137 vom 15.06.2001, S. 7.

Milde, U. (2001b): Unterschiedliche Konzepte im Führungsgremium der Landesbank über erforderlichen Kurs. Streit um Strategie der Sachsen LB, in: Leipziger Volkszeitung / Stadtausgabe, Nr. 210 vom 08.09.2001, S. 7.

Milde, U. (2001c): Nach Streit über Strategie. Vorstand der Landesbank Sachsen geht, in: Leipziger Volkszeitung / Stadtausgabe, Nr. 287 vom 11.12. 2001, S. 8.

Müller, U. (2001): Die Sachsen-LB ringt um das richtige Konzept, in: Die Welt, Nr. 252 vom 29.10.2001, S. 14.

Müller, U. (2007): Die Chronik des Niedergangs der SachsenLB, in: Die Welt, Nr. 199 vom 27.08.2007, S. 10.

Neubauer, L. (2007): US-Hypothekenkrise legt erneut System-Schwächen offen, in: Schweizer Bank, o.Jg.(2007)10, S. 40-42.

o.V. (1991): **Zukunft** des Verbandes noch offen. Länder müssen bald über neue Satzung entscheiden, in: Handelsblatt, Nr. 62 vom 28.03.1991, S. 13.

o.V. (1992): Gabler-Wirtschafts-Lexikon (**Patronatserklärung**), Band L-SO, 13. Aufl., Wiesbaden 1992.

o.V. (1997): **SüdwestLB** gibt Beteiligung ab, in: FAZ, Nr. 125 vom 03.06.1991, S. 20.

o.V. (1998): **Köhler** warnt vor einer „Jagd nach Größe". Sparkassen empfinden Pläne für Sachsenbank als Ohrfeige., in. Börsen-Zeitung, Nr. 81 vom 29.04.1998, S. 4.

o.V. (1998): Neue Holding für öffentlich-rechtliche Institute geplant. Biedenkopf will Gründung einer **SachsenBank**, in: Handelsblatt, Nr. 59 vom 25.03.1998, S. 1.

o.V. (1999): Sachsenbank-Gesetz wird geändert: Die **Kommunen** erhalten mehr Mitsprache und ein Rückholrecht, in: Börsen-Zeitung, Nr. 19 vom 29.01.1999, S. 11.

o.V. (2002): **Rücktritt** Biedenkopfs am 18. April. Der sächsische Ministerpräsident wirft der Parteiführung Intrigen vor, in. FAZ, Nr. 14 vom 17.01.2002, S. 1.

o.V. (2002): Die Landesbanken erhalten eine **Schonfrist**. Gewährträgerhaftung bis 2015, in: FAZ, Nr. 52 vom 02.03.2002, S. 13.

o.V. (2003): Der Ausbau margenstarker Geschäftsfelder bleibt Kernpunkt unserer **Weiterentwicklung**, in: Zeitschrift für das gesamte Kreditwesen, 56(2003)19, S. 44-48.

o.V. (2004): Sachsen LB gesteht **Fehler** bei Tochtergesellschaft ein. Aufsichtsrat ahne früh Unheil bei der MDL., in: FAZ, Nr. 62 vom 13.03.2004, S. 14.

o.V. (2004): Sachsen LB steht vor **Grundsatzentscheidung**. Fusion mit Sparkassen oder Verkauf an LBBW, in: Börsen-Zeitung, Nr. 213 vom 03.11.2004, S. 1.

o.V. (2004): Sachsen LB überprüft ihre **Unternehmensstrategie**, in: Börsen-Zeitung, Nr. 39 vom 26.02.2004, S. 4.

o.V. (2004): Großer **Vertrauensvorschuss**, in: Börsen-Zeitung, Nr. 245 vom 17.12.2004, S. 4.

o.V. (2005): Sachsen übernimmt **Kapitalerhöhung** der LB. Der Freistaat schießt 300 Millionen Euro ein, in: FAZ, Nr. 142 vom 22.06.2005, S. 15.

o.V. (2007): **BaFin** wehrt sich gegen Vorwurf schlechter Kontrolle, in: FAZ, Nr. 199 vom 28.08.2007, S. 11.

o.V. (2007): Die Spuren der **Finanzkrise** werden erst später sichtbar. Die berüchtigten Zweckgesellschaften sind besonders unter Landesbanken in Mode gekommen, in: FAZ, Nr. 188 vom 15.08.2007, S. 20.

o.V. (2007): **Fitch** senkt Ausblick für Sachsen LB auf negativ, in: Börsen-Zeitung, Nr. 157 vom 17.08.2007, S. 5.

o.V. (2007): Hohe **Landesbürgschaft** rettet Sachsen LB, in: Börsen-Zeitung, Nr. 241 vom 14.12.2007, S. 4.

o.V. (2007): **Moody's** prüft Rating der Sachsen LB, in: Börsen-Zeitung, Nr. 158 vom 18.08.2007, S. 3.

o.V. (2007): Die Zukunft der Sachsen LB. Zur **Person**, in: Börsen-Zeitung, Nr. 241 vom 14.12.2007, S. 4.

o.V. (2008): Sachsen LB wird zur Sachsen Bank. Zentralbankfunktion geht auf die **LBBW** über, in: FAZ, Nr. 73 vom 28.03.2007, S. 17.

Perridon, L. / Steiner, M. (2007): Finanzwirtschaft der Unternehmung, 14. Aufl., München.

Petersdorff, W. von (2007): Warum versagen die Kontrolleure der Banken? in: FAZ, Nr. 35 vom 02.09.2007, S. 37.

Priewe, J. (2002): Zwischen Abkopplung und Aufholen – das schwache ostdeutsche Wachstumspotenzial, in: WSI-Mitteilungen, o.Jg.(2002)12 , S. 706-713.

Rathmann, C. (2007): Wie Conduits aus der Bilanz gehalten werden, in: Börsen-Zeitung, Nr. 166 vom 30.08.2007, S. 8.

Risk (14.08.2008): Die Subprime-Pest, http://www.risk.net/public/ showPage.html?page=480890.

Sachsen LB (o.J.a): Geschäftsbericht 1995 der Sachsen LB, Markkleeberg.

Sachsen LB (o.J.b): Geschäftsbericht 1998 der Sachsen LB, Leipzig.

Sachsen LB (o.J.c): Geschäftsbericht 1999 der Sachsen LB, Leipzig.

Sachsen LB (o.J.d): Geschäftsbericht 1997 der Sachsen LB, Leipzig.

Sachsen LB (o.J.e): Geschäftsbericht 2000 der Sachsen LB, Leipzig.

Sachsen LB (o.J.f): Geschäftsbericht 2001 der Sachsen LB, Leipzig.

Sachsen LB (o.J.g): Geschäftsbericht 2002 der Sachsen LB, Leipzig.

Sachen LB (o.J.h): Geschäftsbericht 2003 der Sachsen LB, Leipzig.

Sachsen LB (o.J.i): Geschäftsbericht 2004 der Sachsen LB, Leipzig.

Sachen LB (o.J.j): Geschäftsbericht 2005 der Sachsen LB, Leipzig.

Sachsen LB (o.J.k): Geschäftsbericht 2006 der Sachsen LB, Leipzig.

Sachsen LB (o.J.l): Geschäftsbericht 2007 der Sachsen LB, Leipzig.

Sachsen LB (02.08.2008): Ad-hoc-Mitteilung gem. §15 WpHG, Leipzig 17.08.2007, http://www. sachsen-bank.de/sb/1000012130-de.html.

SächsLB (1991): Errichtungsgesetz für die Landesbank Sachsen – Girozentrale (SächsLB) vom 19.12.1991.

Schwaldt, N. (2005): Die WestLB könnte den Retter in Sachsen spielen. Die Landesbank in Leipzig braucht frisches Kapital, in: Die Welt, Nr. 133 vom 10.06.2005, S. 10.

SFG (2005): Geschäftsbericht 2005 der Sachsen-Finanzgruppe, Leipzig.

Siebert, S. (1998): Kompromiß mit Milbradt, in: Leipziger Volkszeitung / Stadtausgabe, Nr. 216 vom 16.09.1998, S. 6.

SLBE (o.J.a): Geschäftsbericht 2004 der Sachsen LB Europe plc, Dublin.

SLBE (o.J.b): Geschäftsbericht 2005 der Sachsen LB Europe plc, Dublin.

SLBE (o.J.c): Geschäftsbericht 2006 der Sachsen LB Europe plc, Dublin.

SMF (2008): Zusammenfassung des Ernst & Young-Berichts, vorgestellt am 11.03.2008. Quelle (10.08.2008): http://www.medienservice.sachsen.de/ news/28709.

SMF (10.08.2008): Finanzminister Tillich berichtet über Prüfungsergebnisse zu Sachsen LB, http://www.medienservice.sachsen.de/news/28709.

SMF (18.09.2008): Sparkassenlösung soll Bürgerwillen und veränderter Rahmenbedingungen im Bankensektor beachten, http://www.medienservice. sachsen.de /news/4715.

SRH (2009): Landesbank Sachsen Girozentrale. Sonderbericht nach § 99 SäHo.

Stadt Leipzig (2001): Volksentscheid in Sachsen am 21. Oktober 2001. Amtliche Ergebnisse. Quelle (18.08.2008): http://www.leipzig.de/imperia/ md/ content/12_statistik-und-wahlen/sonstige-berichte/c_wa_ve_rep012.pdf.

Weiss, M. (1995): Tatkräftige Unterstützung für den Aufbau Ost. Sachsen LB stellt spezifische Beratungs- und Betreuungskonzepte bereit, in: Börsen-Zeitung, Nr. 173 vom 08.09.1995, S. 24.

Weiss, M. (2004): Die Rolle der Sachsen LB in der Sachsen-Finanzgruppe. Erfahrungen nach einem Jahr, in: Zeitschrift für das gesamte Kreditwesen, 57, Heft 19, S. 35-37.

Wolf, U. (2007): Sachsen-LB. Alle Vorstände sind weg, in. Sächsische Zeitung, Nr. 203 vom 31.08.2007, S. 25.1

Corporate Finance and Governance

Herausgegeben von Dirk Schiereck

- Band 1 Sebastian Michael Gläsner: Return Patterns of German Open-End Real Estate Funds. An Empirical Explanation of Smooth Fund Returns. 2010.
- Band 2 Patrick Ams: Directors' Dealings and Insider Trading in Germany. An Empirical Analysis. 2010.
- Band 3 Joachim Vogt: Value Creation within the Construction Industry. A Study of Strategic Takeovers. 2011.
- Band 4 Fabian Braemisch: Underpricing, Long-Run Performance, and Valuation of Initial Public Offerings. 2011.
- Band 5 Matthäus Markus Sielecki: Creating and Governing an Integrated Market for Retail Banking Services in Europe. A Conceptual-Empirical Study of the Role of Regulation in Promoting a Single Euro Payments Area. 2011.
- Band 6 Arne Wilkes: Determinants of Credit Spreads. An Empirical Analysis for the European Corporate Bond Market. 2011.
- Band 7 Dirk Schiereck / Martin Setzer (Hrsg.): Bankerfolg und Akquisitionen. Aktuelle Erkenntnisse zur Konsolidierung und Restrukturierung der Finanzindustrie. 2011.

www.peterlang.de

Susanne Henzler

Die Motivation von Bankenfusionen und -übernahmen in den OECD-Ländern

Theoretische Basis und empirische Analyse

Frankfurt am Main, Berlin, Bern, Bruxelles, New York, Oxford, Wien, 2009.
XXIV, 351 S., zahlr. Tab. und Graf.
Europäische Hochschulschriften: Reihe 5, Volks- und Betriebswirtschaft. Bd. 3339
ISBN 978-3-631-59213-7 · br. € 56.50*

Ausgehend von der zunehmenden Bedeutung von Großfusionen und -übernahmen in den 1990er Jahren beschäftigt sich diese Arbeit mit den Zusammenschlussaktivitäten der in den OECD-Ländern ansässigen weltweit größten Commercial Banks (Top 50) im Zeitraum von 1995 bis Mitte 2003. Dabei werden speziell Zusammenschlüsse zwischen Partnern ähnlicher Größe betrachtet. Das Forschungsziel besteht darin herauszufinden, welche internen Gründe (Motive) und Umweltveränderungen (Anlässe) die größten Banken der Welt dazu veranlassten, sich mit Partnern ähnlicher Größe zusammenzuschließen. Um eine ungerichtete, breite Motivforschung sicherzustellen und speziell die Identifikation nicht wertorientierter Beweggründe zu gewährleisten, kommt die Fallstudienmethode zur Anwendung. Zur Einordnung der Bedeutung der Zusammenschlussaktivitäten wurde die Motivationsforschung um eine nach Rankingklassen differenzierte Bestandsaufnahme der Fusions- und Übernahmeaktivitäten der Top-500-Banken ergänzt. Als zentrales Ergebnis bleibt die Erkenntnis, dass vier von zehn der untersuchten Transaktionen der Top-50-Banken primär aus nicht wertorientierten Beweggründen durchgeführt wurden.

Aus dem Inhalt: Grundlagen · Theoretische Betrachtung von M&A-Anlässen und -Motiven · Konzeption der empirischen Untersuchungen · Bestandsaufnahme der Merger-or-Acquisition-of-Equals-Aktivitäten (MAoE-Aktivitäten) der Top-500-OECD-Banken · Fallstudien zur Ermittlung der MAoE-Anlässe und -Motive der Top-50-OECD-Banken · Strukturierung der Ergebnisse aus den Fallstudien

FSC
www.fsc.org
MIX
Papier | Fördert
gute Waldnutzung
FSC® C083411

Kolibri 360 GmbH
Ferdinand-Jühlke-Straße 7
99095 Erfurt, Deutschland
produktsicherheit@kolibri360.de